가려뽑은 송나라 선종 3부록 ②
인천보감·고애만록·산암잡록

09

성철스님이 가려 뽑은 한글 선어록

가려뽑은 송나라 선종 3부록 ②

인천보감 · 고애만록 · 산암잡록

감역 · 벽해 원택

장경각

일러두기

1. 이 책은 선림고경총서 제23권 『인천보감(人天寶鑑)』, 제28권 『고애만록(枯崖漫錄)』, 제29권 『산암잡록(山庵雜錄)』에서 핵심적인 내용을 가려 뽑고 주석을 붙여 다시 출간한 것이다.
2. 여기에 실린 세 가지 문헌과 『나호야록(羅湖野錄)』, 『운와기담(雲臥紀談)』, 『총림성사(叢林盛事)』는 이미 출간한 『임간록(林間錄)』과 함께 예로부터 '선문 7부서'라고 불렸다.
3. 제목은 만속장경(卍續藏經)에 제목이 있는 경우는 대부분 그대로 쓰고 미비한 부분만 보충하였고 제목이 없는 경우는 편집과정에서 임의로 붙였다. 제목의 인명은 단락의 주제인물을 가려 붙였다.
4. 대부분 문헌 마지막에 붙어 있는 발문은 번역에서는 앞으로 옮겼다.
5. 각주는 『선학대사전(禪學大辭典)』(大修館書店, 1979)과 『선문염송(禪門拈頌)』, 『전등록(傳燈錄)』(東國譯經院, 1987), 그리고 이미 펴낸 선림고경총서(禪林古鏡叢書)를 참고하였다.
6. 스님들의 생몰 연대는 『선학대사전(禪學大辭典)』(大修館書店, 1979)과 『중국불학인명사전(中國佛學人名辭典)』(明後, 方舟出版社)을 참고하였다.

한글 선어록을 발간하면서

○

해인사 백련암으로 출가하고 몇 년 후 성철 큰스님께 여쭈었습니다.

"스님! 불교는 왜 인도에서 번성하지 못하고 쇠하여졌습니까?"

"이놈아! 불교가 어려워서 인도에서 쇠해버렸다."

큰스님의 말씀을 듣는 순간 망치로 머리를 맞은 듯 멍하였습니다. "불교가 어렵다."고 하신 그 말씀을 우리 모두의 화두로 삼아야 하지 않을까 생각합니다.

"불교가 어렵다"는 뜻은 "부처님의 말씀을 단순히 이해하고 사는 것이 아니라 부처님 말씀의 진리를 깨쳐서 부처님 마음과 자기의 마음이 하나가 되어 자유롭게 세상을 살아가는 그 실천을 이루기가 옛날에도 어려웠고 지금도 어렵고 내일에도 어려운 것"이라고 성철 큰스님께서 우리들에게 가르침을 주신 것이라 생각합니다.

참선을 통한 깨달음의 길을 대중들이 쉽게 걸어가길 바라셔서,

성철 큰스님께서는 30여 년 전에 선어록을 한글로 번역하여 발간토록 당부하셨습니다. 1987년 11월에 출판사 '장경각'을 합천군에 등록하여 그 후 6년에 걸친 작업 끝에 〈선림고경총서〉 37권을 1993년 10월에 완간하였습니다.

그러나 책의 제목이 한문으로 쓰였고, 원문을 부록으로 실어서인지 독자들에게 널리 읽히지 못하고 종이책은 10여 년 전에 절판되고 교보문고의 전자책으로만 겨우 살아 있습니다.

마침 올해는 성철스님께서 "부처님 법대로 살자"는 기치를 내걸고 봉암사 결사를 실행하신 지 70년이 되는 해이고, 1967년 해인총림이 설립되어 초대방장에 추대되시고 백일법문 사자후를 펴신 지 50년이 되는 해입니다.

이러한 뜻깊은 해를 맞이하여 〈선림고경총서〉 37권 중에서 요긴한 책 26권을 골라 20여 권으로 정리하여 '성철스님이 가려 뽑은 한글 선어록'이라 이름하고 2~3년 안에 발간하기로 원을 세웠습니다.

30대 이하의 세대가 한글전용세대라는 점을 염두에 두고 쉽고 자세한 주석을 붙여 이해를 돕고자 하였습니다. 참선에 대한 기본적인 인문학 서적이 부족한 현실에서 참선을 안내하는 귀중한 마중물이 되기를 바랍니다.

'성철스님이 가려 뽑은 한글 선어록'의 원만한 간행으로 독자 여러분들에게 선의 안목을 열어주는 특별한 인연이 맺어지기를 불보살님 앞에 간절히 기원 드리며 야보 선사의 게송을 한 구절 소개합니다.

대나무 그림자가 섬돌을 쓸어도 먼지 하나 일어나지 않고
달빛이 연못 속 밑바닥에 닿아도 물에는 흔적 하나 없구나.

죽영소계진부동
竹影掃階塵不動

월천담저수무흔
月穿潭底水無痕

2017년 2월 우수절

해인사 백련암

원택 합장

차례

한글 선어록을 발간하면서 … 005

○
사명담수 스님의 인천보감
●

해제 … 020

서문(1) … 024

서문(2) … 025

발문(1) … 027

발문(2) … 028

1. 승보 / 담광(曇光) 법사 … 029
2. 두타행 / 좌계현랑(左溪玄朗) 존자 … 031
3. 자기 부처 / 무상(無相) 선사 … 033
4. 조계 근원 / 덕소(德韶) 국사 … 036

5. 무작계(無作戒) / 택오(擇梧) 율사 ··· 040

6. 불법을 위해 죽는다면 / 진종(眞宗) 황제 ··· 043

7. 소동파의 신규각 비문 / 대각회연(大覺懷璉) 선사 ··· 045

8. 공덕(功德) / 보지(寶誌) 선사 ··· 048

9. 『화엄경』을 칭송함 / 손사막(孫思邈) ··· 050

10. 참학(參學)하는 일 / 양억(楊億) ··· 052

11. 석난문(釋難文) / 희안(希顔) 수좌 ··· 057

12. 사명법지 스님을 추억하며 / 자운준식(慈雲遵式) 법사 ··· 061

13. 전생의 원(願)을 이어 / 변재원정(辯才元淨) 법사 ··· 063

14. 대중공사를 통해 살림의 법도를 정하다
    / 부용도해(芙蓉道楷) 선사 ··· 067

15. 부뚜막 앞에서 선정에 들다 / 지자지의(智者智顗) 선사 ··· 069

16. 비구라는 말의 뜻 / 대지(大智) 율사 ··· 071

17. 주지살이 / 영원유청(靈源惟淸) 선사 ··· 073

18. 좋은 인연들 / 시랑 장구성(張九成) ··· 075

19. 조산(曹山)의 가풍 / 조산탐장(曹山耽章) 선사 ··· 083

20. 자기 제문을 짓다 / 고산지원(孤山智圓) 법사 ··· 087

21. 원력의 영험 / 현장(玄藏) 법사 ··· 090

22. 좌선의 요법 / 사정(師靜) 상좌(上坐) ··· 092

23. 노자의 도를 닦다가 불법을 만나다 / 오설초(吳契初) ··· 094

24. 목선암(木禪菴) / 대수법진(大隋法眞) 선사 ··· 097

25. 수도자는 가난해야 한다 / 광혜원련(廣慧元璉) 선사 ··· 101
26. 『정종기(正宗記)』 / 명교설숭(明敎契嵩) 선사 ··· 103
27. 『감통전기(感通傳記)』 / 도선(道宣) 율사 ··· 107
28. 지자지의(智者智顗) 선사의 행적 ··· 110
29. 위산의 주인 / 위산영우(潙山靈祐) 선사 ··· 116
30. 『법화경』을 외우다가 깨침 / 증오원지(證悟圓智) 법사 ··· 119
31. 작은 지조 큰 불법 / 분양선소(汾陽善昭) 선사 ··· 122
32. 8만 겁을 산다 해도 / 도사 여동빈(呂洞賓) ··· 125
33. 작은 석가 / 앙산혜적(仰山慧寂) 선사 ··· 130
34. 지자 대사의 두타행을 잇다 / 바야(波若) 스님 ··· 133
35. 출가자는 모두 석(釋)씨다 / 불인요원(佛印了元) 선사 ··· 135
36. 선을 닦는 학인에게 고함 / 회당조심(晦堂祖心) 선사 ··· 137
37. 3교 성인의 가르침 / 효종(孝宗) 황제 ··· 139
38. 동정(動靜) 법문 / 현사사비(玄沙師備) 선사 ··· 142
39. 스스로 강에 장사 지내다 / 묘보(妙普) 수좌 ··· 145
40. 수식관(數息觀) / 소동파(蘇東坡) ··· 147
41. 대혜종고(大慧宗杲) 선사의 행적 ··· 148
42. 『금강경송(金剛經頌)』 / 야보도천(冶父道川) 선사 ··· 153
43. 49일 동안 서서 공부하다 / 불등수순(佛燈守珣) 선사 ··· 155
44. 진여모철(眞如慕喆) 선사와 양기방회(楊岐方會) 선사에 대한 평
   / 대혜(大慧) 선사 ··· 157

45. 대혜(大慧) 선사와 굉지(宏智) 선사 … 159

46. 관음보살의 응화 / 마조(馬祖) 선사 … 161

47. 황룡조심(黃龍祖心) 선사의 행적 … 163

48. 구양수(歐陽修)가 만난 노승 … 167

49. 경계하는 글 / 북봉종인(北峰宗印) 선사 … 168

50. 묘총(妙總) 비구니의 행적 … 170

51. 왕안석(王安石)의 해박한 불교지식 … 176

52. 『종경록(宗鏡錄)』 / 영명연수(永明延壽) 선사 … 178

○
고애원오 스님의 고애만록
●

해제 … 186

서(序) 1 … 189

서(序) 2 … 193

발문(跋文) … 196

1. 산새 울음소리를 듣고 / 자혜조파(慈慧祖派) … 198
2. 선 공부로 노년을 마무리한 정승 / 황조순(黃祖舜) … 201

3. 고상한 기풍 뛰어난 운치 / 서향(瑞香) 열(烈) ··· 203

4. 밀암스님의 개당법회에서 / 철편윤소(鐵鞭允韶) ··· 206

5. 부처님오신날 법문 / 만암치유(萬庵致柔) ··· 208

6. 황룡의 골수를 얻은 자손 / 진원혜일(眞源慧日) ··· 210

7. 불행묘숭(佛行妙嵩) 선사의 상당법문 ··· 215

8. 긍당언충(肯堂彦充) 선사의 염송(拈頌) ··· 219

9. 목동으로 출가하여 / 월림사관(月林師觀) ··· 222

10. 송원숭악(松源崇岳) 선사의 깨침 ··· 226

11. 스승의 말씀을 지키며 살다 / 복당(福唐) 명(明) 수좌 ··· 229

12. 절옹불심(浙翁佛心) 선사가 여찬(如璨) 스님에게 내린 법어 ··· 232

13. 사천(四川) 출신 스님 파암조선(破庵祖先) ··· 234

14. 야운처남(野雲處南) 선사의 대중법문 ··· 236

15. 퇴암도기(退庵道奇) 선사의 대중법문 ··· 238

16. 단하(丹霞) 스님 찬과 스스로 지은 묘지문 / 굴주보담(橘州寶曇) ··· 243

17. 일심발원 용맹정진 / 몽암원총(蒙庵元聰) ··· 247

18. 천동사 여정(如淨) 선사의 게송과 법문 ··· 251

19. 공수종인(空叟宗印) 선사의 선재동자 게송 ··· 254

20. 상주물에 대하여 ··· 256

21. 조주 선사와 문원 사미의 이야기를 거량하다

 / 수암사서(秀嵓師瑞) ··· 258

22. 철편윤소(鐵鞭允韶) 선사의 개당법문 ··· 261

23. 파암조선(破庵祖先) 선사의 참선 ··· 264
24. 경산도겸(徑山道謙) 수좌가 주자(朱子)에게 보낸 편지 ··· 267
25. 도반의 마음씨 / 소암요오(笑庵了悟)와 송원숭악(松源崇嶽) ··· 269
26. 임자를 기다리는 법의 / 송원숭악(松源崇岳) ··· 271
27. 정씨 집안의 훌륭한 스님들 ··· 273
28. 성도절 상당법문 / 별포법주(別浦法舟) ··· 275
29. 국사(國史) 진귀겸(陳貴謙)의 『종경록』 간행에 부쳐
   / 쌍삼중원(雙杉中元) ··· 278
30. 까마귀 머리 무준불감(無準佛鑑) 선사의 깨침 ··· 281
31. 동짓날 소참법문 / 정산(井山) 밀(密) ··· 283
32. 즉암자각(卽庵慈覺) 선사의 게송 ··· 285
33. 중암(中巖) 적(寂) 선사의 대중법문 ··· 287
34. 혼원담밀(混源曇密) 선사의 대중법문 ··· 289
35. 국사(國史) 진귀겸(陳貴謙)이
   사인(舍人) 진덕수(眞德秀)에게 보낸 편지 ··· 292
36. 파암(破庵) 노스님의 말씀 / 석전법훈(石田法薰) ··· 298
37. 문장 좋아하는 병통을 경계함 / 철우(鐵牛) 인(印) ··· 300
38. 석전법훈(石田法薰) 선사의 고구정녕한 말씀 ··· 303
39. 무준불감(無準佛鑑) 선사의 염고(拈古) ··· 305
40. 묘희(妙喜) 스님이 시랑 장자소(張子韶)와
   풍제천(馮濟川)에게 던진 질문 / 진원(眞源) 일(日) ··· 308

41. 동산도원(東山道源) 선사의 행리 ··· 310

42. 설소(雪巢) 스님의 풍번(風幡) 화두에 대한 거량
　　/ 진원(眞源) 일(日) ··· 313

43. 회암(晦嵓) 휘(暉) 선사의 하안거 해제 법문 ··· 315

44. 치절도충(癡絶道冲) 선사의 말년 법문 ··· 318

45. 청열(淸烈) 암주의 입멸 ··· 321

46. 세 구절의 게송으로 제자를 가르치다 / 고월조조(古月祖照) ··· 323

47. 옹순(翁淳) 절(岊) 선사의 법문 ··· 326

48. 동곡묘광(東谷妙光) 선사 영전에 바친 제문 / 탕동간(湯東澗) ··· 328

49. 단오절 대중법문 / 쌍삼중원(雙杉中元) ··· 331

50. 항우의 초상화에 붙인 글 / 치절도충(癡絶道冲) ··· 333

51. 개석지붕(介石智朋) 선사의 하안거 해제 야참법문 ··· 335

52. 돈으로 주지 자리 사는 풍조의 부당함을
　　조정에 알리는 상소 / 쌍삼중원(雙杉中元) ··· 338

53. 남옹여명(南翁汝明) 선사의 발심과 수행 ··· 343

54. 서산(西山) 양(亮) 선사의 종이 이불 ··· 346

55. 별봉조진(別峰祖珍) 화상의 사람됨과 수행 / 개석지붕(介石智朋) ··· 348

56. 불해심월(佛海心月) 선사의 법문과 자취 ··· 350

57. 서암요혜(西巖了惠) 선사의 대중법문 ··· 353

58. 승상 정청지(鄭淸之)와 묘봉지선(妙峰之善) 선사의 만남 ··· 356

59. 원(遠) 상좌 다비식에서 / 월산사(越山寺) 법심(法深) ··· 357

60. 별옹(別翁) 견(甄) 선사의
　　세존 정각송(正覺頌)에 대한 염(拈)을 평하다　　… 359

○
무온서중 스님의 산암잡록
●

해제 … 362

서(序) 1 … 366

서(序) 2 … 368

서(序) 3 … 372

서(序) 4 … 375

1. 덕산(德山)의 말후구(末後句) / 보엽묘원(寶葉妙源)　　… 378
2. 죽을 날을 받아놓고 / 대방(大方) 인(因)　　… 381
3. 불법문중에 잘못되어 가는 일을 바로잡다 / 봉산자의(鳳山子儀) … 384
4. 봉산일원(鳳山一源) 스님의 염고(拈古)　　… 387
5. 요즘 총림의 도반 관계와 사자 관계　　… 390
6. 환생한 어린아이　　… 394
7. 스스로 자초한 응보 / 장구육(張九六)과 방국진(方國珍)　　… 396

8. 황암호두(黃巖濠頭)의 행각 ··· 399

9. 이발사 장씨와 바늘장이 정씨의 게송 ··· 402

10. 자기를 알아준 은혜에 보답하다 / 서암요혜(西岩了惠) ··· 404

11. 인과 변화의 이치, 수행과 기도의 영험 / 고정조명(古鼎祖銘) ··· 407

12. 문 닫고 사는 설법 / 노소(老素) ··· 409

13. 귀원(歸源) 스님의 문하 ··· 411

14. 천목중봉(天目中峰) 스님의 수행과 깨침 ··· 413

15. 절벽에서 떨어져 정(定)에 들다 / 단애요의(斷崖了義) ··· 415

16. 경산사 본원(本源) 스님의 수행과 주지살이 ··· 416

17. 역(易) 수좌의 선정 ··· 419

18. 『능엄경』「관음원통품」을 읽고 깨쳐 / 묘각사 정(淨) ··· 422

19. 해운인간(海雲印簡) 대사(大士)의 행장 ··· 424

20. 궁궐에 나아가 불법을 논하다 / 운봉묘고(雲峰妙高) ··· 428

21. 『고승전』을 편집하는 태도 / 몽당담악(夢堂曇噩) ··· 431

22. 불광도오(佛光道悟) 선사의 행장 ··· 435

23. 말세의 신심 / 주(周)씨 노파와 전자중(田子中) ··· 438

24. 일계자여(一溪自如) 스님의 행장 ··· 441

25. 지식에 막혀 깨닫지 못하다가 / 종성(宗聖) 각(覺) ··· 443

26. 허곡희릉(虛谷希陵) 스님의 인연과 수행 ··· 446

27. 천목사 괴일산(魁一山)의 후신 ··· 448

28. 일생동안 참선하여 / 회옹청해(會翁淸海) ··· 451

29. 사재를 용납지 않은 주지 / 동산사 노산(魯山) ··· 453

30. 죽는 날까지 『능엄경』을 읽다 / 일암(一菴) 여(如) ··· 455

31. 단강각은(斷江覺恩) 스님의 행장 ··· 457

32. 성암(省菴) 사(思) 스님의 법문과 게송 ··· 459

33. 흩어져 가는 선방 요사채 분위기 ··· 462

34. 대혜스님의 후예로 지조를 지키다 / 소담(少曇) 서(瑞) ··· 464

35. 생사는 무상한 것 ··· 466

36. 고난을 구해 주시는 아미타부처님 ··· 468

37. 머리를 깎다가 사리를 얻다 / 서천축 판적달(板的達) ··· 470

38. 정토종의 말폐 백련칠불교(白蓮七佛敎) ··· 472

39. 무정불성(無情佛性)에 관하여 논하다 / 경산 여암(如菴) ··· 474

40. 계율을 경시하는 말세의 풍조를 개탄하다 ··· 476

사명담수 스님의
인천보감

해제

『인천보감(人天寶鑑)』은 세상 사람들에게 귀감이 될 만한 일들을 모은 책이다. 주로 스님들의 이야기이지만 유교와 도교에 관계되는 사람들의 이야기도 수집하여 편집하였다.

편집자인 담수(曇秀) 스님은 서문에서 이 책을 편집한 의도를 두 가지로 말하고 있다.

하나는 옛 사람들의 훌륭한 일을 널리 세상에 알리기 위해서이다. 그리하여 비석이나 어록, 짧은 기록, 또는 직접 들은 이야기들을 시대의 앞뒤 없이 보이는 대로 기록하였는데, 이것은 대혜(大慧, 1089~1163) 스님의 『정법안장(正法眼藏)』을 본따서 그렇게 한 것이라고 하였다.

둘째는 선(禪)을 닦는 이들이 오로지 선만을 주장하는 폐단을 경계하기 위해서이다. 옛사람들은 선만이 아니라 교와 율(律), 나아가 유교와 도교까지도 널리 터득하였음을 말하고자 함이라고 하였다.

담수스님이 절강성(浙江省)의 사명산(四明山)에 주석하던 소정(紹定) 3년(1230)에 스스로 서(序)를 쓰고, 난정유비(蘭庭劉斐)의 서(序)와 고잠사찬(古岑師贊)의 발(拔), 그리고 영은사 묘감(妙堪, 1177~1248)의 착어(着語)를 붙여서 2권으로 간행하였다. 예로부터 중국 총림에서는 이 책을 선림 7부서(禪林七部書) 중의 하나로 높이 평가하고 있다.

『인천보감』의 내용상 특징을 살펴보면 첫째로 수록되어 있는 거의 대부분의 인물이 불교의 스님들이고, 그중에서도 특히 천태종 스님들의 이야기가 많이 실려 있다.

맨 처음에 소개되는 담광(曇光) 법사에서부터 열 번째인 사명지례(四明知禮, 960~1028)에 이르기까지 모두 천태종과 관련되는 이야기이다. 그리고 전체적으로 122단락 중에서 천태종에 관계되는 것이 약 40개이니 거의 1/3이 되는 셈이다. 수록된 스님은 모두 이른바 산거파(山居派)인 사명지례의 법손이며, 그중에서도 선종과의 접근을 강조한 남병도진(南屛道臻)의 후손들이 많이 수록되어 있다. 시기적으로 맨 마지막에 있는 북봉종인(北峰宗印, 1149~1214)은 『인천보감』이 편집되기 불과 16년 전에 입적하였다. 그러나 선종의 스님으로서 담수(曇秀) 스님에게서 가장 가까운 시기의 스님은 불조덕광(佛照德光, 1121~1203)인데 약 50여 년 이전의 일이다.

둘째는 스님들이 속해 있는 종파에 따라 호칭에 차이가 있다. 즉 선종에 속한 스님은 선사(禪師), 율종 계통은 율사(律師), 그리고 천태종 계통은 법사(法師)라 하여 종파가 분명히 구분되고 있음을 알 수 있다. 그러나 천태종 초기의 스님인 남악혜사(南嶽慧思, 515~577)의 경우에는 '남악 선사'라고 한 경우도 있다.

셋째는 선종과 천태종 스님들과의 교류를 비롯하여 다른 종파 간의 교류에 대한 언급이 많다. 그리고 맨 마지막에는 『종경록(宗鏡錄)』에 대한 이야기로서 끝맺는데, 『종경록』은 선과 교, 천태, 유식, 화엄 등을 하나의 근원인 일심(一心)으로 귀결시키고 있는 책이다.

『인천보감』을 편집한 담수(曇秀) 스님은 임제종 대혜파인 소옹묘감(笑翁妙堪, 1177~1248)의 법을 이었다고 한다. 그러나 위에서 살펴보았듯이 『인천보감』에는 천태종 산거파의 스님들이 거의 모두 수록되어 있고, 또 북봉종인(北峰宗印, 1149~1214) 스님까지 수록된 점으로 보아 담수스님은 이들과 관계가 깊은 분으로 추측된다.

더구나 사찬(師贊)의 발문에서 보면 "사명 땅 선객 담수공은 … 인천(人天)의 안목을 열어주었기에 보감(寶鑑)이라 이름 짓고 원각사(圓覺寺)로 달려가 간행하고자 하였다."고 적고 있는데, 천태종에 속한 원각사도 있다. 담수스님이 『인천보감』을 간행하기 위해 찾아간 원각사와 천태종 원각사와의 관계, 나아가 담수스님과 천태종과의 관계 등에 대해서 더 연구해 봐야 할 것이다.

『인천보감』이 우리나라에 전해졌는지에 대해서는 분명한 기록이 없으므로 단정할 수는 없지만 전해졌으리라고 추측한다.

이 책에는 천태종에 관련되는 스님들의 이야기가 많이 수록되어 있는데 고려시대에는 의천(義天, 1055~1101)에서 비롯되는 천태종(天台宗)이 있었다. 더구나 본문에 수록되어 있는 고구려의 바야(波若) 스님 이야기는 일연(一然)이 편집한 『삼국유사(三國遺事)』(1384년 간행) 에 비슷한 내용으로 수록되어 있다(『삼국유사』 권5, 「피은[避隱]」 제8).

서문(1)

이것은 세상을 구제하는 불가(佛家)의 묘약을 모두 모은 책이다. 병자에게 먹이면 곧 병이 나으니 심지어 못 보는 이, 못 듣는 이, 말 못하는 이, 다리 불편한 이까지도 낫게 할 수 있다.

사명도인(四明道人) 담수(曇秀) 스님이 오랫동안 강과 바다를 건너다녔는데 이 약이 효험이 없던 적이 없었다. 당연히 책으로 간행하여 길이 후손에게 복을 내려 주어야 할 것이니 즐거운 마음으로 서문을 쓴다.

소정(紹定)[1] 경인년(1230) 6월 보름
난정(蘭庭) 유비(劉棐) 쓰다

주:
1 소정(紹定) : 남송 제5대 황제 이종(理宗, 1205~1264, 재위 1224~1264)의 연호.

서문(2)

　옛 분들에게 있었던 훌륭한 일들이 세상에 밝혀지지 못하는 것은 후학의 잘못이라고 들었다. 삼교(三敎)의 훌륭한 분들 중에 불교에서는 한마디 말씀 한 가지 행이 모두 비석이나 어록이나 단편 등에 실려 있으나 사방에 흩어져 있어 빠짐없이 볼 수가 없다. 그리하여 덕스러운 이가 묻혀서 혹은 들어보지도 못한 경우가 허다하다. 나는 항상 총림에 드나들면서 더러는 큰스님들의 법문 중에서 듣기도 하고 혹은 찾아다니면서 구하기도 했는데, 모두가 의지를 북돋아 주고 후세의 거울이 될 만한 것들이었다. 그리하여 그때그때 기록해 둔 것이 총 수백 토막이 되었는데, 그것을 『인천보감(人天寶鑑)』이라고 이름 붙였다. 여기서 인물에 등급을 매기거나 선후를 나누지 않았으니 대혜(大慧, 1089~1163) 스님의 『정법안장(正法眼藏)』을 본땄다.

　옛날에는 선을 닦는 이들도 누구나 경학과 율법을 공부하였고, 경율을 하는 자들도 모두 힘써 선을 닦았으며, 나아가 유가나 노자의 도까지도 터득하여 철저히 깨달았다. 지금처럼 한 가지 방법만 오로지 하고 한 가지 맛에만 빠져 마치 어울릴 수 없는 물과 불처럼 서로를 헐뜯지는 않았다.

아! 옛 분들의 행이 어려운 것이 아닌데, 사람들이 스스로 자기를 비하해서 옛 분들을 좇을 수 없다고들 하니, 그들은 옛사람이나 지금 사람이나 같은 사람인 줄을 너무도 모르고 있다. 이런 가운데 스스로 분발하는 이가 있다면 옛 분들과 무엇이 다르겠는가.

이제 이 책을 간행하여 널리 펴는 것은 후학에게 보여서 그들이 선배들의 모범을 알아 모두 도에 이르도록 하려는 것이니, 고명하신 분들은 나무라지 마소서.

소정(紹定) 3년(1230) 결제일에
사명(四明)[1] 사문 담수(曇秀)가 서문을 쓰다

주
:
1   사명(四明) : 절강성(浙江省) 영파시(寧波市).

발문(1)

옛사람은 마음 닦는 일을 중요하게 생각했다. 마음 닦는 바른 행은 생각과 말에서 벗어나지 않는다. 그래서 도를 세상에 알려 후생에게 모범이 되려 하는데, 여기에 어찌 선종 율장 교학, 유학 불교 도교의 차이가 있겠는가. 지극히 공정하면 천하 사람이 함께하는 것이다.

사명(四明) 땅 선객 담수공(曇秀公)은 여기에 두터운 뜻을 두고서 총림을 두루 다니며 현묘한 기연을 빠짐없이 봐 오면서 가는 곳마다 보고 들은 것을 모아 이 책을 만들었다. 이 책이 인천(人天)의 안목을 열어 주었기에 『보감(寶鑑)』이라 이름 짓고 원각사(圓覺寺)로 달려가 간행하고자 하였다. 이는 선배들의 감추어진 덕과 숨겨진 빛을 밝혔을 뿐 아니라 장차 동지와 더불어 힘써 이 길을 따르고자 함이다.

나는 그의 말을 가상히 여겨 책 말미에 발문을 쓴다.

때는 소정(紹定) 경인년(1230) 자자(自恣) 하루 전(7월 14일)
고잠비구(古岑比丘) 사찬(師贊)이
만수사(萬壽寺) 귀운당(歸雲堂)에서 쓰다

발문(2)

●

 담수(曇秀) 서기가 옛 일을 모아 책으로 엮어서 이를 『인천보감』
이라 하고 나에게 평[著語(착어)]을 청하니 한마디 한다.

 옛 스님의 사정을 알고 나니 부끄럽기만 한데
 우물 속에 빠진 몸이 어찌 난간에 기어오를 수 있으랴
 본래 한 점의 마음은 태양처럼 밝은데
 변방 사람인지 본토 사람인지를 비춰 본 적 있으랴.

                    소정(紹定) 경인년(1230) 8월 15일
                 영은사(靈隱寺) 주지 묘감(妙堪, 1177~1248)[1] 쓰다

주
:

1   묘감(妙堪, 1177~1248) : 임제종 양기파. 호는 소옹(笑翁). 절강성 영은사
    (靈隱寺)의 송원숭악(松源崇嶽, 1132~1202)에게 참구하였고 천동(天童)의
    무용정전(無用淨全, 1137~1207)에게 깨달음을 얻었다. 명주 묘승사(妙勝
    寺)에서 개당했다가 여러 곳에 두루 머문 후 칙령으로 육왕산 영은사에
    머물렀다. 보통 육왕묘감(育王妙堪)이라고 부른다. 사명담수가 육왕묘감
    의 법을 이었다.

01

승보

담광(曇光) 법사

●

　당나라 덕종(德宗, 742~805, 재위 779~805)이 담광(曇光) 법사에게 물었다.
　"스님들을 어째서 보배라 합니까?"
　담광 법사가 대답하였다.
　"구체적으로 말해서 스님은 여섯 부류가 있는데 그 모두를 보배라 합니다. 첫째, 스스로의 마음을 단박에 깨쳐서[頓悟] 범부를 뛰어넘어 성인의 대열에 들어간 분을 '선승(禪僧)'이라 합니다. 둘째, 이해[解悟]와 실천[修行]을 동시에 행하여 세간 흐름에 들어가지 않은 분을 '고승(高僧)'이라 합니다. 셋째, 계정혜(戒定慧)를 고루 갖추어 설법 솜씨가 뛰어난 분을 '강승(講僧)'이라 합니다. 넷째, 견문이 깊고 알차서 옛일로 지금 일을 검토하는 분을 '문장승(文章僧)'이라 합니다. 다섯째, 인과(因果)를 알고 자비와 위엄을 함께 쓰시는 분을 '주사승(主事僧)'이라 합니다. 여섯째, 열심히 공부에 정진하여 부처님 종자를 기르는 분을 '상승(常僧)'이라 합니다."

임금은 크게 기뻐하고 마침내 천하에 조서를 내려 승려 되는 것을 허락했다.

― 『당승전(唐僧傳)』

02

두타행

좌계현랑(左溪玄朗) 존자

좌계(左溪) 존자의 법명은 현랑(玄朗, 673~754, 천태종 제5조)이며 오상(烏傷)[1] 사람이다. 천궁사(天宮寺) 혜위(慧威, 634~713, 천태종 제4조) 법사에게 불법을 배워 종지를 얻고 바위산 골짜기에 숨어 살았는데, 원숭이가 열매를 따가지고 와서 발우에 바치기도 하고 날아가던 새가 와서 법문을 듣기도 하였다.

비구에게 필요한 열여덟 가지 물건[2]만을 가지고 12두타(十二頭陀)를 행하면서 30년을 살았으며, 세세한 수행과 몸가짐까지도 모두 계율을 따랐다. 이화(李華, 715~767)[3]는 스님에 대해 이렇게 말하였다.

"누구에게 선법을 전해 준 적도 없고 세상에 모습을 보이지도 않았으며, 계율을 청정히 지켜 흠이 없었고 외모에 신경 쓰지 않았다. 경을 강의해도 대중이 많기를 기대하지 않았으며, 고단한 줄 모르고 학인을 지도했다. 구석진 집에 살면서 두 가지 반찬 있는 밥을 먹지 않았다. 경전을 공부할 때말고는 밤에 등불을 켜지 않았고, 낮에도 부처님 상호를 우러러 예불할 때말고는 한 발짝도 쓸데없이 걷지 않았다. 가사 한 벌로 40년을 지냈고 방석 한 장을 죽을 때까지 갈지 않았다. 이익 때문에는 한마디도 법문한 적이 없고, 터럭만큼도 불법을 위한다는 명목으로 재물을 받은 일이 없는 분이다."

— 『본전(本傳)』

주:

1 오상(烏傷) : 절강성(浙江省) 의오시(義烏市).
2 비구에게 필요한 열여덟 가지 물건 : 대승의 율장이라고 할 수 있는 『범망경(梵網經)』 권하(T24-1008a)에서 대승의 비구가 항상 몸에 지녀야 한다고 거론하는 열여덟 가지 도구. 1. 양지(楊枝, 칫솔), 2. 조두(澡豆, 비누), 3. 삼의(三衣), 4. 병(瓶, 물병), 5. 발(鉢), 6. 좌구(座具), 7. 석장(錫杖), 8. 향로(香爐), 9. 녹수낭(漉水囊, 물 거르는 주머니), 10. 수건(手巾), 11. 삭도[刀子(도자), 삭발 등에 쓰는 작은 칼], 12. 화수(火燧, 부싯돌), 13. 족집게[鑷子(섭자)], 14. 승상(繩床), 15. 경(經), 16. 율(律, 계본), 17. 불상(佛像), 18. 보살상(菩薩像).
3 이화(李華, 715~767) : 자(字)는 하숙(遐叔). 735년 진사에 급제하고 시어사(侍御使)와 예이이부원외랑(禮吏二部員外郎) 등을 지내다가 안록산의 난 이후 산에 숨어살면서 불교를 깊이 믿었다. 여러 종파의 고승들과 교류했으며 선무외(善無畏, 637~735)의 속가 제자이다. 「좌계대사비(左溪大師碑)」, 「윤주학림사고경산대사비(潤州鶴林寺故徑山大師碑)」, 「선무외행장(善無畏行狀)」 등을 지었다.

03

자기 부처

무상(無相) 선사

오대산 무상(無相, 684~762) 선사가 예불하고 대중에게 법문하였다.

"그대들은 진흙부처를 보았다 하면 절구에 쌀을 찧듯 절만 하고 아무 생각도 해보지 않으니, 자기 몸에 부처님이 한 분씩 있는 줄은 까맣게 모르고 있다. 허공을 타고 온 많은 석가와 관음이 밤낮으로 그대들의 육근(六根)에서 빛을 내뿜고 땅을 흔든다. 거닐고 서고 앉고 눕고 하는 사이에 언제나 함께 드나들면서 실오라기만큼도 떨어져 본 적이 없는데, 어째서 이 부처님에게 예불 드리고 배우지 않고 도리어 흙덩이한테 가서 살길을 찾고 있는가? 그대들이 이 부처님에게 예불 드릴 수 있다면 그것은 자기 마음에 예불 드리는 것이다. 그대들 마음이 비록 뒤바뀐 헛된 마음이라 해도 그것은 본디부터 지금까지 넓고 깨끗하다. 그러므로 미혹하다 하나 한 번도 미혹한 일이 없었고, 깨달았다 하나 한 번도 깨달은 일이 없어 부처님보다 조금도 모자람이 없다. 그러나 다만 바깥 경계에 탐착하여 생멸과 미오(迷悟)가 있게 되었으니, 만일 한 생각에 회광반조할 수 있다면 모든 부처님과 같아질 것이다. 그러므로 옛 스님은 말하였다.

> 부처가 자기 마음에 있는데도
> 사람들은 밖에서 찾고 있네
> 값을 매길 수 없는 보배를 속에 지니고도
> 일생을 쉴 줄 모르네.

또 화엄수(華嚴遂) 법사의 말씀을 듣지 못했는가.

'내가 마음이 본래 성품임을 깨닫고 나니 지금의 모든 수행과 동정(動靜)이 본래 성품과 부합되지 않는 것이 없다. 이렇게 수행[道]과 이치[理]가 부합하는 까닭에 종일토록 예불해도 예불한다는 생각을 내지 않고 종일토록 염불해도 염불한다는 생각을 내지 않는다.'

자, 말해 보아라. 화엄스님은 어떻게 이것을 알아냈겠는가? 마치 선재동자(善財童子)가 비로자나 누각에 들어가 불가사의하고 자재한 경계를 깨친 것과 같다. 선재동자는 마지막 경계에서 이렇게 말하고 있다.

'나는 110성(城)을 돌아다니며 53선지식을 찾아뵈었다. 그러면서 갖가지 경계를 보고 온갖 법문을 들어보았으나 모두 사실이 아니다. 그것은 마치 꿈속에서 온갖 일을 보지만 꿈을 깨고 나서야 그것이 꿈이었음을 알게 되는 것과 같다.'

도력 높은 선사들과 선재동자는 비록 꿈속에서는 소소영영함을 얻었지만 여전히 오음(五陰) 경계에 떨어져 있다. 만일 정수리에 눈이 있고 팔꿈치에 부적이 있다면 석가와 미륵도 마른 똥막대이고 문수 보현도 땅에 가득 찬 범부일 뿐이다. 또한 진여와 열반도 나귀 매는 말뚝이고 일대장경도 고름 닦는 종이이니, 무슨 들어갈 누각이 있고 깨질 경계가 있겠는가. 이렇게 하지 못한다면 남의 꿈속에서 한 번이고 두 번이고 절을 해야 할 것이다."

— 『통행록(通行錄)』

04

조계 근원

덕소(德韶) 국사

●

천태산(天台山) 덕소(德韶, 891~972, 법안종) 국사는 처주(處州) 용천(龍泉) 사람이다. 구족계를 받고 나서 매서운 의지로 선지식을 찾아 도를 물었으나 별다른 소득이 없었다. 조산(曹山)에 와서는 대중에 묻혀 살았는데, 한번은 한 스님이 법안(法眼, 885~958)스님에게 묻는 이야기를 들었다.

"하루 스물네 시간을 어떻게 하면 단박에 온갖 인연을 쉴 수 있겠습니까?"

법안스님이 말하였다.

"공(空)이 그대에게 인연을 맺더냐, 색(色)이 그대에게 인연을 맺더냐? 공이 인연을 맺는다고 한다면 공이란 본래 인연이 없는 것이다. 색이 인연을 맺는다고 한다면 색과 마음은 둘이 아니다. 그렇다면 과연 일상생활에 어떤 물건이 그대에게 인연을 맺는다는 말이냐?"

덕소스님은 그 말을 듣고 머리끝이 쭈뼛해지며 느낀 바가 있었다. 그런 일이 있고 나서 또다시 어떤 선객이 물었다.

"무엇이 조계(曹溪) 근원의 물 한 방울입니까?"

법안스님이 말하였다.

"이것이 조계 근원의 물 한 방울이로구나."

덕소스님은 듣고서 확실히 깨쳤다. 법안스님이 "그대는 앞으로 우리 종지를 널리 펼 사람이니 이곳에 지체하지 말라." 하므로 마침내 천태산을 돌아다니다가 그곳이 좋아 그곳에서 생애를 마칠 생각을 하였다.

당시 오월(吳越)의 충의왕(忠懿王, 929~988, 재위 948~978)[1]이 왕자의 신분으로 태주자사(台州刺史)로 있었다. 그는 스님의 높은 명성을 듣고 한번은 사람을 보내 스님을 맞이하여 제자의 예를 올렸다.

왕이 어느 날 밤 어떤 사람에게 목이 잘리는 꿈을 꾸었는데 놀람과 의심이 풀리지 않아 마침내 스님께 해몽을 부탁하였다. 스님은 비상한 꿈이라면서 주(主) 자에서 점 하나를 없앴으니 곧 왕이 될 것이라고 하자, 왕은 과연 말씀같이 된다면 부처님 은혜를 잊지 않겠다고 하였다. 건우(乾祐) 원년(948)에 충의왕은 임금 자리를 물려받고 스님을 높이 받들어 국사로 모셨다.

당시 천태지자(天台智者, 539~598) 대사의 교법은 회창(會昌)의 법난(845) 이래로 큰스님들은 빛을 감추고 저술들도 대부분 해동(海東, 고려)으로 흘러갔었다. 나계의적(螺溪義寂, 919~987, 천태종 중흥조)

법사가 앞으로 불법을 들을 수 없게 됨을 가슴 아프게 생각하여 힘써 모아 보았으나 겨우 금화사(金華寺) 장경각에서 『유마경의소(維摩經義疏)』한 질을 찾았을 뿐이었다.

그 뒤 충의왕이 불경을 읽다가 내용[敎相(교상)]에 막혀 덕소스님에게 법문을 청하였다. 스님은 의적스님을 천태종의 종지에 훤히 통한 사람이라 칭찬하니 왕이 마침내 의적스님을 불러 강원을 세웠다. 왕이 기뻐하여 특별히 열 사람의 사신을 바다 건너 파견하여 경전을 베껴 돌아오게 하였다. 그리하여 불법이 다시 일어나 지금까지 땅에 떨어지지 않으니, 그것은 덕소스님과 의적스님의 덕택이라 하겠다.

개보(開寶) 4년(972) 6월 28일 천태산(天台山) 화정봉(華頂峰)에서 입적하셨는데, 이날 밤 별이 땅에 떨어지고 하늘에서 큰 눈이 내렸다. 스님께서 열반하실 때 보인 신비한 징조는 이루 다 기록할 수 없으니, 법등(法燈, ?~974)[2] 선사의 『행업(行業)』등 글에 자세하게 실려 있다.

주
:

1   충의왕(忠懿王, 929~988, 재위 948~978) : 오월의 제5대 왕이자 마지막 왕인 전홍숙(錢弘俶, 929~988). 자(字)는 문덕(文德). 충의왕(忠懿王)은 시호이다. 960년 송나라가 세워지고 고려의 광종이 중국에 사신을 보내 불경을 구해오게 했는데 충의왕이 사신을 보내어 『천태론소(天台論疏)』 등의 불전을 보냈다. 978년 충의왕은 송나라에 나라를 바치고 송나라로부터 회해국왕(淮海國王)에 봉해져 여생을 안락하게 보냈다.

2   법등(法燈, ?~974) : 법안종 청량태흠(淸涼泰欽)을 말한다. 법안문익(法眼文益, 885~958)의 법을 이어받고 홍주(洪州) 쌍림원(雙林院)에 머물다가 청량산(淸涼山)으로 옮겨 종풍을 널리 떨쳤다.

05

무작계(無作戒)

택오(擇梧) 율사

도솔사(兜率寺) 택오(擇梧) 율사는 보령(普寧) 율사에게 공부하였는데, 몸 단속이 엄격하여 하루 한 끼만 공양하며 예불 독송을 끊임없이 하였다.

한번은 경산(徑山) 유림(維琳, 1036~1117) 선사에게 도를 물었다. 유림 선사는 택오 율사가 계율에만 마음을 두어 도를 통하지 못함을 보고는, 계율에 몸이 묶여 있으니 가슴이 답답하지 않느냐고 놀렸다. 택오 율사가 "저는 마음[根識(근식)]이 어둡고 둔해서 매이지 않을 수 없으니, 스님께서 가엾게 생각하여 가르쳐 주십시오." 하였다. 유림 선사가 바수반두(婆修盤頭) 이야기를 들려주었다.

바수반두(婆修盤頭)는 하루 한 끼 공양에 눕지도 않고 지내며 하루 여섯 차례씩 예불하였다. 이렇게 청정무구하여 대중들에게 귀의를 받게 되었다. 그런데 20조 사야다(闍夜多) 존자가 그를 제도하고자 하여 바수반두의 문도들에게 물었다.

"이 두타승이 청정행을 열심히 닦아 부처님이 될 수 있을 것 같으냐?"

"이렇게 열심히 정진하는데 어째서 부처가 되지 않겠습니까?"

"그대들의 스승은 도와는 거리가 멀다. 그렇게 정진해서는 티끌겁이 지나도 모두 허망의 근본이 될 뿐이다."

바수반두의 문도는 분한 마음을 내지 않고 사야다에게 물었다.

"존자께서는 어떤 덕행을 쌓았기에 우리 스승을 비난하십니까?"

"나는 도를 깨치려 하지도 않지만 그렇다고 잘못[顚倒]되지도 않는다. 나는 예불하지도 않지만 그렇다고 부처님께 오만하거나 가볍게 굴지도 않는다. 장좌불와(長坐不臥)하지 않지만 공부를 게을리하지도 않는다. 하루 한 끼만 먹는 고행을 하지도 않지만 그렇다고 아무거나 식탐을 내지도 않는다. 나는 만족도 탐욕도 없다. 이렇게 마음 둘 곳 없음을 도라고 한다."

바수반두는 이 말씀을 듣고 무루지(無漏智)를 얻었다.[1]

유림 선사는 큰 소리로 할을 한 번 하고서 말하였다.

"비록 그렇다고 해도 아직은 둔한 놈이다."

택오 율사는 이 말끝에 마음이 활짝 트여 껑충껑충 뛰면서 절하고 말하였다.

"스님의 가르침을 듣지 못했으면 어찌 잘못을 알았겠습니까. 지금부터는 지키면서도 지키지 않는, 지킨다는 생각이 없는 계율[無作戒(무작계)]을 지키겠으며, 더 이상 애써 마음을 쓰지 않겠습니다."

그리고는 작별하고 떠났다. 방장실로 돌아와서 익혀 왔던 수행을 다 버리고 그저 선상(禪床)만을 지키며 법문하는 일말고는 묵묵히 앉아 있을 따름이었다.

하루 저녁은 갑자기 명정(明靜) 법사를 불러서 말하였다.

"경산스님께서 내게 망정과 집착을 타파해 주신 뒤 지금껏 가슴 속에 아무 일도 없다. 오늘밤에는 무성삼매(無聲三昧)에 들어가겠다."

그리고는 아무 소리가 없더니 마침내 영영 누우셨다.

- 『통행록(通行錄)』

주
:
1 『경덕전등록(景德傳燈錄)』 권2(T51-213a).

06

불법을 위해 죽는다면
진종(眞宗) 황제

송나라 진종(眞宗, 969~1022, 재위 998~1022) 황제가 한번은 태평흥국사(太平興國寺)를 없애 창고를 만들려고 하였다. 조서가 내리던 날, 한 스님이 절을 없애서는 안 된다고 꼿꼿하게 말하였다. 황제는 중사(中使)를 보내면서 "절을 없애라는 명령을 듣지 않으면 목을 베어라." 하고는 칼을 뽑아들어 보이며 말하였다.

"그 중이 칼을 보고 겁이 나서 떨거든 목을 베고, 그렇지 않거든 용서해 주어라."

중사가 명령대로 하였더니 그 스님은 웃으면서 목을 쓱 내밀며 말했다.

"불법을 위해 죽는다면 칼을 핥으라 해도 달게 받겠다."

황제가 기뻐하여 폐사를 면했다.

한자창(韓子蒼, 1080~1135)[1]이 말했다.

"지금 세상에도 이와 같은 스님이 있다니 참으로 남자라고 할 만하다."

─ 『석문집(石門集)』

주
:

1 한자창(韓子蒼, 1080~1135) : 북송 말 남송 초의 시인. 이름은 구(駒), 호는 모양(牟陽). 능양선생(陵陽先生)으로 불렸다. 『능양집(陵陽集)』이 있다. 운문종 자수회심(慈受懷深, 1077~1132)의 어록에 서문을 적었다.

07

소동파의 신규각 비문

대각회연(大覺懷璉) 선사

●

원통사(圓通寺)의 거눌(居訥, 1009~1071, 운문종) 선사는 신주(梓州)[1] 사람이다. 성품이 단정하여 자기를 다스리는 데에 엄격하고 대중에게는 법도 있게 대하였다. 밤이면 반드시 선정에 들어가는데, 처음에는 자연스럽게 차수(叉手)하다가 한밤중이 되면서 차츰차츰 손이 가슴에까지 올라와 있었다. 시자는 늘 이것을 보고 날 새는 시간을 짐작하곤 하였다.

송나라 인종(仁宗, 1010~1063, 재위 1022~1063)이 그의 명성을 듣고 조서를 내려 정인사(淨因寺)에 주지하도록 하였으나 병을 핑계로 사양하고 대신 회연(懷璉, 1010~1090, 운문종) 선사를 추천하였다. 인종이 회연스님을 보고 대단히 기뻐하여 대각선사(大覺禪師)라는 법호를 내렸다.

영종(英宗, 1032~1067, 재위 1063~1067)은 손수 조서를 내려 천하 어느 절이든 마음 내키는 대로 주지하라 하였으나 회연스님이 입밖에 내지 않아서 아는 사람이 거의 없었다. 소동파(蘇東坡, 1036~1101)가 신규각(宸奎閣)²의 비문을 짓게 되어 회연스님에게 편지를 보내 그런 사실이 있었는지를 알아보았다.

"신규각 비문을 외람되게도 지었으나 늙고 공부를 그만둔 사람의 글이라 돌에 새길 만한 것인지 모르겠습니다. 참요(參寥, 1043~1106, 회연의 제자)³ 스님의 말을 들으니 스님께서 서울을 떠나실 때 왕[英宗]께서 전국 어느 절이든 마음에 드는 곳에 주지하라는 내용의 조서를 직접 내리셨는데, 과연 그런 일이 있었습니까? 있다면 전문(全文)을 써 보내주십시오. 비문에 이 한 구절을 넣을까 합니다."

회연스님은 그러한 사실이 없다고 회답하였다. 그러나 스님께서 입적하자 편지함 속에서 그 조서가 나왔다. 소동파가 이 소식을 듣고는, 도를 얻은 사람이 아니면 어떻게 이런 덕을 간직할 수 있느냐고 하였다. 소동파의 신규각 비문에는 다음과 같은 기록이 있다.

스님께서는 세상에 나와 사람들을 제도했으나 매우 엄격하게 계율을 지켰다. 황제가 용뇌목(龍腦木)으로 만든 발우를 하사하였는데, 스님께서는 사자 앞에서 태워 버리고 말하였다.

"우리 불법에는 먹물 옷 입고 질그릇 발우로 밥을 먹게 되어 있으니, 이 발우는 법답지 않다."

사자가 돌아와 보고하니 황제가 오랫동안 찬탄하였다. 스님께서는 집과 옷과 그 밖의 물건들로 보물방을 차릴 수도 있을 정도였지만 그런 일은 하지 않고 성 밖 서쪽에 백 명쯤 살 수 있는 작은 절을 짓고 살았을 뿐이다.

주:

1 신주(梓州) : 사천성(四川省) 금양시(綿陽市) 삼대현(三台縣).
2 신규각(宸奎閣) : 대각회연 스님이 황제에게 원하는 곳 어디나 주지를 할 수 있다는 조서를 내린 상황에서 마침 사명(四明)의 군수가 스님을 모시면서 스님의 시송(詩頌)을 보관하고자 신규각(宸奎閣)이라는 전각을 지었다. 이에 당시 항주자사인 소동파가 비문을 지었다. 『오등회원(五燈會元)』 권15(X80-325c~326a).
3 참요(參蓼, 1043~1106) : 법명은 도잠(道潛). 소동파와 친분이 깊어 소동파가 참요자(參蓼子)라는 호를 지어주고 시를 주고받았다. 『운와기담(雲臥紀譚)』(X86-663b).

08

공덕(功德)

보지(寶誌) 선사

양 무제(武帝, 464~549, 재위 502~549)가 보지(寶誌) 선사에게 물었다.

"짐이 정사를 돌보는 여가에 여러 가지 착한 일을 했는데, 공덕이 되겠습니까?"

"공덕은 공덕이나 진정한 공덕은 아닙니다."

"무엇이 진정한 공덕입니까?"

"성품이 깨끗하여 마음이 밝으면 바탕이 저절로 비고 고요해지니 이것이 진정한 공덕입니다."

무제는 이 말끝에 느낀 바가 있었다.

그러므로 옛 성인께서 말씀하셨다.

한순간 고요히 앉아 있으면
항하사만큼의 칠보탑을 만드는 것보다 낫다.

보배탑은 결국 먼지로 돌아가지만
한순간 깨끗한 마음은 깨달음을 이룬다.

― 『통행록(通行錄)』

09

『화엄경』을 칭송함

손사막(孫思邈)

　도사 손사막(孫思邈, 541~682)[1]은 경조(京兆)[2] 사람인데 어릴 때부터 총명하고 지혜로워 하루에 만 글자를 외웠다. 노장(老莊)을 잘 알면서도 불전에도 뜻을 두었다. 50세가 되자 종남산(終南山)에 숨어서 음식을 먹지 않고 연홍(鉛汞)[3]만을 먹고 살았다. 도선(道宣, 596~667)[4] 율사와 사이가 좋아서 하루종일 법담을 나누었으며, 『화엄경』을 베껴 쓰기도 하였다.

　그때 당(唐) 태종(太宗, 598~649, 재위 626~649)이 불경을 읽고자 하여 손사막에게 물었다.

　"어느 경이 가장 크고 높은 경입니까?"

　"『화엄경』은 부처님도 높이시던 경입니다."

　"요즈음 현장(玄奘, 602~664) 삼장(三藏)이 『대반야경』 600권을 번역하였는데(660년), 그것을 큰 경이라 하지 않고 오히려 80권 『화엄경』을 크다 합니까?"

"화엄법계에는 모든 법문이 다 갖추어져 있고 한 법문이 대천세계만큼의 경전을 설해낼 수 있습니다. 그러니 『반야경』은 화엄의 한 부분[法門]이 되는 것입니다."

왕이 알아듣고 그때부터 『화엄경』을 늘 독송[受持]하였다.

— 『석씨유설(釋氏類說)』

주
:

1 손사막(孫思邈, 541~682) : 수나라~당나라 초기의 명의, 도사, 연금술사, 과학자. 노장에 조예가 깊었다. 수 문제, 당 태종, 당 고종 등에게 부름을 받았지만 사양하고 벼슬도 받지 않았다. 당나라의 대표적인 의서인 『비급천금요방(備急千金要方)』 30권과 『천금익방(千金翼方)』 30권을 썼다.
2 경조(京兆) : 섬서성(陝西省) 서안시(西安市).
3 연홍(鉛汞) : 송화 가루나 약초 등으로 만들어 신선도를 닦는 사람들이 먹는 음식. 기본적인 뜻은 '납'과 '수은'인데 이것을 솥 안에 쪄서 환을 만드는 방법을 가리키기도 한다.
4 도선(道宣, 596~667) : 지수(智首, 567~635) 율사의 법을 이었다. 남산 율종의 개조.

10

참학(參學)하는 일

양억(楊億)

  시랑(侍郎) 양억(楊億, 974~1020)[1]은 한림학사(翰林學士) 이유(李維)에게 편지를 보냈는데 그 내용은 대략 다음과 같다.

  잠깐 남창(南昌)[2] 태수로 와서 마침 광혜원련(廣慧元蓮, 951~1036)[3] 스님을 뵙게 되었습니다. 스님은 공양을 될 수 있는 대로 간소하게 하여 밥상을 물리고 여가가 많았으므로 더러는 직접 오시기도 하고 더러는 수레로 모셔 오기도 하여 이것저것 터놓고 물었더니 어둡고 막혀 있던 것이 싹 풀렸습니다. 그리고 반년이 지난 뒤에는 마치 잊었던 일이 갑자기 생각난 듯, 자다 깨어난 듯 마음이 탁 트여 의심하지 않게 되었습니다. 그리하여 평소 가슴에 막혀 있던 것이 저절로 탁 떨어져 내려가서 몇 겁을 두고 밝히지 못했던 일이 환하게 눈앞에 나타났으니 이는 정말로 스님께서 의심을 환히 결택(決擇)해 주시고, 막힘없이 지도해 주신 덕분이었습니다.

여기서 옛 분들이 큰스님을 찾아뵙던 일들을 거듭 생각해 봅니다. 설봉의존(雪峰義存, 822~908) 스님은 동산양개(洞山良价, 807~869) 스님을 아홉 번 찾아뵙고 투자대동(投子大同, 819~914) 스님을 세 번 뵈었으나[4] 마침내는 덕산선감(德山宣鑑, 782~865) 스님의 법제자가 되었으며, 임제의현(臨濟義玄, 767~866) 스님은 대우수지(大愚守芝) 스님에게서 깨달음을 얻었으나 결국 황벽희운(黃檗希運, 751~850) 스님의 뒤를 이었으며, 운암담성(雲巖曇晟, 782~841) 스님은 도오원지(道吾圓智, 769~835) 스님에게 많은 가르침을 받았으나 마침내 약산유엄(藥山惟儼, 746~829) 스님의 제자가 되었으며, 단하천연(丹霞天然, 739~824) 스님은 마조도일(馬祖道一, 709~788) 스님에게 인가를 받았으나 석두희천(石頭希遷, 701~791) 스님의 후예가 되었습니다. 이런 일은 예전에도 많았으므로 이상하게 여길 일이 아닙니다. 병든 이 몸이 지금 법을 이어받은 인연은 사실 광혜(廣慧) 스님에게 있으나 처음 일깨워 지도해 주신 분은 바로 오봉(鰲峰)스님이셨습니다. 안녕히 계십시오.

시랑이 한 스님과 법담을 나누다가 말하였다.

"참학(參學)하는 사람이라면 누구나 하루 종일 언제나 자기를 살펴보아야[照顧] 합니다. 선[禪道]을 말로 할 수 없을 때 늘 살피고 다녀야 할 도리가 하나 있는데, 그것은 일상생활에서 무슨 일을 하든지 없을 수 없는 것입니다. 마치 알을 품고 있는 닭이 알을 두고 일어나 버리면 기운이 이어질 수가 없어서 마침내 병아리가 부화하지 못하는 것과 같은 이치입니다.

지금 만 가지 경계는 빽빽하고 6근은 요동하는데 조금만 살펴보는 일[照顧]을 놓치면 그대로 신명을 잃게 되니 작은 일이 아닙니다. 지금 우리가 여기 태어날 인연을 받아 생사에 매여 있는 이유가 수많은 겁토록 생멸심을 좇아 그것에 끄달려 다니다 지금에 이르렀기 때문입니다. 말씀해 보십시오. 한번이라도 살펴봄을 잃은 적이 있다면 어떻게 우리가 여기 있을 수 있겠습니까? 큰길의 흰 소[露地白牛(노지백우)][5]를 알고자 합니까? 콧구멍[鼻孔(비공)]을 잡고 한번 끌어당겨 보십시오."

또 말하였다.

"석가모니 부처님께서 영산회상에서 눈으로 가섭존자를 돌아보시며 대중에게 '나에게 정법안장(正法眼藏)이 있으니 이를 마하가섭에게 부촉하노라' 하셨고, 또 '나는 49년 동안 한마디도 설법한 일이 없다' 하셨는데, 이것이 무슨 도리이겠습니까?

누구나 저마다 한 글자 각주도 붙일 수 없게 되면 누구에게나 굉장한 일이 벌어진 셈이나 그것을 '굉장하다'고 해버리면 벌써 틀립니다. 그렇다면 석가는 패전한 군대의 장수이고, 가섭은 신명을 잃은 사람이라고 하겠습니다. 어떻게 생각합니까? 생사 열반이 모두 다 꿈속의 일이고, 부처와 중생도 모두 군더더기 말이라 하지 않았습니까. 곧바로 이렇게 알아버려야지 밖으로 치달려 구해서는 안 됩니다. 이 점을 밝히지 못했다면 그대는 한참 잘못되었다고 말하겠습니다."

시랑이 임종 전 어느 날 게송 한 수를 직접 써서 집사람들에게 주며 다음날 이부마(李駙馬, 988~1038)[6]에게 전하라고 하였다.

    물거품 일어남과 물거품 꺼짐
    그 두 가지 법은 본래 같다
    진정 돌아갈 곳을 알고자 하는가
    조주(趙州) 동원(東院)[7]의 서쪽이로다

이부마가 게송 받아보고서 말하였다.
"태산(泰山)의 사당[廟] 속에서 지전(紙錢)[8]을 팔도다."

                                                         - 『천성광등록(天聖廣燈錄)』[9]

주 :

1   양억(楊億, 974~1020) : 자는 대년(大年)이고 양문공(楊文公)이라고도 부른다. 처음에는 유교를 공부하다가 광혜원련(廣慧元蓮, 951~1036)을 만나 선 수행을 하고 오랜 참학 끝에 수산성념(首山省念, 926~993)을 만나 깨달음을 얻었다. 『경덕전등록(景德傳燈錄)』을 정리하고 서문을 썼다.

2　남창(南昌) : 강서성(江西省) 남창시(南昌市).
3　광혜원련(廣慧元蓮, 951~1036) : 임제종. 15세 때 출가하여 복건성 50여 명의 스승에게 두루 참학하고 수산성념(首山省念, 926~993)에게 깨달았다. 경덕(景德) 원년(1004)에 여주 광혜원(廣慧院)에 머물렀다. 참정(參政) 왕단(王旦, 957~1017), 낭중(郎中) 허식(許式), 시랑(侍郎) 양억(楊億, 974~1020) 등이 참문하였다. 시호는 진혜(眞慧).
4　원문에서는 "九度上洞山(구도상동산) 三度上投子(삼도상투자)"라고 하였다. 흔히 "구지동산(九至洞山) 삼도투자(三到投子)"라고 표현하여 법을 구하는 선사들의 구도열을 보여주는 경구로 쓰인다.
5　큰길의 흰 소[露地白牛] : 『법화경』「비유품」에서 일승(一乘)을 비유한 말로 유명한 '백우거(白牛車)' 비유에서 유래한 화두이다.
6　이부마(李駙馬, 988~1038) : 부마도위(駙馬都尉)를 지낸 남송의 이준욱(李遵勖)이다. 곡은온총(谷隱蘊聰, 965~1032)에게 참학하여 깨달음을 얻고 인가를 받았다. 시호는 화문(和文)이다. 승천도원(承天道源)이 1004년에 완성한 『경덕전등록(景德傳燈錄)』의 뒤를 이어 이준욱이 『천성광등록(天聖廣燈錄)』을 1036년에 완성하였다.
7　조주(趙州) 동원(東院) : 조주종심(趙州從諗, 778~897)이 머문 것으로 유명한 관음원(觀音院).
8　지전(紙錢) : 죽은 사람의 노자 돈으로 쓰는 가짜 종이돈.
9　『천성광등록(天聖廣燈錄)』 권18(X78-511c~512c).

11

석난문(釋難文)

희안(希顔) 수좌

　희안(希顔) 수좌의 법명은 성도(聖徒)이다. 강직하고 과감한 성격에 불법은 물론 다른 학문까지도 통달하였으며 품격과 절도로 스스로를 지켰다. 행각을 마치고 옛 초막에 돌아와 숨어살면서 세속에는 발을 들여놓지 않았다. 항상 문 닫고 좌선만 하니, 수행이 고결한 사람이 아니면 스님과 벗할 수 없었다. 명공귀인들이 여러 차례 몇몇 절에 주지로 모시려 했으나 굳이 거절하였다.

　당시 참기(參己)라는 어린 행자가 승려가 되고자 하여 스님을 시봉하고 있었다. 그러나 스님은 그가 승려 될 그릇이 못됨을 알고 '석난문(釋難文)'이라는 글을 지어 물리쳤다. 그 내용은 다음과 같다.

　아들을 아는 데는 아비만한 사람이 없고, 아비를 아는 데는 아들만한 사람이 없다. 내가 보건대 참기(參己)는 승려 될 그릇이 아니다. 출가해서 승려가 된다는 것이 어찌 작은 일이겠는가. 편안함과 배부르고 따뜻함을 구하는 것이 아니고, 달팽이 뿔[蝸角(와각)]¹ 같은 하잘것없는 명리를 구하는 것도 아니다. 생사를 해결하는 길이고 중생을 위하는 길이며, 번뇌를 끊고 3계 바다를 벗어나 부처님의 혜명(慧命)을 잇기 위한 것이다. 성인의 시대에서 멀리 떨어져 불법이 크게 허물어졌는데, 네가 감히 함부로 이런 일을 하겠다는 것이냐.

『보량경(寶梁經)』에서 "비구가 비구법을 닦지 않으면 대천세계에 침 뱉을 곳이 없다." 하였고, 『통혜록(通慧錄)』에도 "승려가 되어 10과(十科)²에 들지 못하면 부처님을 섬겨도 백 년 헛수고하는 것이다."라고 하였으니, 그래서 어렵다 하는 것이다. 이렇게 볼 때 나도 외람되게 승려의 대열에 끼어 불도에 누를 끼치고 있는데 하물며 네가 하겠다는 것이냐?

출가해서 승려가 되어 3승 12분교와 주공(周公)³ 공자(孔子)의 도를 모른다면, 그는 인과에도 어두울뿐더러 자기 성품도 알지 못한 사람이다. 농사짓는 수고도 모르고, 신도들의 시주를 받기 어려운 줄을 생각지도 않는다. 그리하여 함부로 술 마시고 고기 먹으며, 재계(齋戒)를 파하고 범하여 장사를 차리고 앉아 부처를 팔아먹는다. 도둑질, 간음, 노름으로 절집을 떠들썩하게 하고 큰 수레를 타고 드나들면서 자기 한 몸만을 아낄 뿐이니, 슬픈 일이다. 여섯 자 몸뚱아리는 있어도 지혜가 없는 이를 부처님께서는 바보중이라 하셨다. 세 치 혀는 있어도 설법하지 못하는 사람을 부처님께서는 벙어리 염소중이라 하셨다. 또한 승려 같으나 승려도 아니고 속인 같으면서 속인도 아닌 사람을 박쥐중, 또는 민머리 거사라고 하셨다.

그러므로 『능엄경(楞嚴經)』에서 "어찌하여 도적이 내 옷을 빌려 입고 여래를 마구 팔아 온갖 죄업을 짓는가."[4] 하였으니, 이런 이들은 세상을 제도하는 나룻배가 아니라 지옥의 씨앗으로서 설사 미륵이 하생할 때가 되어 머리를 내밀고 나올 수 있다 해도 몸은 이미 소 우리 안에 빠져 온갖 형벌의 아픔이 하루아침 하룻저녁이 아닐 것이다. 지금 이런 자들이 백천 혹은 만이나 되는데, 겉으로 승려의 옷만 걸쳤을 뿐 그 속을 까놓고 말해 보면 승려라 할 수 없다. 그것이 소위 솔개의 날개를 달고 봉 울음을 운다 하는 것이다. 이들은 길에 굴러다니는 돌이지 옥(玉)은 아니며, 풀무더기 속에 우거진 쑥대이지 설산(雪山)의 인초(忍草)는 아니다.

나라에서 승려에게 도첩(度牒)을 주는 것은 본래 복을 빌게 하기 위해서였는데, 지금은 도리어 부역 면제받는 것을 따지면서 승려에게 평민이 되라 하거나 그렇지 않으면 우리 승려들에게 심한 푸대접을 하고 있다.

오직 지난날 육왕회연(育王懷璉, 1010~1090),[5] 영안설숭(永安契嵩, 1007~1072),[6] 용정원정(龍井元淨, 1011~1091),[7] 영지원조(靈芝元照, 1048~1116)[8] 같은 분은 한 마리 여우털처럼 빛나는 보배라 할 수 있겠지만, 나머지 양가죽 같은 보잘것없는 자들이야 말할 가치가 있겠는가. 아! 불법의 바다가 오늘날처럼 더럽혀진 적은 없었다. 이런 말도 지혜로운 이와 할 수 있을 뿐, 속인들과는 하기 어려운 일이다.[9]

주
:

1 달팽이 뿔[蝸角(와각)] : 『장자(莊子)』「칙양(則陽)」에 나오는 우화. 달팽이 뿔 위에서 만씨국(蠻氏國)과 촉씨국(觸氏國)이 다투어 수만의 희생자가 생겼다는 이야기로서, 보잘것없는 명리나 소유욕을 두고 다툼을 비유한 말이다.

2 10과(十科) : 번역(飜譯), 해의(解義), 명률(明律), 감통(感通), 유신(遺身), 독송(讀誦), 호법(護法), 흥복(興福), 잡과(雜科).

3 주공(周公) : 주나라의 정치가로 문왕의 아들이자 무왕의 동생이다. 성은 희(姬), 이름은 단(旦), 시호는 문공(文公)이다. 아들이 노나라의 제후로 봉해진 이래 노나라의 시조로 받들어졌다. 통칭은 주공(周公)이라고 불린다.

4 『대불정여래밀인수증요의제보살만행수능엄경(大佛頂如來密因修證了義諸菩薩萬行首楞嚴經)』권6(T19-132b).

5 육왕회연(育王懷璉, 1010~1090) : 운문종 늑담회징(泐潭懷澄)의 법제자. 인종(仁宗) 황제의 존경을 받아 왕에게 불법을 설하고 대각(大覺)이라는 호를 받았다.

6 영안설숭(永安契嵩, 1007~1072) : 운문종 동산효총(洞山曉聰, ?~1030)의 법제자. 『보교편(輔敎編)』을 저술하여 선문(禪門)의 계통을 밝혔고, 『원교론(原敎論)』을 지어 유불일치(儒佛一致)를 주장하면서 한유(韓愈, 768~824)의 배불론을 반박하였다.

7 용정원정(龍井元淨, 1011~1091) : 천태종 명지조소(明智祖韶)의 법제자. 법명은 무상(無象). 황제에게 가사를 받고 변재(辯才)라는 호를 받았다.

8 영지원조(靈芝元照, 1048~1116) : 윤감진오(允堪眞悟, 1005~1062)의 법을 이었다. 율(律)과 천태교관을 배워 강론하면서 여러 종파의 학문을 두루 닦았다.

9 이 글은 그대로 『치문경훈(緇門警訓)』권2(T48-1049c~1050a)에도 "석난문(釋難文)"이라는 제목으로 전한다.

12

사명법지 스님을 추억하며

자운준식(慈雲遵式) 법사

자운준식(慈雲遵式, 964~1032, 천태종) 법사가 말하였다.

"나는 사명법지(四明法智, 960~1028) 스님과 40년 동안이나 도반으로 지내 왔는데, 막상 죽을 때에는 그의 방 앞에서 곡 한번 하지 못했다. 그래서 탄식하다가 못내 이런 노래를 지어 불렀다.

하늘에는 두 달이 없고
인간에는 스님 하나뿐.

이 노래를 듣는 사람들은, 내가 아는 사람에게는 후하고 모르는 사람에게는 박하다고 생각하지 말아라. 다만 그의 깨달음과 수행이 남다르게 뛰어남을 보고 극단적인 말로써 내 감회를 펴 본 것이다.

남다르다는 것은 무슨 말인가? 비릉(毘陵, 711~782)[1] 법사도 기억하지 못한 일대장교를 다 외웠고, 남들은 수행하기 어려운 네 가지 삼매[四三昧][2]를 모두 수행하였다. 번갈아 찾아오는 추위와 더위에도 불구하고 옆구리를 자리에 붙인 일 없이 69세에 세상을 마쳤으며, 병이 갑자기 심해졌는데도 쉬지 않고 도를 닦으며 후학을 가르쳤다. 문도들이 편안히 쉬라고 청해도 듣지 않았는데, 죽고 나니 사리가 부지기수로 나왔다. 아! 알기가 어려운 것이 아니라, 하기가 어려운 것이다."

주 :

1 비릉(毘陵, 711~782) : 당나라 천태종 제5조 형계담연(荊溪湛然)을 가리킨다. 묘락(妙樂) 대사라고도 한다. 주석(註釋)을 많이 지어 천태지의(天台智顗, 539~598)의 주장을 기록하면서 갖추지 못한 점은 보충하려고 노력하였으므로 후세에 기주(記主) 법사라고도 한다. 시호는 원통(圓通) 존자. 저서에 『법화현의석첨(法華玄義釋籤)』10권, 『법화문구기(法華文句記)』13권, 『지관보행전홍결(止觀輔行傳弘決)』10권, 『지관대의(止觀大意)』3권 등이 있다.

2 네 가지 삼매[四三昧] : 흔히 사종삼매(四種三昧)라고 한다. 천태에서 체계를 세운 상좌삼매(常坐三昧), 상행삼매(常行三昧), 반좌반행삼매(半坐半行三昧), 비행비좌삼매(非行非坐三昧)의 네 가지를 말한다.

13

전생의 원(願)을 이어

변재원정(辯才元淨) 법사

변재원정(辯才元淨, 1011~1091) 법사는 항주(杭州) 어잠(於潛)[1] 사람이었다. 태어나면서부터 왼쪽 어깨살이 가사의 매듭같이 솟아올라 있었다가 81일 만에 없어지니 그의 아버지가 감탄하여 말했다.

"이 아이는 전생에 사문이었으니 그 원(願)을 빼앗지 말고 자라면 부처님을 모시게 하겠다."

법사가 세상을 떠난 해가 (석가모니 부처님처럼) 81세 되는 해였으니 아마도 이는 숙명인 것 같다. 출가한 후에는 법좌를 볼 때마다 감탄하며, 저기에 올라 설법을 해서 사람들을 제도하는 것이 자신의 원이라고 하였다.

처음에는 자운준식(慈雲遵式, 964~1032) 스님을 찾아가서 밤낮으로 열심히 정진하였다. 배움과 실천이 함께 향상하여 몇 해 안 가서 자운스님의 상좌들과 나란히 앉게 되었는데, 자운스님이 입적하고 난 뒤에는 다시 사명산(四明山)의 조소(祖韶) 스님을 모셨다.

조소스님이 천태지관(天台止觀)을 가르치다가 "한 끼의 밥으로 일체에게 보시하며 모든 불보살에게 공양한 다음에야 먹을 수 있다"2 하신 방편오연(方便五緣)에 나오는 유마거사의 말씀3까지를 이야기하니, 원정스님은 그 말끝에 깨닫고는 "오늘에야 색, 소리, 냄새, 맛이 본래 제일의제(第一義諦)를 갖추고 있음을 알게 되었습니다. 앞으로는 사물을 대할 때 마음속에 의심이 없을 것입니다." 하였다.

당시 심숙재(沈叔才)가 항주(杭州)를 다스리고 있었는데, 그는 관음도량(觀音道場)은 경 공부와 참회로 불사를 하는 곳이니 선수행자들이 살 곳은 아니라고 생각하여 마침내 스님에게 교학하던 곳을 선도량으로 바꾸라고 명하였다. 스님이 그곳에 도착하자 오월(吳越) 사람들은 마치 부처님이 세상에 나오시기라도 한 것처럼 귀의하고 부모를 공양하듯 스님을 모셨다. 돈, 베, 비단 등의 보시가 구하지 않아도 저절로 들어왔다.

그러다가 천축사(天竺寺)에 머문 지 14년 되던 해, 그 절의 부(富)를 탐내는 사람이 스님을 협박하여 쫓아내니, 스님은 기꺼이 떠나면서 그것을 마음에 품지 않았다. 이 일로 천축사 대중들이 사방으로 흩어지자 사건이 조정에 알려져 다음 해에 스님이 다시 옛 자리로 돌아오게 되었다. 스님은 마지못해 돌아오는 듯하였고, 대중들은 다시 크게 모였다. 스님과 세속을 벗어난 도반이었던 조청헌(趙清獻, 1008~1084)4은 이 일을 보고 찬(讚)하였다.

스님께서 천축사를 떠나니 산은 비고 귀신이 울었는데
천축사에 스님께서 돌아오니 도량에는 빛이 찬란하도다.

스님은 그곳에 다시 2년을 머물다가 하루는 대중에게 "성인이었던 우리 조사 지자(智者, 539~598) 대사도 중생교화를 더 급하게 여겨 자기 수행에는 해가 되었기에 수행위로는 철륜왕(鐵輪王)[5]이 되어야 하는데도 오품위(五品位)[6]까지밖에 증득하지 못하셨는데 하물며 범부이겠는가." 하고는 그곳을 떠나서 종남산(終南山) 용정(龍井)[7]에서 노년을 보냈다. 갈대와 대나무로 지붕을 덮고, 문 닫고 좌선하여 종일 아무 소리가 없었다. 이는 나뭇잎이 떨어지고 뿌리가 자라는 겨울의 마른나무와 같은 경지이며, 바람이 자고 파도가 가라앉은 옛 우물과도 같은 경지였다. 그리하여 사람들은 스님을 '눌(訥, 말더듬이)'이라고 불렀다.

스님은 계율을 엄격히 지켰으며 밤낮을 가리지 않고 설법을 하였는데 한번은 이렇게 말하였다.

"귀신의 힘으로는 두렵게 할 수 없다. 낮에는 말을 해도 여기까지 오지 않는 수가 있고 밤에 사람들이 조용해야 들릴 정도이기 때문이다."

한번은 손가락을 태워 부처님께 공양을 했다. 그래서 오른손가락 두 개와 왼손가락 세 개로 겨우겨우 물건을 잡았는데 그 문도들 중에 따라하려는 자가 있으면 번번이 못하게 하면서, 소동파(蘇東

坡, 1036~1101)라야 나처럼 할 수 있다고 하였다.

하루는 누군가가 와서 북산(北山)에 스님과 같은 방법으로 수행하는 사람이 몇 있다고 하니 스님은 밀행(密行)하는 승려들의 경계는 내가 추측할 수 없다고 하였다.

- 『용정잡비(龍井雜碑)』

주
:

1 어잠(於潛) : 절강성(浙江省) 항주시(杭州市).
2 『유마힐소설경(維摩詰所說經)』 권상 「제자품(弟子品)」(T14-540b).
3 『대승지관법문(大乘止觀法門)』 권4(T46-663c).
4 조청헌(趙淸獻, 1008~1084) : 송나라 거사. 이름은 변(抃), 자(字)는 열도(閱道), 청헌(淸獻)은 시호이다. 1034년에 진사가 되었다. 전중시어사(殿中侍御史)로 있는 동안 권력과 부귀를 두려워하지 않고 탄핵하여 철면어사(鐵面御史)로 불렸다.
5 철륜왕(鐵輪王) : 전륜성왕의 네 가지 위계인 금륜왕(金輪王), 은륜왕(銀輪王), 동륜왕(銅輪王), 철륜왕(鐵輪王) 중의 제일 아래. 금륜왕은 수미 4주를 통치하고, 은륜왕은 동주와 서주와 남주의 3주를, 동륜왕은 동주와 남주의 2주를, 철륜왕은 남섬부주 하나를 통치한다고 한다.
6 오품위(五品位) : 천태종 원교(圓敎)의 수행 계위 중 십신(十信)의 전 단계. 오품제자위(五品弟子位)라고도 한다.
7 용정(龍井) : 절강성(浙江省) 항주시(杭州市) 서호구(西湖區).

14

○

대중공사를 통해 살림의 법도를 정하다

부용도해(芙蓉道楷) 선사

●

부용도해(芙蓉道楷, 1043~1118)[1] 선사가 대중에게 설법하였다.

"내 이렇다 하게 수행한 바가 없는데 과분하게도 산문을 주관하게 되었으니, 이제 옛 분들이 주지하시던 법도를 비슷하게나마 본받아 보답하고자 한다. 우선 다음의 일을 여러분과 의논해서 결정하고자 한다.

이제부터는 산을 내려가지 않고, 신도들이 베푸는 공양에 가지 않을 것이며, 화주(化主)를 보내지도 않을 것이다. 오직 절에서 1년 동안 수확하여 거둔 것을 360등분하여 하루에 하루분만을 사용할 것이며, 사람 수에 따라 늘이거나 줄여서는 안 된다. 밥을 먹을 만하면 밥을 짓고, 밥을 짓기에 부족하면 죽을 쑤고, 죽을 쑤기도 부족하면 미음을 끓일 것이다. 새로 오는 사람과 상견례를 할 때에도 차 끓이는 것으로 족하다. 다른 일은 애써 줄이고 오직 도를 결판하는 데에만 마음을 기울일 일이다. 그렇다 하더라도 이 일은 여러분 중에 나이 많은 이를 존중해서 다시 의논하도록 할 것이며, 이것 역시 강요하는 것은 아니다. 대중들이여, 옛사람의 게송²을 들어보았는가.

거친 산전(山田)의 좁쌀밥과

채소 시래기 반찬을

먹겠다면 나도 따라 먹겠으나

안 먹겠다면 마음대로 하여라."³

— 『어록(語錄)』

주
:

1 부용도해(芙蓉道楷, 1043~1118) : 송나라 조동종. 1074년에 구족계를 받고 투자산(投子山)에서 의청(義靑, 1032~1083)을 만나 일언지하에 대오하고 법을 이었다. 1082년에 기주 선동산(仙洞山)에서 개당하고 1103년 호북성 수주 대홍산(大洪山) 숭녕 보수선원(保收禪院)의 주지가 되었다. 1107년에는 동경의 천녕사(天寧寺)에 머물렀다. 93명의 제자가 있는데, 그중 법을 잇고 개당한 제자가 29명이었다. 단하자순(丹霞子淳, 1066~1119)이 특히 뛰어났다. 저서로는 『부용해선사어요(芙蓉楷禪師語要)』 1권이 있다.

2 『경덕전등록(景德傳燈錄)』 권15(T51-324c)에 복주(福州) 우두산미(牛頭山微) 선사의 게송으로 전한다.

3 이 내용은 『치문경훈(緇門警訓)』 권7(T48-1074c~1075a)에도 "부용해선사 소참(芙蓉楷禪師小參)"으로 전한다.

15

부뚜막 앞에서 선정에 들다

지자지의(智者智顗) 선사

지자지의(智者智顗, 539~598) 선사가 대중에게 설법하였다.

"예전에 큰스님 한 분이 주지살이를 하면서 공양주에게 늘 죽을 쑤게 하였다. 하루는 그 공양주가 생각생각에 다 타들어가는 장작불을 보면서 덧없이 흘러가는 세상이 이보다 더 빠름을 깨달았다. 그리하여 부뚜막 앞에서 고요히 선정(禪定)에 들었다. 며칠 만에 일어나 그 절 상좌에게 가서 깨친 경계를 자세히 이야기하였는데, 법을 말하는 것이 자못 깊었다. 그러자 상좌는 '그대가 이제까지 말한 것은 나도 아는 경계지만 지금 말한 것은 내가 모르니 더는 말하지 말라' 하면서 이렇게 물었다.

'그대는 숙명통(宿命通)을 얻었는가?'

'조금은 압니다.'

'무슨 죄로 천한 몸을 받고 무슨 복으로 깨달음을 이루었는가?'

'저는 전생에 이 산의 주지였는데, 손님이 오는 바람에 모자라는 대중의 나물 반찬을 축낸 일이 있었습니다. 그 일로 견책을 당해 지금 대중의 부림을 받게 되었으나 전생에 닦던 바를 잊지 않았기에 쉽게 깨달을 수 있었습니다.'"

— 『국청백록(國淸百錄)』

16

비구라는 말의 뜻

대지(大智) 율사

•

대지(大智, 1048~1116)[1] 율사가 지은 『비구정명(比丘正名)』에서는 이렇게 말하고 있다.

범어로는 필추(苾蒭, 比丘)이며 중국어로는 걸사(乞士)이니 안으로는 법을 빌려 성품을 돕고 밖으로는 밥을 빌려 몸을 돕는다. 부모는 사람 중에 가장 가까이할 사람이나 가장 먼저 그 인연을 끊고, 수염과 머리카락은 사람들이 소중히 여기는 것이지만 모조리 깎아 없앤다. 칠보가 창고에 넘치는 부도 초개같이 버리고 일품(一品) 벼슬에 달하는 명예도 구름이나 연기만도 못하게 보면서 무상(無常)함에 진저리를 내어 모든 현상[有]의 근본을 깊이 캔다.

뜻을 높이고자 하면 반드시 몸을 낮추어야 하니 잡고 있는 주장자는 마른 찔레나무요, 들고 있는 발우는 깨진 그릇과 다를 바 없다. 어깨에 걸친 회색 옷은 다 떨어진 누더기이며 팔꿈치에 둘러

멘 걸망은 영락없는 푸대자루이다. 청정한 생활은 이미 팔정도(八正道)에 맞고 검약한 처신은 사의행(四依行)에 맞으니 구주사해(九州四海)가 모두 내가 가는 길이며, 나무 밑 무덤 사이 모두 내가 쉬는 곳이다.

　삼승(三乘)의 좋은 수레를 타고 부처님이 남기신 자취를 밟으며 거룩한 가르침을 어김없이 받아 가지니 진정한 불제자이다. 세상 인연을 만나도 흔들리지 않으니 실로 대장부이다. 마군과 싸워 이기고 번뇌 그물을 열어젖혀 만금의 훌륭한 공양도 받을 만하며 사생(四生)의 복밭이 되는 것도 헛된 것이 아니니 걸사라는 뜻은 바로 이런 것을 말함이 아니겠는가?[2]

— 『지원집(芝園集)』

주:

1　대지(大智, 1048~1116) : 윤감진오(允堪眞悟, 1005~1062)의 법을 이은 영지원조(靈芝元照)를 가리킨다. 율(律)과 천태교관을 배워 강론하면서 여러 종파의 학문을 두루 닦았다.

2　『치문경훈(緇門警訓)』 권2(T48-1053a)에도 "대지조율사비구정명(大智照律師比丘正名)"으로 전한다.

17

주지살이

영원유청(靈源惟淸) 선사

영원유청(靈源惟淸, ?~1117, 임제종 황룡파) 선사는 문에다 방(牓)을 써 붙였다.

나 유청은 이름만 주지일 뿐 실로 길손과도 같다. 단지 대중을 통솔하고 불법을 널리 펴서 우러러 교풍을 돕는 것을 내 직분으로 삼을 뿐이다. 절에서 관리하는 상주물(常住物)은 내 것이 아니므로 이치로 보아서도 내 마음대로 할 수 없는 일이다. 그러므로 소임자에게 모두 위임하고 분야를 나누어 일을 맡아보게 하되, 공과 사를 분명히 하여 합당한 것은 하고 쓸모없는 것은 버려야 한다. 나는 그저 대중과 함께 밥 먹고 옷 입고 할 뿐이며 몸에 지닌 물병과 발우만으로 인연 따라 가고 머무를 뿐이다.

생각건대 사방 납자들은 목적이 있어서 여기 왔을 것인데 침식까지는 정성껏 살펴주겠지만 나머지는 따로 공양하기 어렵다. 그

물건들은 세속법으로는 공공물이고 불법으로는 대중의 재산이니 이것을 훔쳐 남의 마음을 사고 자기 것으로 가로채는 일은 실로 본래 세웠던 뜻에서 보면 감히 하지 못할 일이다. 일찌감치 글로 써서 알리는 바이니 잘 생각해 보기 바란다.

- 『천동(天童)[1]에 있는 석각(石刻)』

주
:
1   천동(天童) : 절강성(浙江省) 영파시(寧波市).

18

좋은 인연들
시랑 장구성(張九成)

시랑(侍郞) 장구성(張九成, 1092~1159)[1] 거사는 젊어서 진사 공부를 하는 여가에 틈틈이 불경 공부에도 마음을 많이 쏟았다. 영은사(靈隱寺)의 오명(悟明) 선사를 뵙고 종지를 물어보니 오명 선사는 이렇게 말하였다.

"지금 한창 열심히 공부해서 이름을 날려야 할 때인데 어찌 생사 문제를 참구할 수 있겠습니까?"

공이 말하였다.

"옛 어른[先儒]이 말씀하시기를, 아침에 도(道)를 깨달으면 저녁에 죽어도 좋다[朝聞道夕死可矣(조문도석사가의)][2] 하였습니다. 그러나 세간과 출세간의 법이 처음부터 다른 것이 아니어서, 옛날 훌륭한 신하 중에도 선문(禪門)으로 도를 얻은 사람이 부지기수이니 유교와 불교가 무엇이 다르겠습니까. 불교의 우두머리이신 스님께서 어찌 말로 저를 막으려 하십니까?"

오명 선사는 그 정성이 갸륵해서 그를 받아주며 말하였다.

"이 일은 생각생각에 놓아서는 안 되니, 오래오래 인연이 무르익어 때가 되면 저절로 깨치게 됩니다."

그리고는 화두를 주면서 말하였다.

"조주(趙州, 778~897) 스님에게 한 스님이 '조사가 서쪽에서 오신 뜻이 무엇입니까?' 하고 묻자, 조주스님은 '뜰 앞의 잣나무니라' 하였습니다. 이 화두를 들어보십시오."

그러나 공은 오래도록 깨닫지 못하였다. 그리하여 호문정공(胡文定公, 1074~1138)[3]을 찾아 마음 쓰는 법에 대해 자세히 물으니 호문정공은 『논어』와 『맹자』에서 인의(仁義)에 대해 말한 부분을 한곳으로 유추해 보면 그 속에 요점이 있다고 대답하였다.

공은 그 말을 간직하여 잠시도 잊지 않았다. 하루 저녁은 변소에 가서 "측은히 여기는 마음은 인(仁)이 비롯되는 곳이다[惻隱之心仁之端(측은지심인지단)][4]라는 구절을 깊이 생각하였다. 묵묵히 생각에 잠겼는데, 그때 홀연히 개구리 울음소리를 듣고 자기도 모르게 뜰 앞 잣나무 화두가 들리며[舉] 갑자기 느낀 바 있어 게송을 지었다.

    봄 하늘 달밤에 한마디 개구리 소리가
    허공을 때려 깨서 한 집을 만들도다
    바로 이런 때를 뉘라서 알겠는가
    산꼭대기 곤한 다리에 현묘한 도리 있도다.

공은 우연히 묘희(妙喜, 1089~1163, 대혜) 스님이 불상에 붙인 다음과 같은 글을 보게 되었다.

까맣게 옻칠한 커다란 죽비
부처가 온다면 한 방 치리라.

이 게송을 보고 나서 묘희스님을 만나려고 무척 애를 썼다. 그러다 조정으로 돌아와 예부시랑(禮部侍郞)으로 자리를 옮기게 되었다. 그러던 중 묘희스님이 서울로 들어온다는 말을 듣고 보고자 하였으나 보지 못하였더니, 스님이 만나겠다고 알려와 마침내 만날 수 있었다. 그러나 날씨에 관한 이야기말고는 별다른 말이 없었는데 스님은 돌아와 문도들에게 말하였다.
"장시랑은 깨달은 바가 있더라."
"서로 만나 선(禪)의 선 자도 뻥긋하지 않았다는데 어떻게 깨달았는지를 아십니까?"
"내 눈은 무엇 때문에 있는 것이냐?"
공이 조상의 사당에 제사를 받들기 위해 휴가를 청해 경산(徑山)[5]을 지나던 길에 스님을 뵙고, 『대학(大學)』에 나오는 격물의 뜻[格物致知(격물치지)]을 물었더니 스님이 말하였다.
"공은 격물(格物)만 알았지 물격(物格)은 모르십니다."
공은 망연히 있다가 한참 뒤에 "거기에도 어떤 방편이 있겠지요."라고 하였다. 스님이 다시 말하였다.

"이런 이야기가 있지 않습니까. 당나라 때 어떤 이가 안록산(安祿山, 703~757)과 짜고 반란을 일으켰는데 그가 낭주(閬州)[6] 태수였던 사람이라서 초상화가 걸려 있었습니다. 당 현종(玄宗, 685~762, 재위 712~756)이 촉(蜀) 땅에 행차했을 때 그 그림을 보고 노하여 신하에게 그의 목을 칼로 치라 하였습니다. 그 사람은 그때 섬서(陝西)에 있었는데 갑자기 목이 땅에 떨어졌다는 그 이야기 말입니다."

공이 이 말을 듣자 홀연히 꿈에서 깨어난 듯하여 벽에 글을 지어 붙였다.

> 자소(子韶)는 격물(格物)이요
> 묘희(妙喜)는 물격(物格)이니
> 한 관(貫)이 얼마나 되는고
> 오백 돈이 둘이로구나.

공은 이로부터 도를 참구하여 법을 깨달아 자유로웠고, 마음이 텅 비고 의혹이 없어졌다. 언젠가는 이렇게 감탄하였다.

"경산(대혜) 노스님이 들려주신 이야기는 사방팔방으로 활짝 트여서 마치 천문만호(千門萬戶)를 한번 밟아보지 않고도 활짝 열어젖히는 듯하다. 어떤 때는 가마를 나란히 타고 높은 산에 올라가기도 하고, 어떤 때는 깊은 연못가를 천천히 걷기도 하는데, 보통 사람들과 다를 바 없으나 아무도 우리 두 사람의 경계[落處]를 알지 못한다. 이 장구성이 생사 문제[末後大事]를 깨닫게 된 것은 실로 경산스님의 가르침에서 나온 것이니, 이 한 줌의 향(香)은 스님을 감히 등질 수 없기 때문에 피우는 것이다."

공이 남안(南安)[7]에서 유배생활을 보낸 14년 동안, 불교 경전과 유가 서적들을 공부하면서 지나가는 납자(衲子)가 있으면 반드시 경계를 확인해 보고 선열(禪悅)의 즐거움을 맛보았으나, 한번도 득실을 마음에 두지 않았다. 그리하여 아는 사람은 모두 그의 도풍과 현달함을 높이 평가하고 마음 깊이 존경하였다.

공은 언젠가 중승(中丞) 하백수(何伯壽, 1088~1152)[8]에게 다음과 같은 답서를 보낸 적이 있다.

내가 경산스님과 절친하게 왕래하는 것은 다 유래가 있는 일입니다. 옛일들을 살펴보니, 배휴(裴休, 797~870)도 황벽희운(黃檗希運, 751~850) 스님께 가르침을 받았고 한퇴지(韓退之, 768~824, 한유)도 대전보통(大顚寶通, 732~824) 스님께 가르침을 받았습니다. 또한 이습지(李習之, 772~841, 이고)는 약산유엄(藥山惟儼, 746~829) 스님께, 백낙천(白樂天, 772~846, 백서이)은 조과도림(鳥果道林, 741~824) 스님께, 양대년(楊大年, 974~1020, 양억)은 광혜원련(廣慧元蓮, 951~1036) 스님께, 이화문(李和文, ?~1038)은 자조(慈照, 965~1032, 석문온총) 스님께, 소동파(蘇東坡, 1036~1101)는 조각(照覺, 1025~1091, 동림상총) 스님께, 황산

곡(黃山谷, 1045~1105, 황정견)은 회당조심(晦堂祖心, 1025~1100) 스님께, 장무진(張無盡, 1044~1122, 장상영)은 도솔종열(兜率從悅, 1044~1091) 스님께 가르침을 받았으니, 이분들을 어찌 나무아미타불을 외우면서 변소 청소나 하는 노파들과 같다 하겠습니까.

경산스님은 그 마음 바탕[心地]이 생과 사를 하나로 보고 사물의 이치를 지극히 궁구하였습니다. 나아가 도를 논하기를 좋아했는데, 선비들도 당하지 못한 적이 있었습니다. 하늘에서 해가 내려다보고 있는데, 내가 어찌 거짓말을 하겠습니까. 이름난 명사와 사귀기를 좋아하고 그 사람들과의 친분으로 세상에서 행세하려 드는 것은 도둑들이나 하는 짓인데, 어찌 이분들이 그런 짓을 했겠습니까.

지난번 사형께서 나를 일깨워 주신 편지를 받고 마음속에 깊이 받아들였습니다. 평소 문하에서 같이 수학하지 않았더라면, 마음을 쏟아 주위 사람들에게 모두 알렸겠습니까. 덕 높으신 사형께서는 살펴주소서.

공이 유배에서 풀려나 북쪽으로 돌아올 때 공주(贛州)[9]에 도착하니 묘희스님도 (유배 갔던) 매양(梅陽)[10]에서 와 있었다. 나란히 배를 타고 동쪽으로 내려오면서 스님은 날마다 종지[宗要]를 말해 주었다. 공이 물러나 문도들에게 말하였다.

"오늘 이 장구성이 아니었던들 어떻게 노스님께서 선(禪)의 강물을 기울여 여러분들께 법을 들려주셨겠습니까?"

공이 영가(永嘉)¹¹를 다스릴 때 광효사(光孝寺)의 주지 자리가 비어 있으므로 복당(福唐)¹² 서선사(西禪寺)의 수정(守淨, 대혜종고의 제자) 선사에게 편지를 보내 말하였다.

불법이 떠난 지 오래되어 경산 노스님께서 재 너머로 가신 뒤에 학인들은 의지할 곳이 없습니다. 그러나 지금 조정은 맑고 경산스님도 돌아오셨으니 불법이 다시 일어나려는가 봅니다.

저는 사실 이 불도(佛道)의 분명함을 진작에 깨달았습니다. 그래서 이번에 명공대가(名公大家) 한두 분을 찾아 그분들의 제창으로 미혹한 이들을 깨우쳐 주고자 하니 스님께서 제발 저의 청을 들어주시기 바랍니다. 어떤 사람은 혹 서선사는 넉넉한 곳이고 광효사는 박한 곳이라서 수정스님은 틀림없이 오지 않을 것이라고 하지만, 이런 말은 속인의 소견으로 다른 사람을 맞추려는 것입니다. 그러나 저는 이것으로 불법의 흥망을 점쳐 보려 하니, 스님께서 불법을 일으켜 보겠다는 마음을 내고 여러분들이 반팔의 힘만 내주신다면 지극히 다행이겠습니다.

불법을 지키려는 공의 정성이 이 편지에 여실히 드러나 있다.

— 『문도전(聞道傳)』

주:

1 장구성(張九成, 1092~1159) : 송나라 문신. 예부시랑(禮部侍郎)을 지냈으나 재상 진회(秦檜, 1090~1155)에게 거슬려 파직당하였다. 대혜종고(大慧宗杲, 1089~1163)의 가르침을 받아 깨우침을 얻고, 종지(宗旨)를 보는 눈이 분명하다는 평을 얻었다. 자소(子韶) 거사, 무구(無垢) 거사, 횡포(橫浦) 거사로도 불린다.
2 『논어(論語)』「이인(里仁)」.
3 호문정공(胡文定公, 1074~1138) : 송나라 문신 호안국(胡安國)을 말한다. 정이(程頤, 1033~1107)에게 배우고 그 문하의 학문을 규명하여 무이학파(武夷學派)를 창시하였다. 『춘추(春秋)』를 20년 동안 연구하여 『춘추호씨전(春秋胡氏傳)』을 지었다.
4 『맹자(孟子)』「공손축장구상(公孫丑章句上)」.
5 경산(徑山) : 절강성(浙江省) 항주시(杭州市) 여항구(餘杭區).
6 낭주(閬州) : 사천성(四川省) 낭중시(閬中市).
7 남안(南安) : 복건성(福建省) 남안시(南安市).
8 하백수(何伯壽, 1088~1152) : 북송의 관료 하주(何鑄)를 말한다. 1115년 진사(進士)가 되어 감찰어사(監察御使) 및 어사중승(御史中丞) 등의 관직을 역임하였다. 여러 차례 금(金)에 사신으로 다녀왔다.
9 공주(贛州) : 강서성(江西省) 공주시(贛州市) 장공구(章貢區).
10 매양(梅陽) : 광동성(廣東省) 매주시(梅州市) 매강구(梅江區).
11 영가(永嘉) : 절강성(浙江省) 온주시(溫州市).
12 복당(福唐) : 복건성(福建省) 복주시(福州市).

19

조산(曹山)의 가풍

조산탐장(曹山耽章) 선사

조산탐장(曹山耽章, 840~901) 선사는 천주(泉州)[1] 사람인데, 동산양개(洞山良价, 807~869) 선사에게서 비밀스런 종지를 받았다. 청을 받고 무주(撫州)[2] 조산(曹山)에 처음 머물게 되었는데, 도가 널리 퍼져 납자들이 구름처럼 모여들었다.

한 스님이 물었다.

"이 나라에서 칼 만지는 이가 누구입니까?"

"나 조산이다."

"누구를 죽이시렵니까?"

"닥치는 대로 다 죽인다."

"홀연히 낳아 주신 부모를 만나면 어찌하시렵니까?"

"무엇을 가리겠는가?"

"자기 자신은 어찌하시겠습니까?"

"누가 나를 어떻게 하겠는가?"

"어째서 죽이지 않습니까?"

"손 댈 곳이 없기 때문이다."

또 종이옷을 입는다고 지의도자(紙衣道者)라는 스님이 동산(洞山)에서 찾아왔는데 스님이 물었다.

"종이옷 안에 있는 일은 어떤 것인가?"

"한 조각 가죽을 겨우 몸에 걸쳤으나 만사가 다 그럴 뿐이오."

"그 지의 속에서는 어떤 작용이 일어나는가?"

지의도자는 가까이 다가서더니 옷을 벗어 던지고 차수(叉手)한 채 입적하였다. 그러자 스님은 웃으면서 "그대는 이렇게 갈 줄만 알았지 이렇게 올 줄은 모르는구나." 하였다. 그러자 그가 갑자기 눈을 뜨고 말하였다.

"신령스러운 진성(眞性)이 여자의 뱃속을 빌리지 않고 태어난다면 어떻소?"

"아직 묘하다고는 할 수 없다."

"어떤 것이 묘한 것이오?"

"빌리지 않으면서 빌리는 것이다[不借借]."³

그러자 그 스님이 법당을 내려와 열반하였다.

당시 홍주(洪州)의 종씨(鍾氏, ?~906)가 여러 차례 청하였으나 가지 않고 단지 대매법상(大梅法常, 752~839) 선사의 산거시(山居詩)⁴ 한 수로 답을 보냈다.

천복(天復) 신유(辛酉, 901)년 6월 여름밤에 소임자에게 오늘이 며

칠이냐고 물어 그가 유월 보름이라고 대답하자 스님은 이렇게 말하였다.

"평생 행각에서 반드시 90일로 한 철을 났으니 내일 진시(辰時)에 행각길에 나서련다."

그러고는 때가 되자 향을 사르고 입적하였다.

- 『승보전(僧寶傳)』[5]

주
:

1 천주(泉州) : 복건성(福建省) 천주시(泉州市).
2 무주(撫州) : 강서성(江西省) 무주시(撫州市).

3   불차차(不借借) : 굉지정각(宏智正覺, 1091~1157)이 동산(洞山, 807~869)의 오위설(五位說)을 설명하기 위해 만든 '사차차(四借借)' 중 세 번째와 네 번째이다. '차(借)'는 공(功 : 修, 事)과 위(位 : 證, 理)를 빌려 법상(法相)을 설명한다는 뜻이다. 1. 차공명위(借功明位), 2. 차위명공(借位明功), 3. 차차불차차(借借不借借), 4. 전초불차차(全超不借借). '불차차(不借借)'는 양쪽을 모두 잊은 제일의제(第一義諦)를 뜻하며 동산오위(洞山五位) 중 '겸지(兼至)'와 '겸도(兼到)'에 해당한다.

4   꺾어진 고목나무는 시다림(屍多林)을 의지하여
    몇 차례 봄을 만나도 그 마음 변치 않았네
    나무꾼은 보고도 오히려 캐지 않았는데
    이름난 목수가 애써 무얼 찾는가.
        摧殘枯木倚寒林(최잔고목의한림)
        幾度逢春不變心(기도봉춘불변심)
        樵客見之猶不採(초객견지유불채)
        郢人何事苦搜尋(영인하사고수심)

5   『선림승보전(禪林僧寶傳)』 권1 "무주조산본적선사(撫州曹山本寂禪師)" (X79-492b~494b).

20

자기 제문을 짓다

고산지원(孤山智圓) 법사

●

 고산지원(孤山智圓, 976~1022) 법사는 뛰어난 재주와 깊은 학문으로 경론에 대하여 수많은 저술을 남겼다. 서호(西湖)¹ 근처에서는 이름이 높아 권세로도 부귀로도 스님을 꺾을 수 없었으므로 속된 무리들은 스님과 벗할 수 없었다.

 이때 문목왕공(文穆王公, 962~1025)이 전당(錢塘)²에 오게 되었는데, 스님들이 모두 관문까지 마중을 나가고 자운(慈雲, 964~1032) 스님도 사람을 보내 고산스님에게 함께 가자고 하였다. 스님은 몸이 아프다면서 가지 않고는 심부름꾼을 보고 웃으며 말하였다.

 "자운(慈雲) 스님에게 내 말을 전하시오. 전당 땅에 중이 하나 있다고."

 이 소식을 들은 사람들은 모두 훌륭한 일이라고 찬탄하였다.

 스님은 비장(脾臟)에 병이 많아 반은 눕고 반은 앉으면서도 침상에 붓과 벼루를 깔아 놓고 저술을 게을리하지 않았다.

하루는 대중에게 고하였다.

"내 나이 마흔아홉인데 이미 오래 못 살 것을 안다. 내가 죽거든 땅을 골라 후하게 장례 치르느라 내 허물을 더 불리지 말고 편한 대로 항아리에 합쳐서 장사 지내 다오."

임종에 임박해서 스스로 제문(祭文)을 지어 부탁하였다.

삼가 강산과 달과 구름을 차려 놓고 중용자(中庸子, 지원법사의 호)의 영을 제사 지내노라. 그대는 본래 법계의 원상(元常)이며 보배롭고 완전한 묘성(妙性)으로서, 아직까지 동정의 조짐이 없었으니 어찌 오고 감에 자취가 있겠는가. 이제 일곱 구멍[七竅(칠규), 사람 얼굴에 나 있는 구멍]을 뚫으니 혼돈(混沌)이 죽고 6근이 나뉘어 정명(精明 : 一心)이 흩어지게 되었도다. 그리하여 그대 스스로의 마음을 보건대 바깥 경계와 다른 바가 있도다. 생존과 사멸 두 쪽을 집착해서 항상 흔들려 쉴 날이 없으며 깜깜하여 비출 줄을 모르는구나.

내 혼돈(混沌)을 회복하여 정명(精明)으로 돌아가려 하노라. 그리하여 허깨비 아닌[非幻] 법에서 허깨비 언설을 지어내는 것이니, 허깨비 아님도 없거늘 어찌 허깨비라는 법이 있으랴. 그대 중용자도 묘하게 이 뜻을 알아들을지어다. 그대가 이미 허깨비 생을 받았으니 허깨비 죽음을 받는 것은 당연한 일이다. 그러므로 나는 허깨비 몸이 있어서 허깨비 병이 있게 되었고, 입으로는 허깨비 말을 빌려 허깨비 제자에게 허깨비 붓을 잡아 허깨비 글을 쓰게 하노

라. 그리하여 미리 그대 허깨비 중용자를 제사 지내고 끝없는 뒷사람들에게 모든 법이 허깨비 같음을 알게 하고자 하노라.

이렇게 하면 허깨비삼매[如幻三昧]가 여기 있다 하리라. 아! 삼매, 그것도 허깨비로다. 잘 받아먹으라.

그리고는 가부좌한 채 열반에 들었다.

— 『한거편(閑居編)』

주
:

1   서호(西湖) : 절강성(浙江省) 항주시(杭州市) 서호구(西湖區).
2   전당(錢塘) : 절강성(浙江省) 항주시(杭州市) 하성구(下城區).

21

원력의 영험

현장(玄藏) 법사

　삼장법사 현장(玄藏, 602~664) 스님은 27세에 서역으로 법을 구하러 갔다. 진주(秦州)[1] 난주(蘭州)[2] 양주(涼州)[3]를 거쳐 과주(瓜州)[4]에 이르러 옥문관(玉門關)을 나서니 관문 밖에는 정탐꾼들이 살고 있었다. 점점 가다가 사막에 이르니 악귀와 온갖 짐승들이 헤아릴 수 없이 많았다. 처음에는 관세음보살을 염하였으나 그때까지는 멀리 달아나지 않다가 『반야심경』을 외우자 그 소리에 모두 사라졌다.

　갠지스 강가에 왔을 때 도적떼를 만났는데 그들은 이렇게 말했다.

　"이 사문은 단정하고 아름답게 생겼으니 신에게 제사 지내면 길하지 않겠느냐."

　그러고는 단 위에 올려놓고 칼을 휘두르려는데 스님이 말했다.

　"내 이미 죽음을 면치 못할 것임을 안다. 마음을 편안히 하고 죽음을 맞도록 조금만 기다려 다오."

　마침내 미륵보살을 염하였다.

"원컨대 그곳에 나서 묘한 법문을 듣고 신통 지혜를 성취하여 이 땅에 도로 하생하여 먼저 이 도적들부터 제도하고 그들에게 훌륭한 수행을 닦도록 하여 주십시오." 하는데, 그 발원이 다 끝나기도 전에 천둥 번개가 치고 회오리바람에 나무가 부러지니 도적들이 깜짝 놀라 사죄하고 흩어졌다.

— 『본전(本傳)』

주 :

1 진주(秦州) : 감숙성(甘肅省) 천수시(天水市) 진주구(秦州區).
2 난주(蘭州) : 감숙성(甘肅省) 난주시(蘭州市).
3 양주(涼州) : 감숙성(甘肅省) 무위시(武威市) 양주구(涼州區).
4 과주(瓜州) : 감숙성(甘肅省) 돈황시(敦煌市).

22

좌선의 요법

사정(師靜) 상좌(上坐)

사정(師靜) 상좌(上坐)는 처음에 현사사비(玄沙師備, 835~908) 스님을 뵙고 오묘한 종지를 얻은 뒤 천태산에 살았다. 30년 동안 한 번도 산을 내려오지 않고 3학을 폭넓게 공부하여 깨끗한 수행으로 고고하게 살았다. 한번은 선을 닦는 이가 물었다.

"좌선할 때면 생각[心念]이 갈래갈래 흩어집니다. 스님께서 지도를 해주십시오."

정 상좌가 대답하였다.

"그대는 생각이 흩어지는 그때, 흩어져 달아나는 바로 그 생각으로 흩어져 가는 곳을 찾아보아라. 찾아보아도 가는 곳이 없다면 흩어지는 생각이 어디 있겠느냐? 찾는 그 마음을 돌이켜 찾는다면 찾는 그 마음은 또 어떻게 있겠느냐?

또한 비추는 지혜[能照之智]도 본래 공(空)하며 연(緣)이 되는 대상[所緣之境]도 고요한 것이다. 따라서 고요하면서도 고요하지 않음은 고요한 주체가 없기 때문이며, 생각하면서도 생각하지 않음은 비칠 대상이 없기 때문이다. 주관과 대상이 다 고요하면 마음이 편안해지니 이것이 마음 근원으로 돌아가는 긴요한 방편이다."

23

노자의 도를 닦다가 불법을 만나다

오설초(吳契初)

　도사(道士) 오설초(吳契初)는 괵주(虢州)¹ 주양(朱陽) 사람이다. 하청(河淸)² 군수로 있다가 중앙관서에서 보낸 사자의 탄핵을 받고 숭산(嵩山)에 숨었는데 거기서 석태(石泰, 1022~1158) 선생을 만났다. 오설초가 "노자의 가르침[虛無之道]을 들려주시겠습니까?" 하니 석태 선생이 말하였다.

　"선각(先覺)의 말씀에 의하면 다섯 가지 무루법[五無漏法]이 있다. 첫째 눈으로 보지 않으면 혼(魂)이 간장에 있고, 둘째 귀로 듣지 않으면 정기(精氣)가 신장에 있으며, 셋째 혀로 말을 하지 않으면 정신(精神)이 심장에 있고, 넷째 코로 냄새를 맡지 않으면 넋[魄]이 폐에 있으며, 다섯째 사지를 움직이지 않으면 의지[意]가 비장에 있다. 이 다섯 가지가 서로 융합하여 하나의 기(氣)가 되어 3관(三關 : 인체의 3대 요소)에 모이면 이것을 연홍(鉛汞)이라고 한다. 그런데 이 연홍은 몸 안에서 구해지는 것이어서 다른 데서 구할 필요가 없다."

오설초는 이 비결을 전해 받고 나서 오랜 노력 끝에 공부가 성취되었다.

한번은 우연히 서악(西岳)에 갔다가 자양(紫陽) 진인(眞人)을 만났다. 자양 진인이 "그대가 얻은 바가 훌륭하기는 하나 만일 성품도리를 밝히지 못하면 헛수고일 뿐 아무 소용없는 일이다" 하니, 오설초가 말하였다.

"나는 2기(二氣 : 음양)를 황도(黃道 : 태양이나 인체 음양의 운행법칙)에서 추적할 수 있고 3성(三性 : 마음속의 삼정[三精])을 원궁(元宮, 단전)에 모을 수 있어서 어떤 경계를 대하여도 여여하게 마음이 흔들리지 않는데 더 이상 무슨 성품도리를 운운하는가?"

그러자 자양 진인이 『원각경(圓覺經)』을 보여주면서 "이것이 불교의 심종(心宗)인데 깊이 음미해 본다면 뒷날 나아갈 길을 알게 될 것이고 내 말이 빈말이 아님을 믿게 될 것이다."라고 하였다.

오설초는 마침내 그 말을 믿고 받았는데, 하루는 "적정(寂靜)하기 때문에 시방 여래의 마음이 거울 속에 상이 비치듯이 그 가운데 뚜렷이 드러난다."[3]고 한 대목을 읽다가 문득 감탄하면서 "이제까지는 내가 문을 닫고 살아 왔는데 오늘에야 팔을 휘저으며 거리를 활보하게 되었다."고 하였다.

이때부터 선 법회를 두루 돌아다니며 의심을 묻고 결택하곤 하였는데 나중에 동선법종(東禪法悰) 선사를 뵙고 물었다.

"불성이 엄연히 드러나 있건만 상(相)에 집착하여 미혹한 생각

[情]을 내기 때문에 보기 어려우니 만약 본래 '나'가 없음을 깨달으면 내 얼굴은 부처님의 얼굴과 어찌됩니까? 학인들이 깨달았다고 하면 깨달은 것이겠지만 어찌해서 부처님 얼굴을 보지 못합니까?"

그 말을 듣자 동선 선사는 주장자를 뽑아들고 오설초를 두들겨 내쫓아 버렸다. 오설초가 막 문을 열고 나서는데 활짝 깨닫고는 송(頌)을 지었다.

조사의 기봉을 단번에 간파하니
눈을 뜨고 감음이 한결같도다
이로부터 성인이고 범인이고 다 없어져
대천세계는 원래 털끝만한 거리도 없다.

- 『선원유사(仙苑遺事)』

주
:

1 괵주(虢州) : 하남성(河南省) 삼문협시(三門峽市).
2 하청(河淸) : 하남성(河南省) 낙양시(洛陽市) 맹진현(孟津縣).
3 『대방광원각수다라요의경(大方廣圓覺修多羅了義經)』(T17-917c).

24

목선암(木禪菴)

대수법진(大隋法眞) 선사

●

대수사(大隋寺) 법진(法眞, 834~919) 선사는 재주(梓州)¹ 사람이며 염정왕씨(鹽亭王氏) 자손으로 원래 벼슬이 높은 집안이었다. 젊어서 숙세 인연을 깨닫고 뜻을 세워 스승을 찾아 나섰다. 남쪽으로 내려와서 약산도오(藥山道吾) 선사를 뵌 뒤, 대위산(大潙山) 영우(靈祐, 771~853) 선사를 찾아뵙고 대중 속에 끼어 부지런히 일을 하였다. 배불리 먹지 않고 따뜻한 곳에 잠자지 않으면서 맑은 고행과 철저한 수행으로 실천과 지조가 남달랐으므로, 영우 선사가 늘 그의 근기를 인정하였다.

하루는 영우 선사가 물었다.

"자네는 이곳에 와서 왜 한마디 법도 묻지 않는가?"

"무엇에다 입을 열어야 하는지 저에게 가르쳐 주십시오."

"무엇이 부처냐고 묻지 그러느냐?"

법진 선사가 손으로 영우 선사의 입을 가리는 시늉을 하자 영우 선사는 "그대는 참으로 도의 진수(眞髓)를 얻었구나." 하고 감탄하였다.

그 후 서촉(西蜀)으로 돌아가 도수(涂水) 가에서 강을 건너는 사람들을 기다렸다가 그들 모두에게 차를 끓여 주곤 하면서 3년을 지냈다.

그러다가 우연히 뒷산에 올라가 옛 절 하나를 발견했는데 이름이 대수사(大隋寺)였다. 그 산에는 둘레가 네 길[丈] 되는 큰 나무 한 그루가 있었고 남쪽으로 문이 하나 나 있어 도끼나 칼을 빌리지 않고도 그대로가 암자였다. 선사가 마침내 이곳에 살게 되니 세상 사람들은 그곳을 글자 그대로 '목선암(木禪庵)'이라고 불렀다.

혼자 그곳에 살기 십여 년에 명성이 멀리까지 퍼져서 촉왕(蜀王)이 세 번이나 불렀으나 들어주지 않으니, 왕은 선사의 고고한 도풍을 우러러볼 뿐 한 번 만나 볼 길이 없었다. 내시를 보내 스님에게 호(號)와 사액(寺額)을 하사하였지만 받지 않았고 무려 세 번을 보냈으나 확고부동하게 거절하였다. 촉왕은 다시 사람을 보내면서 칙명을 내려 이번에도 전처럼 받지 않는다면 그대를 죽이겠다고 하였다. 그가 다시 찾아가 간절히 절하면서 "스님께서 받지 않으시면 제가 죽습니다."라고 하니 선사는 그제서야 받았다.

선사가 대중에게 설법하였다.

"나는 명리를 위해서 여기 온 것이 아니다. 다만 사람을 얻고자 할 뿐이다. 백운청산 속에서 시비를 좇지 말지니 업보로 받은 이 몸을 벗어버리면 풀 한 포기도 먹지 못할 것이다. 선승들이여, 내가 행각할 때에 여러 총림에 가 보면 많게는 천 명, 적어도 2백 명의 대중이 있었다. 그곳에서 동안거, 하안거를 보냈으나 깨닫지 못하고 공연히 시간만 보내다가, 위산스님 회중에 가서 7년 동안 밥을 짓고 동산(洞山, 807~869) 스님 회중에서 3년 나무를 했다. 그중에서 나를 중하게 대하는 곳이 있으면 얼른 떠나 버렸으니, 그때는 오직 나 자신이 깨달을 생각뿐 남의 일은 상관하지 않았다.

불보살 같은 분들도 모두 오랜 세월을 각고해서야 비로소 성취하였는데, 오늘날의 여러분들은 얼마만큼 각고했길래 '나는 출세간법을 깨달았노라'고 하는가. 세간법도 아직 깨닫지 못한 처지에 조그마한 경계라도 경험하면 눈썹을 치켜세우고 눈을 부릅뜨며 어쩔 줄을 모르니, 무슨 해탈법을 설하겠는가. 기다란 선상에 앉아 손가락 하나 까딱하지 않고 신도들의 시주물을 받으면서 눈을 감고 입을 다물고 '내가 수행한 영험이 이와 같다' 하니, 이는 자기를 속일 뿐 아니라 모든 부처님까지도 속이는 것이다.

이미 가사[三衣]를 입었으니 선지식을 가까이해서 생사대사를 해결해야지, 또 다시 6도윤회에 들어가서는 안 된다. 자재한 경지를 얻은 사람이라면 무슨 화탕지옥 노탕지옥에 들어가느니, 혹은 말 뱃속 당나귀 뱃속에 들어가느니를 논할 것이 있겠느냐. 이런 경지에는 맛난 음식을 먹는 것과 같은 맛이 있겠지만 아직 이러한 경지를 얻지 못했다면 정말로 이런 과보를 받는다. 한번 사람 몸을 잃어버리면 다시 오늘같이 인간에 태어나고자 해도 만에 하나도 어려운 일이다.

　듣지 못했는가? 옛 스님이 어느 스님에게 '무슨 일이 가장 괴로운 일이냐?' 하고 물으니 '지옥업보를 받는 일이 가장 고통스런 일입니다' 하였다. 그 스님이 '그것은 아직 고통이라 할 수 없다. 출가하여 도를 밝히지 못하는 것이 가장 고통스런 일이다'라고 하셨다. 옛 스님의 이런 말씀은 참으로 간절한 말씀이니 명심하고 때때로 경책해서 후회 없도록 해야 한다."

-『어록(語錄)』

주 :

1　재주(梓州) : 사천성(四川省) 금양시(綿陽市) 삼대현(三台縣).

25

수도자는 가난해야 한다

광혜원련(廣慧元璉) 선사

　광혜원련(廣慧元璉, 951~1036, 임제종) 선사가 대중에게 설법할 때면 늘 사람들에게 재물과 이익을 멀리하고 먹고 입는 것을 간소하게 하라고 하였다. 또 언젠가는 "만약 도를 배우려거든 먼저 가난과 고생 속에서 힘써 수행해야 한다. 그렇게 하지 않고는 도를 이루려고 하여도 이룰 수가 없다."고 하였다.

　원련 선사는 입적할 때 대중을 불러 놓고 말하였다.

　"내가 평소 너희에게 재물과 이익을 멀리하고 먹고 입는 것을 소박하게 하면 반드시 도업(道業)을 이룰 것이라고 가르쳤다. 무슨 까닭인가? 모든 죄업은 재물 때문에 생겨나고 모든 더러움은 입과 몸에서 일어나기 때문이다. 나는 일생 동안 재물을 모으지 않았고 대중들과 따로 밥을 먹지 않았으니, 그것이 내 분수 밖의 일이어서가 아니라 부처님께서 그렇게 가르쳤기 때문이다.

　어버이를 작별하고 출가하여 마음을 알고 근원을 통달해서 무위법(無爲法)을 깨닫고자 하면 세간의 재물을 버리고 걸식으로 만족하며 하루 한 끼 먹고 나무 밑에서 하룻밤을 자야 한다. 이것이 부처님의 밝으신 가르침인데, 어찌 그것을 어길 수 있겠느냐. 내가 만약 잘 먹고 잘 입는 것으로 자재해지려 했다면, 어째서 세속에 살면서 어딜 가나 마음대로 행동하지 않고, 무엇 하러 하필 부처님의 형상과 옷을 빌려 불법문중을 파괴하랴. 이미 불자가 되었으면 불자다운 행동을 해야 하며, 나는 복이 있고 인연이 있으니 마음 놓고 업을 지어도 된다고 해서는 안 된다. 그것은 부모와 스승에까지 누를 끼쳐 함께 지옥에 들어가는 일이다.

요즘 세상에 선지식이라 하는 어떤 이들은 자기 안목이 바르지 못해서 입만 열었다 하면 사람의 목숨을 끊으려 하고 부딪치기만 하면 독사 같은 마음을 품는다. 이익이나 명예를 보면 피를 본 파리처럼 결코 포기할 줄 모른다. 이런 사람들은 또, 나는 선을 알고 도를 깨쳤다고 하며 방(棒)을 쓰고 할(喝)도 하니 참으로 괴로운 일이다. 그대들은 행각할 때에 반드시 이 점에 주의해야 한다."

말을 마치고는 입적하였다.

－『주봉록(舟峰錄)』

26

『정종기(正宗記)』
명교설숭(明敎契嵩) 선사

　명교설숭(明敎契嵩, 1007~1072, 운문종) 선사는 등주(藤州)¹ 사람이다. 출가한 뒤 늘 관음상(觀音像)을 머리에 이고 하루에 십만 번씩 명호를 불렀는데 그러는 동안 세간의 경서는 배우지 않고도 능통하게 되었다. 동산효총(洞山曉聰, ?~1030) 선사에게서 법을 얻고 경력(慶曆, 1041~1048) 연간에 전당(錢塘)² 요호산(樂湖山)에 가서 머물렀다. 거처하는 한 칸 방은 이렇다 할 물건 하나 없이 깔끔하였고 종일토록 맑게 좌선하였으므로 청정하고 바르게 수행하지 않는 사람은 오지 못하였다.

　스님의 도는 매우 깊어서 근기 낮은 학인들은 그 경계를 알 수 없었고, 한편 선사도 그들의 근기에 맞춰 주느라 자기의 도풍을 낮추는 일은 조금도 없었는데, 한번은 이렇게 탄식하였다.

　"어떻게 둥근 정에 모난 자루를 맞출 수 있겠는가. 성현의 행을 듣건대, 뜻을 세웠으면 그 도를 실천하고 그렇게 되지 않을 경우에는 말하는 것으로 그쳤다. 말과 행동이 이로 말미암아 만세의 본보기가 되었던 것이다. 그리하여 천하의 학인들이 법도를 알고 밝은 도를 닦아서 삿된 것을 멀리하고 정도(正道)에 노닐게 하셨으니 굳이 눈앞에서 법을 전수해 주고 내게서 나왔노라고 할 것이 있겠는가."

그리고는 문을 닫고 책을 썼다. 책[『전법정종기(傳法正宗記)』]3이 다 되자 서울로 가지고 가서 한림학사(翰林學士) 왕소(王素)를 통해 인종(仁宗, 1010~1063, 재위 1022~1063) 황제에게 올리고, 편지를 써서 먼저 바쳤더니 황제가 편지를 읽다가 "신(臣)은 도를 위해서이지 명예를 위해서가 아닙니다."라는 구절에 이르러 선사의 지극한 마음에 탄복하고 좋아하게 되었다. 그리하여 명교대사(明敎大師)라는 호를 내려 표창하고 그 책을 대장경에 넣게 하였다.

책이 중서성(中書省)에 보내지자 당시 위국공(魏國公) 한기(韓琦, 1008~1075)가 보고 이를 문충공(文忠公) 구양수(歐陽修, 1007~1072)에게 보여주었다. 구양수는 당시 한창 문장가로 자처하고 천하의 사표로 추앙받고 있었으며 또한 종묘를 수호한다 하여 불도를 좋아하지 않았다. 그런데 그 글을 보고 위국공에게 "스님네들 중에 이런 사람이 있었다는 것은 뜻밖이다. 날이 밝으면 한번 만나 보자." 하였다.

위국공이 구양수와 함께 선사를 찾아가 만났는데 구양수는 선사와 종일토록 이야기를 나누었다. 그리고는 마침내 매우 기뻐하니 한승상(韓丞相) 이하 모든 고관들이 선사를 초대하여 만나 보고는 존경하여 이로부터 온 나라에 이름을 떨치게 되었다.

드디어 배를 사서 동쪽으로 내려가니 대각회연(大覺懷璉, 1010~1090) 선사가 '백운부(白雲賦)'라는 시를 지어 가는 길에 주었다.

> 흰구름 인간 세상에 내려와도
> 떠다니는 티끌색에 물들지 않고
> 태양은 아득히 불타고 있는데
> 만 가지 자태는 기막힌 정취로다
> 아아, 살찌고 경망스런 사람들아
> 하늘에 드리운 날개를 보았는가
> 남으로 가려 함에 기회를 만나야 하니
> 한번 날면 여섯 달이 되어야 쉬리라
> 천지에 아롱지는 기운을 어찌 알리요
> 무심히 내 가고픈 곳으로 가리라
> 하늘은 어찌 한결같이 고요할까
> 말았다 폈다 함에 흔적이 없네.

선사는 노년을 영안정사(永安精舍)에서 보내다가 입적하였다. 다비를 하니 6근(六根) 중에 타지 않은 것이 셋이나 되었고 정골(頂骨)에서는 콩같이 생긴 맑고 투명한 홍백색 사리가 나왔다.

아아, 선사가 주고 뺏는 데 공평하지 못하고 말씀이 도에 부합되지 않았다고 하면 어떻게 이와 같은 경지에 이를 수 있었겠는가.

− 『석문행업(石門行業)』

주
:
1   등주(藤州) : 광서장족자치구(廣西壯族自治區) 오주시(梧州市) 등현(藤縣).
2   전당(錢塘) : 절강성(浙江省) 항주시(杭州市) 하성구(下城區).
3   『전법정종기(傳法正宗記)』 9권(T51, no.2078).

27

『감통전기(感通傳記)』

도선(道宣) 율사

종남산(終南山) 도선(道宣, 596~667) 율사는 처음에 제(齊)나라에 태어나 승호(僧護, 403?~502?)라 하였으며 월주(越州)[1] 염현(剡縣)에서 미륵불상을 조각하며 살았다. 두 번째는 양(梁)나라에 태어나 승우(僧祐, 445~518)라 하였고 뒤에는 수(隋)나라에 태어나 도선(道宣)이라 하였다.

율사의 할아버지는 호주(湖州)[2] 사람이며 아버지는 진(陳)나라 이부상서(吏部尙書)였는데 임금을 따라 장안으로 갔다가 서울에서 태어났다. 어머니가 달이 품안으로 들어오는 꿈을 꾸고 임신하였는데 인도승이 나타나 "당신이 잉태한 아기는 양나라 승우 율사이니 출가시켜서 불교를 널리 펴시오." 하였다.

율사는 머리 깎고 나서는 고행을 참고 마음을 다져 먹으며 전념으로 불법만을 구했다. 한번은 보물함을 머리에 이고 탑을 돌면서 도를 닦았는데, 함 속에 사리가 내리게 해달라고 발원했더니 7일

만에 과연 감응을 얻었다. 이때부터 더욱 뜻을 고르게 하여 하루 한 끼 먹고 곧게 앉아 잠자지 않고 선정에 드는 것을 즐겼다.

정관(貞觀) 4년(630) 청궁사(淸宮寺)에서 반주삼매(般舟三昧)를 닦는데 천룡이 내려와 시봉하는 감응을 얻었고 물이 모자란다 하여 흰 샘이 솟기도 하였다. 안거일에 성심으로 발원 기도하기를, "만일 하안거에 좌선한 공덕이 있다면 상서로운 징조를 내리소서." 하였더니 뒤뜰에 과연 지초(芝草)가 났다. 율사가 과로로 병이 나자 천왕이 보심약(補心藥)을 내려 주면서 말하였다.

"지금은 상법(像法)시대의 끝이어서 나쁜 비구들이 절만 거창하게 짓고 선의 지혜는 닦지 않으며 경전도 독송하지 않습니다. 비록 지혜로운 사람이 있다 하더라도 천에 하나 둘뿐입니다."

그 후 서명사(西明寺)에 있을 때 깊은 밤에 도를 닦다가 법당 앞 계단을 헛디뎠는데 어떤 성인이 발을 부축하였다. 누구냐고 물으니 북천왕의 아들인데 칙명을 받고 모시게 되었다고 하니 율사가 말하였다.

"내 수행에 태자를 번거롭게 할 것 없다. 태자는 위력이 자재하니 천축국에 지을 만한 불사가 있거든 그것이나 힘써 주게."

"제게 길이 세 치, 넓이 한 치 되는 부처님의 치아가 있는데 오랫동안 보물로 간직해 왔습니다. 이제 이것을 스님께 은밀히 드릴 터이니 잘 간직하소서."

율사는 받아서 낮에는 땅굴 속에 두었다가 밤에는 받들고 도를 닦았는데 아무도 아는 사람이 없었다. 다만 제자 강(綱) 율사(律師)가 가만히 율사의 뒤를 따랐다가 보고는 세상에 알리려 하자 율사가 "신근이 천박한 이는 나를 요망하다 할 것이니 너와 나 단둘이만 알도록 하자." 하였다.

율사는 천신과 자주 왕래하였는데 신령스런 자취나 성스러운 일에 대해 듣기를 즐겼다. 그리고 묻고 답하는 대로 기록하여 그것으로 『감통전기(感通傳記)』라는 책을 만들었다.

건봉(乾封) 2년(667) 봄 2월에 천신이 나타나 이제 율사의 과보가 다하려 하니 아마 미륵궁에 날 것이라고 알렸다. 그리고는 향 한 봉지를 남겨 두면서, 제석천왕이 사르는 천상극림향(天上棘林香)이라고 하였다. 그해 시월 초사흘, 공중에서 하늘 음악이 울리며 꽃과 향기가 가득히 내려와 율사를 청해 맞이하니 입적하였다.

— 『별전등기(別傳等記)』

주
:

1   월주(越州) : 절강성(浙江省) 소흥시(紹興市) 월성구(越城區).
2   호주(湖州) : 절강성(浙江省) 호주시(湖州市) 오흥구(吳興區).

28

지자지의(智者智顗) 선사의 행적

　지자지의(智者智顗, 539~598) 선사는 성이 진씨(陳氏)이며, 영천(潁川)¹ 사람으로 날 때부터 겹눈동자(귀인의 상)였다.

　열다섯 살에 장사(長沙)² 땅 부처님에게 가서 출가하겠다고 서원하였는데 염불하는 동안에 꿈꾸듯 황홀한 가운데서 바다에 맞닿은 산이 보였다. 산꼭대기에서 스님 한 분이 손짓하며 "너는 여기 살게 될 것이며 여기서 생을 마치게 될 것이다." 하였는데 깨고 나서 더욱 지극 정성을 드렸다.

　열여덟 살에 상주(湘州)³ 과원사(果願寺) 법서(法緒) 스님에게 귀의하여 출가하였고, 구족계를 받게 되었을 때는 이미 율장에 정통하였을 뿐만 아니라 선정도 아울러 닦았다.

　당시 무진(武津)⁴ 사람인 혜사(慧思, 515~577) 선사는 명성이 높고 수행이 깊었는데, 그의 도풍을 멀리 전해 듣고는 기갈 든 사람보다 더 간절하게 만나보고 싶어하였다. 혜사스님이 살던 곳은 당시 진

(陳)나라와 제(齊)나라의 싸움이 한창이었다. 그러나 법을 중히 여기고 목숨을 가벼이 여겨 위험을 무릅쓰고 찾아가니 혜사스님은, 옛날 영산회상에서 함께 『법화경』을 들었는데 그 인연으로 지금 다시 온 것이라고 하며 보현도량(普賢道場)을 보여주고 4안락행(四安樂行)을 설하였다.

선사는 밤낮으로 고행하면서 가르침대로 마음을 갈고 닦았다. 이때 법을 구하는 마음은 불탔으나 살림살이는 가난하여 잣나무를 끊어 향을 대신하고 주렴을 걷어 올려 달빛을 받았다. 달이 지면 소나무 잣나무에 불을 붙여 밝혔으며 그것도 떨어지면 밤나무로 이어갔다.

그렇게 열나흘이 지나 『법화경』을 외우다가 「약왕품(藥王品)」에서 "모든 부처가 함께 칭찬하되 이야말로 참된 정진이요, 이야말로 참된 법이니 이것을 여래께 공양드리는 길이라 한다."[5] 한 구절에서 심신이 툭 트였다. 계속 정에 들어 고요한 가운데 관조해 보니 마치 높이 뜬 해가 깊숙한 골짜기를 비추듯 법화를 깨닫고 맑은 바람이 허공에 노닐듯 모든 법상(法相)을 통달했다. 그리하여 체험한 것을 혜사 선사께 아뢰니 혜사 선사는 다시 자기가 깨달은 바와 스승에게서 받은 것을 말해 주고 나흘 밤을 정진케 하였는데, 그 때 정진한 공은 백 년 정진한 것보다 나았다. 혜사 선사는 이렇게 감탄하였다.

"그대가 아니면 증득할 수 없고 내가 아니면 알아볼 수도 없었을 것이다. 그대가 들었던 정(定)은 법화삼매(法華三昧) 전에 나타나는 방편이며, 나타나 지속된 것은 법화의 선다라니(旋陀羅尼)⁶이다. 설령 문자법사 천만 명이 그대의 논변을 따르려 해도 안 될 것이니 설법하는 사람 중에 그대가 제일이다."

그 후 의동대장군(儀同大將軍)인 심군리(沈君理, 525~573)의 청으로 와관사(瓦官寺)에 주지하였는데 얼마 안 되어 사임하며 문도를 심군리에게 보내 말하였다.

"제가 예전 남악 선사 회상에 있다가 처음 강동(江東)⁷으로 건너왔을 때 법의 거울은 더욱 맑았고 마음 거문고는 자주 울렸습니다. 제가 처음 와관사에 왔을 때 40명이 함께 좌선하여 20명이 법을 얻었고, 다음 해에는 백여 명이 좌선하여 20명이 법을 얻었으며, 그 다음 해는 2백 명이 좌선하여 10명이 법을 얻었습니다. 그 후 대중은 점점 많아졌으나 법을 얻는 사람은 점점 적어졌고 도리어 제 수행에 방해만 되니 제 수행력을 알 만합니다. 천태산에 관한 기록에 보면 선궁(仙宮)이라는 곳이 있다고 들었는데 이제 그 산에서 인연을 쉬며 봉우리를 쪼아 먹고 개울물을 마시면서 평생의 원을 펼쳐 볼까 합니다."

진(陳)나라 태건(太建) 7년(575) 가을, 천태산에 들어가니 노승 한 분이 길을 인도하며 말하였다.

"스님께서 절을 지으려 하신다면 산 밑에 터가 있으니 그것을 기꺼이 스님께 드리겠소."

"지금 같은 시절에는 초막도 꾸미기 어려운데 하물며 절을 짓겠습니까?"

"지금은 때가 아니나 삼국이 통일되면 세력 있는 사람이 여기에 절을 세울 것이오. 절이 다 지어지면 나라도 맑아질 것이니 절 이름을 국청사(國淸寺)라 불러야 할 것이오."

그때 천태산에는 정광(定光, 482~581) 선사란 분이 있었는데 보통 사람이 아니었다. 산에 산 지 30여 년에 자신을 감추고 도를 밝혀, 그와 어울리기는 쉬웠으나 그를 알아보기는 힘들었다. 그러나 그가 예언한 일은 대부분 들어맞았다. 지자 선사는 그날 저녁 정광 선사의 초막에서 묵게 되었는데 정광 선사가 "예전에 손짓하며 부르던 일이 기억나는가?" 하기에 그가 사는 곳을 보니 영락없이 전에 꿈에서 본 산과 같았다.

수양제(隋煬帝, 569~618, 재위 604~618)가 사람을 보내 스님을 석성(石城)으로 오게 하였으나 이렇게 말하였다.

"저는 제 명이 여기에 있는 줄을 압니다. 그렇기 때문에 앞으로 나아갈 것도 없이 도끼를 주워 들고 오늘 인연줄을 끊어 버리겠습니다."

무량수 염하는 소리를 듣다가 그 소리가 끝나자 말하였다.

"정토를 장엄하는 아미타불의 48원과 꽃 연못 보배나무에 머무르기는 쉬우나 사람이 없다. 지옥의 불덩이 수레를 눈앞에 보고 참회할 수 있는 사람이면 그래도 극락에 가서 날 수 있는데 하물며 계율과 지혜를 닦은 사람이겠는가. 그들은 늘 도를 닦아 온 수행력이 있으므로 결실이 헛되지 않으며 부처님의 음성과 모습은 진실로 사람을 속이지 않는다."

이때 제자 지랑(智朗)이 청하였다.

"선사께서는 어느 지위에 이르셨으며, 이렇게 세상을 떠나시면 어디에 가서 나십니까? 또 저희들은 누구를 종사로 삼아야 합니까?"

"내가 대중을 거느리지 않았다면 반드시 6근청정위(六根淸淨位)[8]를 얻었을 것이나 남을 위하느라 내가 손해를 보아 5품위(五品位)에 머물렀다. 그대가 어느 곳에 나느냐고 물었는데 나의 모든 스승과 도반들이 관음보살을 시종하고 있으니 그들이 와서 나를 맞아 갈 것이다. 누구를 종사로 삼아야 하느냐고 물었는데, 듣지 못했는가? '계율[波羅提木叉](바라제목차)]이 그대의 스승이며 4종삼매(四種三昧)가 그대들의 밝은 길잡이'라고 했으니 그대들의 무거운 짐을 버리게 하고 3독(三毒)을 없애 줄 것이다.

또한 4대를 다스리고 업의 결박을 풀어 주며 마군을 부수고 선미(禪味)를 맛보게 하며 아만의 깃발을 꺾고 삿된 길을 멀리하게 할 것이다. 또한 그대들을 무위의 구렁텅이[無爲阬]에서 벗어나게 할 것이며 비탄의 장애[大悲難]에서 떠나게 할 것이다. 오직 이 큰 스승을 의지해야 할 것이다. 나와 그대들은 법으로 만나 법으로 친해졌고 불법의 등불을 전하고 익혔으니 그렇게 해서 권속이 되었다. 그렇지 않은 자가 있다면 그는 우리 문도가 아니다."

말을 마치자 선정에 든 듯하였다.

— 『별전(別傳)』[9]

주
:

1 영천(潁川) : 하남성(河南省) 허창시(許昌市).
2 장사(長沙) : 호남성(湖南省) 장사시(長沙市).
3 상주(湘州) : 호남성(湖南省) 장사시(長沙市).
4 무진(武津) : 하남성(河南省) 주마점시(駐馬店市) 상채현(上蔡縣).
5 『묘법연화경(妙法蓮華經)』 권6 「약왕보살본사품(藥王菩薩本事品)」(T9-53b).
6 선다라니(旋陀羅尼) : 가유(假有)를 돌려 공(空)으로 들어가는 대지혜. 법화 육즉위(六卽位) 중 제5위이다.
7 강동(江東) : 강소성(江蘇省) 소주시(蘇州市).
8 6근청정위(六根淸淨位) : 원교 육즉(六卽)의 계위 중 상사즉위(相似卽位)에 해당한다. 눈·코·귀 등의 6근이 청정함을 얻는 지위.
9 『수천태지자대사별전(隋天台智者大師別傳)』(T50, no.2050).

29

위산의 주인

위산영우(潙山靈祐) 선사

위산영우(潙山靈祐, 771~853) 선사는 복주(福州)[1] 사람으로 머리를 깎고 천태산 국청사에 가서 구족계를 받으려 하였다. 그때 한산(寒山)과 습득(拾得) 두 스님은 미리 길을 닦아 놓고, 오래지 않아 생불[肉身大士]이 여기 와서 구족계를 받을 것이라고 하였다. 두 사람이 길옆의 깊숙한 풀숲에 숨어 있다가 선사가 그 앞을 지나가자 별안간 호랑이 시늉을 하고 포효하며 뛰어나왔다. 선사가 어찌할 바를 몰라 하니 한산이 "영산회상에서 헤어진 뒤 다섯 생에 인간의 주인이 되어 오니 지금은 옛 일을 다 잊었구나." 하였다.

그 후 백장(百丈, 720~814) 선사를 찾아갔다. 하루는 모시고 있던 차에 백장 선사가 화로 속에 불이 있는지 뒤적여 보라고 하자 화로 속을 뒤적여 보고는 불이 없다고 하였다. 백장 선사가 몸소 일어나 깊숙이 뒤적여 조그마한 불덩어리를 꺼내 보이니 선사는 여기서 깨달았다. 절을 하고 깨달은 바를 말씀드리니 백장 선사가 말하였다.

"그것은 잠시 나타나는 단계일 뿐이다. 경에 말하지 않았던가. 불성을 보고자 한다면 시절인연을 살펴야 한다고. 시절이 이르면 마치 미망에서 홀연히 깨어난 듯하고 잊었던 것을 문득 기억해 내는 것과 같아서 비로소 자기 물건일 줄을 깨달아 다른 데서 찾지 않는다." 그리고는 선사에게 전좌(典座) 소임을 맡겼다.

그때 사마(司馬) 두타(頭陀)가 호남(湖南)에서 찾아와 백장 선사에게 말하였다.

"장사(長沙) 서북쪽에 있는 산꼭대기는 터가 좋아서 천 명 대중은 살 만합니다."

"내가 그곳에 가면 어떻겠소?"

"스님은 골인(骨人)인데 그곳은 육산(肉山)이니 알맞은 곳이 아닙니다."

"제일좌(第一座)가 가면 되겠는가?"

"아닙니다."

"전좌는 어떻소?"

"그 사람이야말로 위산(潙山)의 주인입니다. 그곳에 가서 10년만 있으면 대중이 모여들 것입니다."

이리하여 선사는 위산으로 가서 암자를 짓고 살게 되었다. 도토리와 밤으로 식량을 삼고 새와 원숭이와 벗이 되어 그림자가 산 밖을 나가지 않고 하루 종일 조용히 좌선하였다. 그렇게 9년이 지났는데 하루는 이런 생각이 들었다.

"내가 이곳에 산 지도 오래되었건만 결국 아무도 찾아오는 사람이 없구나. 본시 내 뜻은 중생을 이롭게 하려는 것이었는데 혼자 살아서 무슨 이익이 되겠는가?"

그리하여 암자를 버리고 떠나려고 골짜기 입구에 다다르니 호랑이, 표범, 뱀, 구렁이들이 길을 가로막았다. 이에 선사가 "내가 만약 이곳에 인연이 있다면 너희들은 각각 흩어질 것이요, 그렇지 않다면 나를 마음대로 잡아먹어라." 하니 말이 끝나자 다들 흩어졌다.

이에 다시 암자로 돌아왔는데 천신이 나타나서 말하였다.

"이 산은 옛날 가섭불 때에도 도량이었는데 이제 그것을 다시 짓게 될 것입니다. 이 산을 항시 수호하신다면 반드시 부처님의 수기를 받게 될 것입니다."

다음 해에 대안(大安, 793~883) 선사가 대중을 거느리고 와서 선사를 도와 총림을 일으켰다.

— 『사비(寺碑)』

주:

1 복주(福州): 복건성(福建省) 복주시(福州市).

30

『법화경』을 외우다가 깨침

증오원지(證悟圓智) 법사

증오원지(證悟圓智, ?~1159) 법사는 태주(台州) 임씨(林氏) 자손이다. 어릴 때부터 총명하여 책을 읽으면 한눈에 외웠으며 의술이나 점복에 관한 책까지도 모두 통달하였다.

하루는 경을 강설하는 곳에 갔다가 『관무량수경』 설법을 듣게 되었다. 귀를 기울여 한참을 잠자코 듣고 있더니 "해 떨어지는 곳이 나의 고향이다. 지금 이 경을 듣고 있으니 마치 집에서 보내온 편지를 받은 듯하구나." 하고 감탄하고는 머리를 깎고 불조의 가르침을 부지런히 따르겠다고 서원하였다.

백련사(百蓮寺) 지선(智僊) 법사에게 귀의하여 '완전한 도리와 변하는 도리[具變之道]'에 대해 물으니 지선 법사가 등롱(燈籠)을 가리키면서 "성품을 여의고 아님도 끊어져[離性絕非] 본래 그 자체는 비고 고요하니 이것이 '완전한 이치'요, 4성 6범이 보는 경계가 다르니 여기에 '변하는 도리'가 있다."라고 하였는데 원지 법사는 깨닫지 못했다.

그 후에 땅을 쓸면서 『법화경』을 외우다가 "법은 항상하여 성품이 없으니 부처 종자가 이로부터 일어남을 알지니라[知法常無性佛種從緣起(지법상무성불종종연기)]."고 한 구절에서 깨달아 마음이 활짝 트였다. 지선 법사가 보고는 "기쁘다! 큰일을 마쳤구나. 법화지관(法華止觀)은 이것이 핵심인데 그대가 이것을 깨달아 냈으니 깊고도 묘한 경계에 들어갔다."라고 하였다. 이때부터 마음이 훤히 트이고 자유로워서 사람들에게 자주 이 법문을 하였다.

법사는 닷새마다 한 번씩 잠을 잘 뿐 나머지는 요체에 푹 젖어 지내면서 오직 공부가 잘 되지 않을까만을 걱정하였다. 한번은 동산(東山)에 자리 잡고는 24년 동안 있었는데 동산과 서산의 두 산의 학인들이 와서 논변해 보았으나 아무도 당할 자가 없었다.

법사는 늘 후학들이 명상(名相)의 굴레 속에 갇히고 책 속에 달라붙어 심지어는 한 종파의 경전만을 받아들여 문자학을 일삼으면서 다른 종파는 업신여겨 아예 알려고도 하지 않음을 근심하였다. 그리하여 문도들에게 이렇게 당부하면서 격려하였다.

"우리 부처님께서 '이것이야말로 참다운 정진이다' 하신 말씀을 어째서 생각지 않느냐. 이 한 구절에 깨달음의 기연이 있는데 어째서 직접 맞닥뜨려 보지 않느냐?"

그 후 왕명으로 상축사(上竺寺)에 주지하게 되었는데 당시 재상이었던 진공(秦公)이 "지(止)와 관(觀)은 같은 법입니까, 다른 법입니까?" 하고 물으니 법사가 대답하였다.

"같은 법입니다. 이것을 물에 비유하면 조용하고 맑은 것은 지(止)이고, 수염과 머리카락을 비춰 볼 수 있는 것은 관(觀)인데 물은 하나인 것과 같습니다. 또한 군대와 같아서 부득이할 때만 쓰는 것이니 어둡고 산란한 중생들의 중병을 '지관'이란 약으로 그 심성을 고쳐 내서 온전한 바탕으로 돌아가게 하는 것입니다. 법계에는 고요함[寂然]을 지(止)라 하고, 고요하면서 항상 비춤[照]을 관(觀)이라 합니다. 그러니 오로지 지(止)할 바를 고집한다면 어디서 관(觀)할 바를 찾겠습니까? 마치 공께서 허리띠를 드리우고 홀을 단정히 들고서 묘당에 앉아 있을 때, 군대를 움직이지 않아도 천하를 흥하게 할 수 있는 것과 마찬가지입니다."

그러자 공은 "법사가 아니었던들 어떻게 불법의 묘한 도리를 알 수 있었겠습니까?" 하며 기뻐하였다.

— 『탑명(塔銘)』

주:

1 『묘법연화경(妙法蓮華經)』 권1 「방편품(方便品)」(T9-9b).

31

작은 지조 큰 불법

분양선소(汾陽善昭) 선사

분양선소(汾陽善昭, 946~1023) 선사는 태원(太原)[1] 사람이다. 도량과 식견이 넓고 깊어 겉치레가 없고 큰 뜻을 품어 무슨 글이든 스승에게 배우지 않고도 저절로 통달하였다. 어릴 때 부모를 여의고 세상이 싫어져 출가하였는데 명망 높은 선지식 70여 분을 찾아뵙고 그들 가풍의 묘한 종지를 모두 터득하였다. 또한 가는 곳마다 오래 머물지 않고 산수 구경을 즐기지 않으니 어떤 사람들은 그런 선사를 운치 없는 사람이라고 비웃었다. 그러자 선사는 이렇게 탄식하였다.

"옛 분들은 행각할 때 성인의 마음과 통하지 못했다는 그것 하나로 말을 달려 스승을 찾아가 결단을 보았을 뿐, 어찌 산수를 구경하는 일로 절을 찾아갔겠는가!"

그 후 수산성념(首山省念, 926~993) 선사를 찾아뵙고 물었다.

"백장(百丈, 720~814) 스님이 자리를 말아 올린 뜻[2]이 무엇입니까?"

"곤룡포 소맷자락을 떨쳐 여니 온몸이 드러난다."

"스님께선 어떻게 생각하십니까?"

"코끼리 가는 곳에 여우 자취 끊겼다."

선사는 마침내 크게 깨닫고 "만고에 푸른 못과 빈 하늘에 뜬 달은 두 번 세 번 애써 걸러내서야 알 수 있다." 하고는 절을 올리고 대중에게 돌아갔다. 당시 섭현귀성(葉縣歸省, 수산성념의 제자) 선사가 그곳에 수좌로 있었는데 선사에게 무슨 도리를 보았기에 갑자기 그렇게 자신만만하냐고 물으니 "이곳이 바로 내가 신명을 놓을 곳이다."라고 하였다.

그 후 장사(長沙)3 태수(太守) 장공(張公)이 네 곳의 큰 절 중에 어느 곳이나 마음대로 택해서 주지를 해달라고 청했으나 선사는 "나는 오래도록 죽이나 먹고 밥이나 먹는 중일뿐인데, 부처님의 마음 종지를 전하는 일은 작은 일이 아닙니다."라고 하였다. 이렇게 모두 여덟 차례를 청했으나 고집스럽게 대답하지 않았다.

그 후에 태자원(太子院)으로 맞이하려 하니 선사는 산문을 굳게 닫고 높이 누워 버렸다. 석문온총(石門蘊聰, 965~1032, 수산성념의 제자) 선사가 문을 밀어제치고 들어가서는 "불법은 큰 일이고 조용히 물러나 있는 일은 작은 지조인데 스님은 불법을 짊어질 만한 힘이 있거늘 지금이 어느 때라고 편안하게 잠만 자려 하십니까!" 하고 비난하니 선사는 벌떡 일어나면서 "스님이 아니면 이 말을 듣지 못했을 것입니다. 빨리 가서 여법하게 준비하십시오. 곧 갑니다."라고 하였다. 그곳에 도착하고 나서는 한번 선상에 앉아 30년 동안 그림자가 산 밖을 나가지 않았다.

용덕부윤(龍德府尹) 이공(李公)이 승천사(承天寺)로 모시려 하여 사자가 세 번이나 되돌아와서 청했으나 가지 않았다. 사자가 벌을 받을 참이라 다시 찾아와 반드시 선사와 함께 가지 않으면 벌을 받게 되니 생각해 달라고 하였다. 선사는 굳이 같이 갈 것이야 있겠냐면서 그대 먼저 가면 나는 나중에 가겠다고 하였다. 그리고는 식사를 마련하라 하고 행장을 챙기라 하면서 "나는 간다!" 하고는 젓가락을 멈추고 입적하였다.

- 『승보전(僧寶傳)』[4]

주
:

1 태원(太原) : 산서성(山西省) 태원시(太原市).
2 마조(馬祖, 709~788) 스님이 상당하였을 때 백장(百丈, 720~814) 스님이 앞으로 나가 자리를 말아서 거두자 마조스님은 곧 법좌에서 내려왔다. 『고존숙어록(古尊宿語錄)』 권1(X68-4c).
3 장사(長沙) : 호남성(湖南省) 장사시(長沙市).
4 『선림승보전(禪林僧寶傳)』 권3(X79-498bc).

32

8만 겁을 산다 해도

도사 여동빈(呂洞賓)

도사 여동빈(呂洞賓)[1]은 하양(河陽)[2] 만고(滿故) 사람으로 당나라 천보(天寶) 연간(742~756)에 태어났다. 대대로 높은 벼슬을 한 집안인데 여러 번 진사(進士) 시험에 응시했으나 급제하지 못하자 화산(華山)에 놀러 갔다가 종리권(鍾離權)[3]을 만났다. 종리권은 진대(晉代, 265~420)[4]에 낭장(郎將)을 지내다가 난리를 피해 양명법(養命法, 건강 장수하는 비결)을 익힌 사람이었다.

그는 여동빈을 시험해 보려고 먼저 재물을 주어보기로 하였다. 하루는 여동빈이 종리권을 모시고 길을 가는데, 종리권이 돌 한 덩어리를 주워 약을 바르니 금세 황금덩이가 되었다. 그것을 여동빈에게 주면서 앞으로 길을 가다가 팔라고 하니, 여동빈이 이것도 부서지는 것이냐고 물었다. 종리권이 5백 년은 되어야 부서진다고 하자, "뒷날 사람들을 속일 것이다." 하면서 던져 버렸다. 종리권이 다시 여색으로 시험하려고 여동빈에게 산에 들어가 약을 캐 오라하고 조그만 초막을 꾸며 놓았다. 그 안에 아름다운 부인이 있다가 여동빈을 맞으면서 "지아비가 죽은 지 오래되었는데 이제 그대를 만났으니 나를 버리지 말아 주십시오." 하고는 손을 잡으며 가까이 오려 하였다. 여동빈은 여자를 밀어제치면서 "가죽푸대로 나를 더럽히지 말라."고 하였는데, 말이 끝나자마자 여자는 보이지 않고 종리권이 그곳에 있었다.

이에 종리권이 금단술(金丹術)과 천선검법(天仙劍法)을 전수하니 드디어 아무 걸림 없이 다니는 경계를 얻고 시를 지었다.

아침에는 남월(南越)[5] 저녁에는 창오(蒼梧)[6]에 노니네
소매 속의 푸른 뱀, 날아오르는 기운이 으스스한데
사흘 동안 악양루(岳陽樓)에 있어도 알아보는 이 없어서
소리 높이 읊조리며 동정호(洞庭湖)를 날아 지나갔도다.

한번은 용아거둔(龍牙居遁, 835~923) 스님을 찾아뵙고 불법의 큰 뜻을 물었는데 용아스님이 게송을 지어 주었다.

어찌하여 아침시름이 저녁시름에 이어지는가
젊어서 공부 안 하면 늙어서 부끄러우리
여룡(驪龍)은 밝은 구슬을 아끼지 않는데도
지금 사람들 그것을 구할 줄 모른다네.

한번은 악주(鄂州) 황룡산(黃龍山)을 지나가다가 자줏빛 기운이 서려 있는 것을 보고 도인이 살지 않을까 하여 산에 들어가 보니, 마침 회기(晦機)7 선사가 상당법문을 하고 있는 중이었다. 회기 선사는 이상한 사람이 자리에 몰래 들어온 것을 알고는 큰소리로 꾸짖었다.

"대중 속에 법을 훔치려는 자가 있구나!"

그러자 여동빈이 썩 나서서 물었다.

"좁쌀 한 알 속에 세계를 갈무리하고, 반 되짜리 솥 안에 산천을 삶으니, 이 무슨 도리인지 한번 말해 보시오."

선사가 "시체나 지키는 귀신이로구나." 하니, 여동빈은 "주머니 속에 장생불사하는 약이 있다면 어쩌겠소?" 하였다. 선사가 "설령 8만 겁을 산다 해도 결국에는 허무 속에 떨어질 것이다." 하니 여동빈은 분한 기색도 없이 떠났는데, 밤이 되자 칼을 날려 선사를 위협하였다. 선사는 미리 알고 법의로 머리를 감싸고 방장실에 앉아 있었다. 칼이 들어와 몇 바퀴 돌다가 선사가 손으로 가리키자 바닥에 떨어지고 말았다. 이에 여동빈이 사죄하자 선사가 꼬투리를 잡아 따져 물었다.

"반 되짜리 솥 안은 묻지 않겠지만, 어떤 것이 좁쌀 한 알에 세계를 갈무리하는 일인가?"

여동빈은 이 말끝에 느낀 바가 있어 게송을 지었다.

노래하는 아이[瓢兒(표아)]⁸를 잡아당겨 거문고를 부숴 버리니

지금은 물속의 금(金)을 그리워하지 않네

황룡스님을 보고 나서야

이제껏 마음 잘못 썼음을 알게 되었네.

- 『선원유사(仙苑遺事)』

주
:

1   여동빈(呂洞賓) : 본명은 암(巖), 호는 순양(純陽)이다. 생애는 구체적으로 알 수 없다. 중국 신화에 나오는 도교 8선(八仙) 중에 가장 유명한 신선이다. 신선 종리권(鍾離權)의 제자로 알려져 있다.

2   하양(河陽) : 하남성(河南省) 낙양시(洛陽市) 맹진현(孟津縣).

3   종리권(鍾離權) : 8선(八仙) 중 한 명이다. 성은 종리(鍾離)이고 이름이 권(權)이다. 자(字)는 운방(雲房)이다. 나중에 이름을 각(覺)으로 고쳐 종리각(鍾離覺)으로 바꾸었으며 자(字)도 적도(寂道)라 하였고 도호(道號)를 정양자(正陽子)라고 하였다. 흔히 신선 여동빈의 스승으로 알려져 있다. 보통 민간에서는 "한나라 때 사람 종리"라는 의미로 한종리(漢鍾離)라고 부르기도 할 만큼 생애를 구체적으로 알 수 없다.
4   이 글의 내용은 750년대 무렵의 당나라를 배경으로 하는데 종리권의 생애에서 진대(晉代, 265~420)가 언급되는 것은 이 신선들의 생애가 구체적이지 않음을 보여준다.
5   남월(南越) : 광동성(廣東省).
6   창오(蒼梧) : 광서장족자치구(廣西壯族自治區) 오주시(梧州市) 창오현(蒼梧縣).
7   황룡산 회기(誨機) : 어린 시절에는 암두전활(巖頭全豁, 828~887)에게 참학하고, 다시 그 제자인 현천(玄泉) 언(彦) 선사에게 참학하여 그의 법을 이었다. 천우(天祐) 연간(904~907)에 악주(鄂州) 황룡산(黃龍山)으로 옮겨 개당하였다. 황제가 자색가사와 초혜선사(超慧禪師)라는 호를 내렸다. 도사 여동빈(呂洞賓), 자개선소(紫蓋善沼) 등의 제자가 있다. 어느 날 황룡산에 찾아온 한 승려와 문답하고서는 입적하였다.
8   노래하는 아이[瓢兒(표아)] : 길에서 음악을 연주하면서 범패의 일종인 표규(瓢叫)를 부르며 구걸하는 아이.

33

작은 석가

앙산혜적(仰山慧寂) 선사

앙산혜적(仰山慧寂, 807~883) 선사는 소주(韶州) 섭씨(葉氏) 자손이다. 삭발한 뒤 큰 구슬 하나를 얻는 꿈을 꾸었는데 그 빛이 사람을 쏘는 듯하였다. 꿈을 깨고 나서 "이는 더할 수 없는 마음 보배인데 내가 얻었으니, 이것으로 내 마음 자리를 밝혀야겠다." 하고는 제방을 돌아다녔다. 그리하여 탐원(耽源) 선사를 찾아뵙고 묘한 이치를 깨닫고 나서 뒤에 위산영우(潙山靈祐, 771~853) 선사를 찾아뵙고 마침내 깊은 종지를 얻었다.

혜적 선사가 위산 선사께 물었다.

"어디가 참 부처가 머무는 곳입니까?"

"생각 없는 생각[思無思]의 묘한 법으로 불꽃같은 신령의 무궁함을 돌이켜 생각하라. 그 생각이 다하여 근원으로 돌아오면 성품과 모습이 항상하고 현상과 이치가 둘이 아니어서 참 부처가 여여(如如)할 것이다."

혜적 선사는 이 말끝에 활짝 깨쳐 비밀스런 인가를 받았다. 대중을 거느리고 왕망산(王莽山)에 자리를 잡았으나 교화할 인연이 맞지 않아 원주(袁州)에 이르러 앙산(仰山)을 찾아갔다. 물을 거슬러 올라가는데 두 산신이 맞이하면서 물었다.

"깊고 험한 이 산에 어찌 오셨습니까?"

"암자 터를 하나 보러 왔소."

"저희들은 복이 있어 스님을 만나 뵙게 되었습니다. 이 산을 시주하여 스님께 드리겠으니 여기 머물러 사십시오."

"그대들이 이미 나에게 시주했으니 필시 넓은 마음을 가졌겠소. 다른 스님이 없다면 내가 그대들의 시주를 받겠소."

산신이 좋다 하고 집운봉(集雲峰) 아래를 가리키며 여기보다 더 좋은 곳은 없다 하였다. 선사는 마침내 그곳에 초암을 짓고 살면서 나무열매를 따먹고 개울물을 마시며 종일 꼿꼿하게 앉아 좌선하였다.

그런지 얼마 되지 않아서 두 산신이 나타나 말하였다.

"앞으로 대중이 많아지면 이 제자는 살 곳이 불편할 것이니 거처를 옮겨야겠습니다."

밤이 되자 바람과 우레가 크게 일더니 산신당이 30리 바깥 도전(堵田)으로 옮겨가고 옛 산신상과 큰 소나무들도 모두 그곳으로 옮겨갔다. 회창(會昌) 3년(843) 여름 4월의 일이었다.

한번은 외국 승려[異域僧]가 하늘을 날아오는 감응이 있었는데 그가 "특별히 문수보살을 친견하러 동쪽나라에 왔다가 오늘 뜻밖에도 작은 석가[小釋迦]를 만났다."고 하였고, 이로부터 위산스님과 앙산스님의 종풍이 크게 세상에 떨쳤다.

선사가 입적하려 할 때 산신이 찾아와 남길 말씀이 있느냐고 물으니 선사가 말하였다.

"내 몸은 허깨비나 물거품 같아서 인연 따라 일어났다 사라질 뿐이다. 올 때도 아무것도 없었는데 갈 때인들 더 무엇을 구하겠는가?"

"모든 부처님이 입멸하실 때 천룡(天龍)이 나타나 남기실 말씀을 청했습니다. 저도 이를 어기지 않게 해주십시오."

선사는 법통을 얻은 스승 위산영우(潙山靈祐) 선사의 기일(忌日)이 정월 8일이니 재를 지내달라고 부탁하였다. 그리하여 지금까지도 사람들이 감히 그날을 어기지 못하고 있다.

― 『사기(寺記)』

34

지자 대사의 두타행을 잇다

바야(波若) 스님

바야(波若, 562~613) 스님은 고려(高麗, 고구려) 사람이다. 개황(開皇) 연간(581~601)에 불롱사(佛隴寺)를 찾아와 지자(智者, 539~598) 선사에게 선법을 구했는데, 얼마 안 되어 깨달은 바가 있자 지자 선사가 말하였다.

"그대는 이곳에 인연이 있다. 그러니 꼭 조용한 곳에 한거해서 오묘한 행을 성취해야 한다. 천태산(天台山)의 화정봉(華頂峰)은 지금 이 절에서 6, 7리 떨어져 있는데, 그곳은 지난날 내가 두타행(頭陀行)을 하던 곳이다. 그대가 그곳으로 가서 도를 닦아 수행이 진보되면 반드시 깊은 이익이 있을 것이다. 먹을 걱정, 입을 걱정은 하지 말아라!"

바야스님은 가르침을 따라 그곳으로 가서 새벽에서 밤까지 수행하였다. 한 번도 누워서 자는 일이 없었고 그림자가 산을 나오지 않은 지 16년이나 되었는데, 하루는 홀연히 산을 내려와서 여러 도반에게 알렸다.

"나 바야는 명이 다한 것을 알고 있기에 다만 산을 나와 대중들과 이별할 뿐이다."

그리고는 곧 화정봉으로 돌아가서 입적하였다.

- 『천태석각(天台石刻)』

35

출가자는 모두 석(釋)씨다

불인요원(佛印了元) 선사

고려의 승통(僧統) 의천(義天, 1055~1101)은 왕위를 버리고 출가하여 중국에 불법을 물으러 왔다. 처음 사명군(四明郡)¹에 도착하자 연경사(延慶寺)의 명지(明智) 법사와 삼학사(三學寺)의 법인(法隣) 법사 두 사람을 수행원[館伴]으로 임명하였다. 항주(杭州)에 이르러 혜조(慧照) 율사를 찾아가 율학을 배우고자 하니 혜조 율사가 그를 위해 계율법문을 설하고 의례와 법도를 익히도록 하였다. 그리고는 3의와 발우, 석장을 전수하고 이어 게송을 지어 주었다.

> 그대를 위해 법의를 만들어 주고
> 다시 발우와 석장으로 위용을 도우니
> 그대 일숙각의 노랫말을 들어보라
> 이는 모양을 내려고 허투루 지니게 함이 아니라 했네.²

조정에서는 다시 양차공(楊次公, 양걸)에게 명하여 수행케 하였는데 지나는 절마다 왕에게 하는 예로 맞이하고 전송하였다. 그러나 금산사(金山寺)에 이르니 불인요원(佛印了元, 1032~1098, 운문종) 스님만은 유독 선상에 앉아 큰절을 받았다. 양차공이 놀라서 그 까닭을 물어보니 불인스님이 말하였다.

"의천 역시 다른 나라의 승려일 뿐이다. 갖가지 성씨가 출가하면 누구나 석씨의 아들로 이름하는 법이니 어떻게 귀족을 따지겠는가. 만일 불도를 굽혀 속법을 따른다면 무엇보다도 지혜의 눈을 잃어버리는 일이니 무엇으로 중국의 모범을 보여주겠는가."

이 일로 조정에서는 요원스님을 일의 대체(大體)를 아는 사람이라 하였다.

− 『승전(僧傳)』 등

주
:

1   사명군(四明郡) : 절강성(浙江省) 영파시(寧波市).
2   일숙각(一宿覺) 즉 영가현각(永嘉玄覺, 665~713)의 『증도가(證道歌)』(T48-396a)에 나오는 구절. "용을 항복받은 발우와 범 싸움 말린 석장이여 / 양쪽의 쇠고리는 짤랑짤랑 울리는도다 / 이는 모양을 내려 허투루 지님이 아니요 / 부처님 보배 지팡이를 몸소 받음이로다."(降龍鉢解虎錫 兩鈷金環鳴歷歷 不是標形虛事持 如來寶杖親蹤跡)

36

선을 닦는 학인에게 고함

회당조심(晦堂祖心) 선사

회당조심(晦堂祖心, 1025~1100, 임제종 황룡파) 선사는 처음에 황룡혜남(黃龍慧南, 1002~1069) 선사가 돌아가시면서 하신 부탁을 받아 주지할 인연을 맡았다. 그 후 13년이 지나 법석이 한창 융성할 때에 의연히 주지 일을 그만두고 서원(西園)에서 기거하였다. 그리고는 그 방을 회당(晦堂)이라 이름 짓고 "내가 그만둔 것은 세상일일 뿐이니 지금부터는 오로지 불법수행에 전념하고자 한다."고 하면서 방문에 방을 써 붙였다.

선을 닦는 모든 학인에게 고하노라. 도를 철저히 캐려면 무엇보다도 스스로가 살펴보아야 하니 남이 대신해 줄 수가 없는 것이다. 그런 중에 혹시 인연을 보아 내어 스스로에게 기뻐하며 들어갈 곳이 생겼거든 얼른 방장실에 들어와서 털어놓고 옳은지 그른지, 얕은지 깊은지 평가를 기다려야 한다. 아직 밝혀 내지 못했거든 무엇보다도 우선 쉬어 버려라. 그러면 도는 저절로 나타날 것이다. 고생고생 달려가며 구하면 도리어 미혹과 번민만 더하게 된다. 이것은 말을 떠난 도리이니 요는 스스로가 긍정하는 데 있는 것이지 남에게 의지해서 깨닫는 것이 아니다. 이렇게 밝혀내는 것을 무량겁으로부터 내려오는 생사의 근본을 확실히 통달했다고 말한다.

  만약 말 떠난 도리를 볼 수 있다면 성색과 언어, 시비 등 모두가 전혀 다른 법이 아님을 보게 된다. 그러나 말 떠난 도리를 보지 못하면 눈앞의 차별된 인연을 비슷하게 이해한 것으로 도를 얻었다고 생각한다. 이런 사람은 오직 눈앞에 전개되는 헛그림자를 오인하여 자기도 모르게 쓸데없는 법을 만들어 놓고 머리끝까지 자만에 차서 심력을 헛되이 써 버릴까 걱정인 것이다. 그러므로 밤낮으로 자신을 이기고 행주좌와에 정성껏 관찰하여 미세한 곳까지 자세히 살피면 별로 마음을 쓰지 않아도 자연히 도에 들어가는 길이 열린다. 이것은 하루아침 하루 저녁에 배워서 이루어지는 공부가 아니다. 만일 이와 같이 치밀하게 참구하지 못한다면 경 읽고 절하며 여생을 보내는 것이 좋을 것이니, 그것이 마구 불법을 비방하는 것보다는 나은 일이다. 이렇게 늙은 시절을 보낼 수 있다면 그 사람은 아무 일 없는 사람이 되어 아무런 매임이 없으리라고 내가 감히 장담할 수 있다. 이밖에 입실하는 일은 지금부터 초하루와 보름 이틀만 와 주기를 바란다.

-『정강(汀江)』

37

3교 성인의 가르침

효종(孝宗) 황제

효종(孝宗, 1127~1194, 재위 1162~1189) 황제가 경산(徑山)의 주지 보인(寶印, 1109~1190) 선사를 선덕전(選德殿)에 초청하여 말하였다.

"3교(三敎 : 佛儒仙) 성인들의 도리는 본래 같은 것입니까?"

보인 선사가 아뢰었다.

"그것은 허공에 동서남북이 애초에 따로 있지 않은 것과 같습니다."

"그래도 성인들이 세우신 방편은 각기 다른 점이 있으니, 예컨대 공자는 중용(中庸)으로 가르치셨습니다."

"중용의 가르침이 아니면 어떻게 세간이 있을 수 있겠습니까. 그런 까닭에 『화엄경』에서는 '세간의 모습을 허물지 않고 세간 벗어나는 법을 이룬다' 하였고, 『법화경』에서는 세간을 다스리는 말과 삶을 지탱해 주는 생업들이 모두 실상(實相)과 어긋나는 것이 아니라고 하였습니다."

"지금의 사대부들은 공자의 가르침을 배우는 사람이 많은데 오직 문자만 파고들 뿐 공자의 도는 보지 못하고, 더욱이 공자의 마음은 알지 못합니다. 그러나 오직 석가모니 부처님은 문자로 사람을 가르치는 방법을 쓰지 않았습니다. 다만 마음의 근원을 그대로 지적하여 중생에게 열어 보이시어 저마다 깨달아 들어가게 하니 이 점이 훌륭한 일입니다."

"비단 요즘의 공부하는 사람들만 공자의 도를 보지 못하는 것이 아닙니다. 당시 열 분 제자 가운데 안자(顔子) 같은 분은 바탕을 갖추었다고 일컬어지는 사람인데 자기 평생의 역량을 다하고서도 이렇게밖에 말할 수 없었습니다. '우러러보니 앞에 있는 듯하다가는 홀연히 뒤에 있으시다' 이렇듯 그의 입신이 탁월하긴 했으나 결국은 공자의 그림자도 잡지 못했습니다. 그래서 공자는 분명하게 털어놓고 여러 제자에게 말씀하기를 '제자들아, 너희들은 내가 무엇을 감추고 있다고 생각하느냐? 나는 아무것도 감춘 것이 없느니라. 나는 모든 행동에서 너희들과 함께하지 않은 적이 없으니, 제자들이여, 이것이 나 공구(孔丘)다'라고 하였습니다. 이렇게 볼 때 공자는 한 번도 제자들을 피한 적이 없는데도 제자들 스스로 잘못된 것이었습니다. 지난날 장상영(張商英, 1044~1122) 승상도 정작 불교를 배우고 나서야 유교를 알게 되었다고 했습니다."

황제가 자신의 생각도 그렇다고 하면서, 장자와 노자는 어떤 사람이냐고 물으니 스님이 말하였다.

"이 사람들은 불법에서는 소승인 성문(聲聞)일 뿐입니다. 소승은 몸을 감옥이나 형틀같이 생각하여 싫어하고 지혜를 잡독으로 여겨 멀리합니다. 그리하여 불속에 몸을 태워 무위(無爲)의 경지에 들어가니 이것이 바로 장자가 말한 '몸은 본래 고목같이 만들 수 있고 마음은 본래 꺼진 재처럼 할 수 있다'는 것입니다."

이에 황제는 마음에 꼭 맞는 말이라 하였다.

— 『주대록(奏對錄)』

38

동정(動靜) 법문
현사사비(玄沙師備) 선사

현사사비(玄沙師備, 835~908) 선사는 복주(福州)[1] 사람이며 성은 사씨(謝氏)다. 젊어서 남대강(南臺江)에서 고기잡이를 하다가 홀연히 배를 버리고 불문에 들어왔다. 스님은 짚신과 베옷에, 겨우 기운을 이어 줄 정도로만 먹고 하루 종일 좌선을 하니 설봉의존(雪峰義存, 822~908) 선사가 불러 말씀하셨다.

"스님은 두타행(頭陀行)을 하던 이가 다시 이 세상에 온 사람인데 어찌 제방에 두루 다니며 법을 묻고 참구하지 않는가?"

"달마는 동쪽에 오지 않았고, 2조는 서천에 가지 않았습니다."

그러자 설봉스님은 그를 인정하였다.

스님이 현사사(玄沙寺)에 움막을 엮었는데 대중이 서로 물어물어 찾아와 마침내 총림을 이루었다. 스님은 경에 부합되는 말씀으로 법을 설하니 요점을 분명히 알지 못한 자들이 제방에서 찾아와 모두 해결을 보았다.

대중에게 말하였다.

"불도는 드넓어서 정해진 길이 없고 3세에 있는 것도 아니니 어찌 떴다 가라앉음이 있겠느냐. 세워지고 무너지고 하는 것은 조작에 속하지 않는다. 그러므로 움직이면[動] 번뇌 경계에 빠지고 고요하면[靜] 어둡고 몽롱한 곳에 가라앉는다. 또한 움직임과 고요함을 다 없애면 아무것도 없는 데 떨어지고 움직임과 고요함을 다 받아들이면 불성을 더럽히게 된다. 그러니 경계를 마주할 때 굳이 마른 나무나 꺼진 재처럼 할 필요가 있겠는가. 마치 거울에 물건을 비춰도 거울 빛이 어지러워지지 않듯, 새가 공중을 날되 하늘색을 더럽히지 않듯, 그저 상황에 임해서 타당함을 잃지 않고 응용하면 되는 것이다. 그러므로 말하기를 '시방에 그림자가 없고 3계에 발자취가 끊겼으며 가고 오는 테두리에 떨어지지 않고 중간에 있다는 생각에 머물지도 않는다. 이는 마치 힘센 장사가 팔꿈치를 펼 때 다른 사람의 힘을 빌리지 않고, 사자가 거닐 때 짝을 짓지 않는 것과 같다'라고 하였다.

하늘을 가린 것이 없는데 무슨 뚫고 통과할 것이 있는가. 한 줄기 빛은 이제껏 어두운 적이 없었으니 여기에 이르러서는 그 바탕[體]은 적적하되 항상 밝게 빛나며 활활 타오르는 불꽃같이 가없다. 원각(圓覺)의 빛 속에서 움직이지 않으면서 하늘땅을 삼키고 불살라서 다시 비춘다."

— 『전등록(傳燈錄)』[2]

주
:

1   복주(福州) : 복건성(福建省) 복주시(福州市).
2   『선림승보전(禪林僧寶傳)』권4(X79-499a).

39

스스로 강에 장사 지내다

묘보(妙普) 수좌

묘보(妙普, 1066~1142) 수좌는 스스로를 '성공(性空)'이라 이름하였다. 사심오신(死心悟新, 1043~1116, 임제종 황룡파) 선사에게서 종지를 얻고 오랫동안 화정(華亭)에 살았으며 쇠피리를 즐겨 불면서 자재하게 스스로 즐기니 아무도 그 경지를 헤아려 볼 수 없었다. 또한 시를 지어 세상 사람들을 일깨우기를 즐겼는데, 다음과 같은 구절이 있다.

도를 배움은 궁성을 지키는 일과 똑같아서
낮에는 6적(六賊)을 막고 밤에도 초롱초롱해야 하니
장군과 주장이 호령을 행사하면
창과 방패 움직이지 않고도 태평을 이루네.

또 이런 게송을 지었다.

밭 갈지 않고 밥 먹고 누에치지 않고도 옷 입으며
세상 밖에서 맑고 한가롭게 지내니 성군 시절보다 낫다
허나 조사의 관문 빗장을 뚫지 못했거든
모름지기 뜻을 두어 마땅한 곳에 마음을 붙여야 하리.

하루는 대중들에게 알렸다.

"앉아서 죽고 선 채로 죽고 하는 일도 수장(水葬)하는 것만은 못하다. 첫째는 땔감을 절약하고 둘째는 뫼구덩이 파는 일을 안 해도 되기 때문이니, 손 놓고 그냥 떠나도 아무런 거리낌이 없다. 누가 내 마음 알아줄까. 선자(船子)[1]화상이로다. 그 높은 풍모 천백 년 이어지기 어려워 어부가 한 곡조를 부르는 이 없구나."

그리고는 마침내 청룡강(靑龍江)으로 가서 나무판을 타고 배 돛대를 친 다음 먼 곳으로 떠나가 입적하였다.

— 『보등(普燈)』

주:

1 선자(船子) : 법명은 덕성(德誠). 당대(唐代) 스님. 약산유엄(藥山惟嚴, 746~829)의 법을 이어받았다. 소주(蘇州) 화정(華亭) 오강(吳江)에서 작은 배를 젓는 뱃사공을 했기 때문에 '선자' 즉 뱃사공 화상이라고 한다. 협산선회(夾山善會, 805~881)를 만나 그에게 법을 부촉하고서 스스로 배를 뒤집고 자취를 감추었다.

40

수식관(數息觀)

소동파(蘇東坡)

소동파(蘇東坡, 1036~1101)가 말하였다.

"배가 고프거든 비로소 밥을 먹되 배부르기 전에 그만 먹어야 한다. 산보하고 거닐며 배를 꺼뜨려 배가 비게 되면 조용한 방에 들어가 단정히 앉아 생각을 고요히 하고 내쉬고 들이쉬는 숨을 센다. 하나에서 열까지 열에서 백까지 세어 수백에 이르게 되면 이 몸은 우뚝해지고 이 마음은 고요해져 허공과 같아지니, 번거롭게 금기하고 다스릴 일이 없어진다. 이렇게 오래 하다 보면 한 숨이 스스로 머물러 들어가지도 나가지도 않을 때가 있다. 이때 이 숨이 8만 4천의 털구멍을 통해서 구름이 뭉치듯, 안개가 일 듯 하는 것을 깨달아 무시이래의 모든 병이 저절로 없어지고 모든 업장이 소멸된다. 마치 눈먼 사람이 홀연히 눈을 뜨듯 저절로 밝게 깨달아, 이때가 되면 남에게 길을 물을 필요가 없는 것이다."

— 『대전(大全)』

41

대혜종고(大慧宗杲) 선사의 행적

대혜종고(大慧宗杲, 1088~1163) 선사가 담당문준(湛堂文準, 1061~1115) 스님을 찾아가니 문준스님은 도에 들어가는 지름길을 가르쳐 주었다. 그러나 선사가 제멋대로 생각하며 물러섬이 없자 문준스님은 "그대가 깨닫지 못하는 것은 알음알이로 이해하려는 데 병통이 있기 때문인데 이것이 바로 소지장(所知障)이라는 것이다." 하고 꾸짖었다.

당시 뛰어난 선비였던 이상노(李商老)가 문준스님을 찾아뵙고 도를 묻고 있었는데 마침 선사가 이런 말을 하였다.

"도는 신령하게 깨달아야 하며 그 묘는 마음을 비우는 데 있다. 이를 체험하는 데에는 총명함이 필요치 않고 이를 얻는 데는 보고 들음을 훌쩍 뛰어넘어야 한다."

그러자 이상노가 무릎을 치고 감탄하며 "어찌 사고(四庫)의 책을 다 읽고 나서야 학문을 했다고 하겠는가."라고 하였으며, 이 일로 두 사람은 도반이 되었다.

문준스님이 입적하자 선사는 승상 무진거사(無盡居士, 1044~1122, 장상영)를 찾아가 문준스님의 탑명(塔銘)을 부탁하였다. 공은 평소 선 공부를 했다고 자부하고 있어서 대단한 지견을 갖춘 사람이 아니고는 감히 그의 문턱을 오르지도 못했다. 선사는 그를 만나 대화하는데 탁월하면서도 여유가 있었다. 공이 이를 보고는 "스님의 선은 격식을 넘어섰습니다." 하고 칭찬을 하니, 선사가 "그래도 스스로는 긍정하지 못하겠는 데야 어떻게 합니까?"라고 하자, 공이 "스님은 천근(川勤, 원오극근) 스님을 만나 보시면 될 것 같습니다."라고 하였다.

이에 선사는 서울 천녕사(天寧寺)로 원오극근(圜悟克勤, 1063~1135) 스님을 찾아갔는데 원오스님은 마침 법좌에 올라 거량법문을 하고 있었다.

"한 스님이 운문(雲門, 864~949) 스님께 '무엇이 모든 부처님들의 몸이 나오신 곳입니까?'라고 하니 운문스님께서 '동산(東山)이 물위로 간다'고 하셨는데 만약 누군가 내게 묻는다면 나는 그에게 '훈풍이 남쪽에서 불어오니 전각에 서늘한 기운이 돈다'고 대답하겠다."

선사는 여기서 홀연히 앞뒤가 다 끊겼다. 그리하여 움직임[動相]은 생겨나지 않았으나 도리어 깨끗하여 아무것도 없는 경계[淨顆顆處(정과과처)]에 빠지게 되었다.

선사가 방장실에 들어갈 때마다 원오스님은 이렇게 말하였다.

"그대가 이런 경계에 도달한 것도 역시 쉬운 일은 아니다. 그러나 아깝구나! 죽기만 했지 다시 살아나지 못하니. 화두[語句]를 의심하지 않는 것이 큰 병이로다. 듣지 못했는가. 깎아지른 낭떠러지에서 손을 놓고 스스로 긍정해야 맨 끝에 다시 살아난다는 말을. 이렇게 되면 그대를 속일 수 없으니 이런 도리가 있다는 것을 믿어야 한다."

한번은 (원오스님의 스승 오조법연[五祖法演, ?~1104] 스님의 처소) 방장실에서 원오스님이 "있다는 말[有句]과 없다는 말[無句]이 등덩굴이 나무에 기대 있는 것과 같으니 입을 열고 말을 했다 하면 틀립니다."라고 한 일이 있었다.[1]

선사가 하루는 손님과 함께 저녁밥을 먹는데 젓가락을 손에 잡고도 먹는 것을 잊고 있으니 원오스님이 웃으며 손님에게 말하였다.

"저놈은 회양나무선[黃楊木禪, 황양목선)][2]을 참구해 터득했다오."

대혜 선사가 분개하며 물었다.

"스님께서는 지난번 오조스님께 '등덩굴이 나무에 기대 있는 것과 같다'고 하셨다는데 오조스님께서는 무어라 대답하셨습니까?"

"'묘사하려 해도 묘사할 수 없고 그림으로 그리려 해도 그릴 수 없다'고 하셨다. 그래서 또 '나무도 자빠지고 덩굴도 말라 버리면 있다 없다 하는 그 말은 어디로 돌아갑니까?' 하고 여쭈니 오조스님은 '서로 따라오느니라' 하셨다."

선사는 여기서 "나는 알았다!"라고 외쳤다. 이때부터 마음이 확 트여 응어리지고 막히는 곳이 없었다.

그 후 얼마 안 되어 길을 떠나 강서 지방을 가다가 대제(待制) 한자창(韓子蒼, 1080~1135)을 만나 유학과 불학에 대해 열띤 토론을 했는데, 한자창이 깊이 탄복하여 선사는 그의 서재에 반년을 묵게 되었다. 새벽에 일어나 서로 인사하는 외에 때가 아니면 강론을 허락하지 않았으며, 길을 가는데 선후를 사양하는 일이 없고 앉을 때에도 주인자리 손님자리를 따지지 않았다. 너와 나를 서로 잊고 마음속에 있는 것까지 다 쏟아놓으며 하루도 법락을 맛보지 않는 날이 없었다.

그 후 승상 장위공(張魏公, 1044~1122, 장상영)의 청으로 경산(徑山)에 주지하니 천하의 납자들이 모여들어 따르는 대중이 2천 명이나 되었다. 선사는 청규(淸規)로 대중들을 묶지 않는 것은 아니나 자율에 맡기기도 하였다. 납자들이 불법의 요의를 서로 따지다가 혹 기분이나 이론이 맞지 않아 선사 앞에서 다투는 일이 있으면 그때마다 선사는 큰일이든 작은 일이든 결정을 지어 주지 않고 으레 담당자를 보내서 쫓아내 버렸다.

당시 유나(維那)로 있던 소진(紹眞) 스님은 촉(蜀) 땅의 선비였는데 선사가 명을 내리면 잠만 자면서 그대로 시행하지 않고 심지어는 그들에게 산 유람을 하도록 하였다. 이 일이 나중에 선사에게 알려지니 선사는 "이 묘희(妙喜, 대혜의 호)의 용상굴(龍象屈)이 아니면 어떻게 이러한 열중(悅衆 : 대중을 통솔하는 직무)을 얻을 수 있겠는가." 하고 칭찬하였다.

효형중온(曉瑩仲溫, 1128~1220, 임제종 대혜파)이 말하였다.

"선사는 뜻이 크고 의리를 좋아하였으며 취향과 식견이 고명하였다. 성격은 비록 급했으나 도량은 실로 너그러워 성이 나서 꾸짖는 가운데도 사실은 자비로움이 있었다. 대중 가운데 계율을 지키지 않는 사람이 있으면 모두 명령대로 거행케 하지만 한 번도 사람을 다치게 하거나 물건을 상하게 할 마음은 없었으니 선사가 소진 유나를 칭찬한 이유에는 깊은 뜻이 있는 것이다. 뒷사람들이 거울삼지 않을 수 있겠는가."

— 『정속전(正續傳)』

주 :

1 『대혜보각선사어록(大慧普覺禪師語錄)』 권17(T47-883a)에는 이 이야기가 다음과 같이 되어 있다. "매일 방장실에 들어가 '있다는 말과 없다는 말이 등덩굴이 나무에 기대 있는 것과 같다' 함을 거량하고서, 내가 대답하려고 입만 열면 원오스님은 틀렸다고 하셨다."

2 회양나무선[黃楊木禪(황양목선)] : 꼭 막혀 융통성 없이 선 공부 하는 것을 잘 자라나지 않고 딱딱한 회양목에 비유한 말.

42

『금강경송(金剛經頌)』
야보도천(冶父道川) 선사

　야보사(冶父寺) 도천(道川) 선사는 소주(蘇州) 출신으로 활 일을 하는 사람이었다. 숙세에 심어진 인연으로 선법 듣기를 좋아해서 늘 경덕사(景德寺) 겸(謙) 선사를 찾아뵙고 법을 물었는데, 겸 선사는 조주(趙州, 778~897) 선사가 '개에게는 불성이 없다' 하신 이야기를 들려주셨다. 새벽부터 밤까지 참구만 하면서 이때부터 직무도 수행하지 않으니 위관(尉官)이 화가 나서 곤장을 쳤는데, 그는 곤장을 맞는 순간 홀연히 깨쳤다. 이에 겸 선사가 그의 이름을 고쳐 주면서 말하였다.

　"그대는 이제까지 '적삼(狄三)'이라고 불렀는데 이제 '도천(道川)'이라고 이름 지어 주겠다. 지금부터 등뼈를 곧추세워 더욱더 정진한다면 그 도가 시냇물처럼 불어날 것이나, 조금이라도 방심하면 말할 가치도 없게 될 것이다."

　도천 선사는 그 가르침을 가슴에 새겨 뜻과 서원을 바꾸지 않았다.

한번은 『금강경(金剛經)』에 송(頌)을 달았는데 지금도 세상에 유행되고 있다. 야보사에서 법을 열어 동짓날 대중법문을 하였다.

"모든 음(陰)이 꺼지니 하나의 양(陽)이 생겨나 초목과 수풀에 모두 새싹이 움트는데, 오직 납승의 밑 없는 발우에는 여전히 밥도 담고 국도 담는다."

— 『주봉집(舟峰集)』

43

49일 동안 서서 공부하다

불등수순(佛燈守珣) 선사

　불등수순(佛燈守珣, 1077~1134) 선사는 삽천(霅川)¹ 사람인데 오랫동안 불감혜근(佛鑑慧懃, 1059~1117) 선사에게 귀의해서 공부하였다. 대중에 섞여 살며 법을 묻곤 하였는데, 까마득하여 아무것도 깨달은 바가 없자 갑자기 탄식하며 말하였다.

　"내가 이 생에서 철저하게 깨닫지 못한다면 맹세코 이불을 펴지 않겠다."

　이에 49일 동안을 노주(露柱)에 기댄 채 맨땅 위에 서 있었는데, 마치 부모상을 당한 사람과 같았다.

　한번은 불감 선사가 상당하여 "삼라만상이 모두 한 법에서 도장 찍히듯 나온 것이다."라고 하였는데 수순 선사는 그 말끝에 단박 깨달았다. 그리하여 불감 선사를 찾아가 만나니 불감 선사가 "아깝다! 한 알의 밝은 구슬을 이 지랄병 든 놈이 주웠구나."라고 하였다.

원오극근(圜悟克勤, 1063~1135) 선사는 이 이야기를 듣고는 그가 아직 그런 경지를 얻지는 못했을 것이라고 의심하였다. 그리하여 "내가 꼭 시험해 봐야겠다." 하고는 사람을 시켜 그를 불렀다. 한번은 같이 산에 갔다가 깊은 못에까지 오게 되었는데 원오 선사가 수순 선사를 물속에 떠밀어 넣고는 대뜸 물었다.

　"우두법융(牛頭法融, 594~657) 스님이 사조(四祖, 580~651)를 만나지 않았을 때는 어땠는가?"

　수순 선사가 허우적대면서 말하였다.

　"못이 깊으니 고기가 모입니다."

　"만난 뒤에는 어땠는가?"

　"나무가 높으니 바람을 부릅니다."

　"만나지 않았을 때와 만난 뒤에는 어떤가?"

　"다리를 뻗는 것은 다리를 오므리는 가운데 있습니다."

　이에 원오 선사가 매우 칭찬하였다.

-『주봉어록(舟峰語錄)』 등

주
:

1　삽천(霅川) : 절강성(浙江省) 호주시(湖州市) 오흥구(吳興區).

44
○

진여모철(眞如慕喆) 선사와
양기방회(楊岐方會) 선사에 대한 평
대혜(大慧) 선사

●

대혜(大慧, 1089~1163) 선사가 말하였다.

"근대에 주지살이 잘한 사람으로는 진여모철(眞如慕喆, ?~1095) 선사 만한 분이 없고, 총림을 잘 보필한 사람으로는 양기방회(楊岐方會, 992~1049) 선사 만한 분이 없다. 자명초원(慈明楚圓, 986~1040, 양기 선사의 스승) 선사는 성품이 진솔하기는 하였으나 일처리를 대강 하는 경우가 있었고, 꺼리고 피하는 일이 하나도 없었다. 양기 선사는 자기 몸을 잊고 스승을 모셨는데, 어디 빈틈이라도 있을까가 오로지 걱정거리였다. 심한 추위와 더위가 닥쳐와도 한 번도 자기 일을 급하게 여긴다거나 얼굴에 태만한 기색을 보인 적이 없었다. 남원사(南源寺)에서 홍화사(興化寺)까지 30년을 자명 선사의 대(代)가 다 끝나도록 30년을 이렇게 총림의 기강과 계율을 다잡았다.

진여 선사란 분은 행장을 챙겨 행각할 때부터 세상에 나가 문도를 거느릴 때까지, 법을 위해서라면 자기 몸을 잊기를 기갈 든 사람보다 더하게 했다. 경황 중에도 당황하는 기색이 없고 정신없이 말하는 일이 없었으며 온 방안을 말끔히 하고 고요함을 즐겼다. 선사가 한번은 이렇게 말하였다. '납자로서 안으로 고명하고 원대한 식견이 없고 밖으로 엄한 스승과 좋은 도반이 없다면, 그런 중에 그릇이 될 사람은 거의 없다.'

아! 두 분 스승이야말로 천 년토록 후배들의 아름다운 모범이 될 것이다."

— 『서선(西善)에게 주는 글[與西善書]』

45

대혜(大慧) 선사와 굉지(宏智) 선사

　소흥(紹興) 계해(癸亥, 1143) 겨울에 대혜종고(大慧宗杲, 1089~1163, 임제종) 선사가 왕은(王恩)을 입어 (유배생활을 마치고) 북쪽으로 돌아오게 되었다. 마침 육왕사(育王寺)에 주지 자리가 비어 있어서 굉지정각(宏智正覺, 1091~1157) 선사가 그곳 주지로 천거하였다. 굉지 선사는 대혜 선사가 오게 되면 대중이 많아져 반드시 식량이 바닥날 것을 미리 알고 소임자에게 이렇게 일렀다.

　"그대는 나를 위해 한 해 예산을 서둘러 준비하고 향적(香積, 창고)의 일용품은 모두 두 배를 비축해 두도록 하라."

　소임자는 분부대로 하였다. 이듬해 과연 대혜 선사가 오니 대중이 천 명을 넘어 얼마 안 되서 창고가 바닥이 났다. 그리하여 대중은 갈팡질팡하고 대혜 선사도 어쩔 줄 몰라 했다. 이에 굉지 선사가 쌓아 두었던 물건을 모조리 꺼내서 도와주니 모든 대중이 구제를 받았다. 대혜 선사는 굉지 선사를 찾아가 "고불(古佛)이 아니면 어떻게 이와 같은 역량이 있겠습니까?" 하며 감사하였다.

하루는 대혜 선사가 굉지 선사의 손을 잡고 말하였다.

"우리 둘 다 늙었습니다. 스님이 부르면 내가 대답하고 내가 부르면 스님이 대답하다가 하루아침 먼저 갑자기 죽는 사람이 있게 되면 남아 있는 사람이 장례를 처러 주도록 합시다."

그 이듬해 굉지 선사가 입적하니 대혜 선사가 마침내 상을 주관하여 그 약속을 어기지 않았다.

- 『설창잡기(雪窓雜記)』

46

관음보살의 응화

마조(馬祖) 선사

남악회양(南嶽懷讓, 677~744) 스님이 육조(638~713)를 찾아뵈었을 때 육조가 반야다라(般若多羅)의 예언을 소개하면서, 회양의 한 가닥 불법이 그대 곁에서 떠나면 이 다음에 망아지 한 마리가 나와서 천하 사람들을 밟아 버릴 것이라고 하였다.[1] 마조도일(馬祖道一, 709~788) 선사가 바로 그 사람이다.

마조 선사가 84명의 선지식을 배출하였으므로 세상 사람들이 그를 관음보살의 응화라고 하였으며 그가 주지하는 절은 모두 왕이나 대신들이 바친 것이었다.

그곳에 20년 동안 원주를 맡아 오던 사람이 있었는데 절 살림을 관리하면서 문서를 남기지 않았다. 그런데 하루는 관리가 조사를 하는 통에 옥에 갇히게 되었다. 그래서 그는 '우리 스님은 범부인지 성인인지 모르겠다. 20년간 그를 도왔는데 오늘날 이렇게 고통스러운 과보를 받게 되었다'고 생각하였다.

마조 선사는 절 안에서 그 일을 알고 시자에게 향을 사르게 한 다음 단정히 정(定)에 들었다. 그러자 원주는 옥중에서 홀연히 마음이 열려 20년 동안 써 온 돈과 물건을 한꺼번에 기억할 수 있게 되었다. 그리하여 서기에게 명하여 입으로 말하는 것을 받아 적게 하니 계산이 틀림없었다.

- 『통명집(通明集)』

주 :

1　『육조단경(六祖壇經)』에는 육조(638~713) 스님이 제자 남악회양(南嶽懷讓, 677~744) 스님에게 한 예언이 전한다. "인도 반야다라(般若多羅) 삼장이 '그대(회양)의 제자 중에 망아지 하나가 나와 세상 사람들을 다 밟아 죽일 것이다' 하고 예언하였으니, 그대는 속으로 유념해 두고 성급하게 발설하지 말라."(T48-357b)

47

황룡조심(黃龍祖心) 선사의 행적

황룡조심(黃龍祖心, 1025~1100) 선사는 남웅(南雄) 사람이다. 유생으로 이름을 날렸는데, 열아홉 살에 눈이 멀어 부모가 출가를 허락하자 홀연히 다시 보게 되었다. 행각하면서 황룡혜남(黃龍慧南, 1002~1069) 선사를 찾아뵈었는데 비록 이 일을 깊이 믿기는 하였으나 깨닫지는 못했다. 그리하여 하직을 하고 운봉문열(雲峰文悅, 997~1062) 선사의 회하에 갔는데 운봉 선사가 세상을 떠나자 석상초원(石霜楚圓, 986~1040) 선사에게 가서 머물렀다.

『전등록(傳燈錄)』을 보다가 한 스님이 다복(多福) 선사에게 묻는 것을 읽었다.

"무엇이 다복의 한 줄기 대[竹]입니까?"

"한두 줄기는 비스듬하다."

"잘 모르겠습니다."

"서너 줄기는 굽었다."

선사는 이 대목에서 문득 두 분 선사의 면목을 보게 되었다.

그 길로 혜남 선사에게 돌아와 제자의 예를 올리고는 좌구를 펴고 앉자 혜남 선사가 "그대는 내 방에 들어왔다."라고 하였다. 선사도 역시 뛸 듯이 기뻐하면서 응수하였다.

"큰일이란 본래 이런 것인데 스님께서는 무엇 때문에 사람들에게 화두를 들게 하십니까?"

"만일 네가 깊이 참구해서 마음 쓸 곳 없는 경지까지 가게 하고, 거기서 스스로 보고 스스로 긍정하도록 하지 못했다면 그것은 너를 매몰시키는 것이다."

마침 혜남 선사가 입적하자 스님들과 신도들이 선사에게 그 뒤를 이어 달라고 청하였고, 사방에서 귀의하여 혜남 선사가 있을 때 못지않았다. 그러나 선사는 진솔함을 숭상해서 일하는 것을 즐기지 않았으므로 다섯 번이나 그만두겠다고 해서 마침내 주지를 그만두게 되었다.

얼마 안 되서 사사직(謝師直)이 담주(潭州) 태수가 되어 대위산(大潙山)에 주지 자리가 비었다고 선사를 초청하였다. 선사가 세 번이나 사양하자 또 강서(江西)의 전운사(轉運使)인 팽기자(彭器資)에게 부탁해서 장사사(長沙寺)를 마다하는 이유를 알려달라고 청하니 선사가 말하였다.

"마조(馬祖, 709~788)나 백장(百丈, 720~814) 스님 전에는 주지란 것이 없었고, 도인들은 서로 고요하고 한가한 곳을 찾아다녔을 뿐이다. 그 후에도 비록 주지란 제도가 있었으나 왕처럼 존경을 받아 인간과 하늘의 스승이 되었다. 그러나 지금은 그렇지 않아서 이름을 관가에 걸어 놓고 바로 심부름꾼을 보내오라 가라 하니 이 어찌 다시 할 짓이겠는가."

팽기자가 그대로 전하자 사사직은 다시 편지를 보내 "한 번 만나 보고자 할 뿐 감히 주지 일로 서로를 궁색하게 하려는 것은 아닙니다."라고 하였다.

선사는 사방의 공경대부와 사귀는 데 있어서 뜻이 맞으면 천 리라도 가지만 뜻이 맞지 않으면 수십 리밖에 안 되는 곳도 가지 않았다. 선사는 불전(佛典)뿐 아니라 다른 책들을 가지고도 자세히 따져 가면서 법문하여, 저마다 공부해 온 것을 바탕으로 욕심을 극복하고 스스로 보게 하였다. 그리하여 깨닫게 되면 같은 길로 돌아오게 하고, 돌아오면 가르칠 것이 없었다. 이 일로 제방에서는 다른 책과 불전을 뒤섞어서는 안 된다고 비난하니 선사가 말하였다.

"견성을 못하면 불조의 비밀한 말씀도 모조리 바깥 책이 되고, 견성을 하면 마구니 설이나 여우 선[狐禪]도 불조의 비밀한 말씀이 된다."

이런 까닭에 40년 동안 그의 도풍을 듣고 깨달은 사대부가 많다. 황정견(黃庭堅, 1045~1105)은 오래 전부터 수기를 받은 일로 큰 법을 맡아볼 만한 사람이었으나 안목이 아직 완전하지 않았다. 그는 선사의 탑을 찾아와 보고서는 크게 우러러보는 마음으로 깊은 탄식을 하였다. 그리고는 마침내 단단한 옥돌에 글을 새겨 선사가 남기신 아름다운 자취를 공경히 송하였다.

— 『탑명(塔銘)』

48

구양수(歐陽修)가 만난 노승

문충공(文忠公) 구양수(歐陽修, 1007~1072)가 숭산(嵩山)에 갔을 때였다. 마음 닿는 대로 가다가 어느 옛 절에 이르니 경치가 쓸쓸한데 한 노승이 태연히 경을 읽고 있었다. 공이 말을 걸어도 별로 돌아보지도 않았다. 공이 물었다.

"옛 고승들은 생사의 갈림길에서도 대개가 담소하면서 입적하셨는데 무슨 도리로 그렇게 되었습니까?"

그 스님이 대답하였다.

"정혜(定慧)의 힘으로 그렇게 된 것입니다."

"어째서 지금은 그런 인물이 없습니까?"

"옛사람은 생각생각이 정(定)에 있었으니 임종이라 해서 흩어질[散] 리가 있었겠습니까. 지금 사람은 생각생각이 산란함[散]에 있으니 임종에 어떻게 정(定)을 얻을 리가 있겠습니까."

문충공은 이 말을 듣고 탄복하였다.

- 『임간록(林間錄)』

49

경계하는 글

북봉종인(北峰宗印) 선사

북봉종인(北峰宗印, 1149~1214) 선사는 잠자는 것을 경계하는 글을 지었다.

"불법은 멸해 가는데 허깨비 같은 몸뚱이를 기르는구나. 그러나 이 냄새나는 몸은 끝내 재가 되고 흙이 되니, 조금이라도 불법을 세우려다가 죽는다면 정말로 대장부가 아니겠는가."

또 말하였다.

"다른 사람보다 말을 잘한다고 해서 일을 잘하는 것은 아니니 행동이 다른 사람보다 나아야 한다. 만일 자기 자신에게 한 점 쓸모도 없다면 비록 천만 가지 경론을 외운다 해도 마치 아난존자와 같을 것이니 무엇이 귀하겠는가."

또 말하였다.

"한번은 식견 있는 사람과 불교 집안을 일으키고 빛나게 하려면 주지가 어찌해야 되는지에 대해 이야기하였는데 그는 이렇게 말하였다. '부지런히 예불 올리고 재물을 결백하게 쓰며 대중을 위해 일하면 그뿐입니다.' 나는 이 말이 극진한 도리라고 생각하며 매우 기뻐한다. 만약 식견 없는 사람과 이야기했다면 땀을 흘리며 세상을 좇아가야 한다고 했을 것이니 그것은 납승 본분의 체통을 잃는 일이다."

— 『자행록(自行錄)』

50

묘총(妙總) 비구니의 행적

　자수사(資壽寺) 묘총(妙總, 1095~1170, 임제종 대혜파) 선사는 소씨(蘇氏)이며 원우(元祐) 연간(1086~1093)에 승상을 지낸 분의 손녀다. 열다섯 살 때 선(禪)이 무슨 뜻인지는 전혀 몰랐으나, 사람이 세상을 사는 데 생은 어디서 오며 죽으면 어디로 가는가에 대해 유독 의심을 냈다. 그 생각만 하다가 홀연히 느낀 바 있었으나 스스로 별것 아니라 여기고, 사람이면 다 그런 줄 알고서 아무에게도 말하지 않았다. 부모의 명을 순종하여 서서(西徐)의 허수원(許壽源)에게 시집갔는데 얼마 안 되서 세상살이가 매우 싫어졌다. 재계하고 몸가짐을 깨끗이 함으로써 자족했으며, 나아가 세속 바깥에 높이 노닐고자 하였다. 뜻을 세워 옛사람을 흠모하고 마침내 천엄사(薦嚴寺)의 원(圓) 선사를 찾아뵈니 원 선사가 물었다.

　"규중의 숙녀가 어떻게 대장부의 일에 끼겠는가?"
　"불법에서 남녀 등의 모습을 나눕니까?"

원 선사가 따져 물었다.

"무엇이 부처입니까 하니 마음이 부처라고 하였는데, 그대는 어떻게 하겠는가?"

"오래 전부터 스님의 이름을 들어 왔는데 겨우 이런 말씀을 하십니까?"

"덕산(德山, 782~865) 스님의 문하에 들어간다면 몽둥이를 맞겠구나."

"스님께서 만일 그러한 법령을 시행한다면 인천의 공양을 헛받는 것은 아니겠습니다."

"아직 멀었다."

이에 묘총이 손으로 향로 탁자를 한 번 때리니 원 선사가 "향로 탁자가 있으니 마음대로 치겠다만, 없었으면 어찌하였겠나?" 하고 물었다.

묘총이 밖으로 나가 버리자 원 선사가 부르면서 말하였다.

"그대는 무슨 도리를 보았기에 이러는가?"

"밝고 밝게 보니 한 물건도 없습니다[了了見無一物(요요견무일물)]."[1]

"그 말은 영가(永嘉, 665~713) 스님의 말이다."

"남의 말을 빌려서 내 기분을 나타낸들 무엇이 안 될 것이 있습니까?"

"진짜 사자새끼로구나."

당시 진헐청료(眞歇淸了, 1088~1151) 선사가 의흥(宜興)에 암자를 짓고 살고 있었는데 묘총 선사가 그곳을 찾아갔다. 진헐 선사는 선상에 단정히 앉아 있다가 묘총이 문으로 들어서자 물었다.

"범부인가, 성인인가?"

"이마에 눈은 무엇 때문에 달려 있습니까?"

"직접 대면해서 자기 경계를 드러내 보이면 어떻겠는가?"

묘총이 좌구를 집어 들자 진헐 선사가 말하였다.

"이건 묻지 말라."

"틀렸습니다."

진헐 선사가 대뜸 할(喝)을 하자 묘총도 할을 하였다.

묘총은 강절(江浙) 지방의 큰스님들을 거의 다 찾아뵙고 법을 묻다가 허수원(許壽源)이 가화(嘉禾) 태수로 발령이 나서 따라가게 되었는데, 오직 묘희(妙喜, 1089~1163, 대혜) 선사를 만나 뵙지 못한 것이 마음에 걸렸다. 그때 마침 묘희 선사가 풍제천(馮濟川, ?~1153)과 함께 배를 몰고 가화성에 도착하니 묘총이 소식을 듣고 찾아가 절하고 존경을 표하였다. 인사만 했을 뿐인데 묘희 선사는 풍제천에게 이렇게 말하였다.

"지금 온 도인은 천신도 보고 귀신도 보고 온 사람인데 단지 대장간의 풀무로 담금질을 받지 못했을 뿐입니다. 마치 만 섬을 실은 배가 물을 건널 때 아직 움직이지 않았을 뿐인 것과 같습니다."

풍제천이 껄껄 웃으면서 "무슨 말을 그렇게 쉽게 하십니까?" 하자 대혜스님이 말하였다.

"그 사람이 고개를 돌리기만 한다면 분명 다른 점이 있을 것입니다."

이튿날 허수원이 묘희 선사에게 설법을 명하니 묘희 선사가 대중을 돌아보며 말하였다.

"지금 이 가운데는 어떤 경계를 본 사람이 있다. 이 산승은 사람을 간파할 때 마치 관문을 맡아보는 관리와 같아서 누가 오는 것을 보자마자 세금을 가져왔는지 안 가져왔는지 알아차린다."

그리고는 법좌에서 내려오자 묘총이 마침내 법호를 지어 달라고 하여 묘희 선사는 '무착(無著)'이라는 이름을 지어 주었다. 다음 해에 경산(徑山, 대혜)의 법석이 성하다는 말을 듣고 그곳으로 가서 하안거를 보냈는데 하루 저녁은 좌선을 하다가 홀연히 깨닫고 송을 지었다.

갑자기 본래면목에 부딪히니
온갖 재주가 얼음 녹듯, 기왓장 무너지듯 했네
달마는 하필 서쪽에서 와 가지고
2조의 헛된 삼배를 받았는가
여기에 이걸까 저걸까 물어본다면
좀도둑 한 떼거리가 대패했다 하리라.

묘희 선사가 그 송을 다시 읊어 보고서 말하였다.

그대는 이미 산 조사의 뜻을 깨달았으니

단칼에 두 쪽 내듯 당장에 알아 버렸다

기연에 임해서는 하나하나 천진(天眞)에 맡겨라

세간 출세간에 남고 모자람 없도다

내가 이 게를 지어 증명하니

사성육범이 모두 놀라는구나

놀랄 것 없다

파란 눈 오랑캐는 아직 깨닫지 못했느니라.

그리하여 묘총이 입실(入室)하였는데 대혜 선사가 물었다.

"지금 온 이 스님은 오직 그대만을 상대하는데 한 번 말해 보아라. 노승이 무엇 때문에 그를 인정하지 않았겠느냐?"

"어찌 저를 의심하십니까?"

대혜 선사가 죽비를 들고 말하였다.

"그대는 이것을 무엇이라 부르겠느냐?"

"아이고! 아이고!"

대혜 선사가 갑자기 때리자 묘총이 말하였다.

"스님은 뒷날 사람을 잘못 때렸다 할 때가 있을 것입니다."

"때렸으면 그만이지 잘못이고 아니고가 무슨 상관인가?"

"이 법을 펴는 데 전념하겠습니다."

하루는 묘총이 인사를 하고 집으로 돌아가려 하는데 묘희 선사가 물었다.

"그대가 산을 내려가다가 누가 이곳의 법도를 물어보면 어떻게 대답하겠느냐?"

"경산에 아직 가 보지 않았다면 의심해도 괜찮다고 하겠습니다."

"경산에 와 본 다음에는 어떤가?"

"이른 봄은 아직도 춥더라고 말하지요."

"그렇게 대답한다면 나를 얕보는 것이 아닌가?"

묘총은 귀를 막고 떠나 버렸다. 이로 말미암아 모든 대중이 그를 칭찬하여 세상에 무착이란 이름이 유명해졌다. 그는 오랫동안 숨어살다가 마침내 승복을 입었다.

묘총 선사는 나이와 덕망이 높았으나 몹시 엄하게 계율을 지켰고 고행과 절도로 스스로를 격려하여 옛 고승의 면모가 있었다. 태수 장안국(張安國)이 선사의 도와 덕망을 높이 사서 자수사(資壽寺) 주지를 맡아 세상에 나가도록 명했는데, 얼마 되지 않아 주지를 그만두고 노년을 집에 돌아가서 보냈다.

— 『투기전(投機傳)』

주:

1   『영가증도가(永嘉證道歌)』(T48-396c).

51

왕안석(王安石)의 해박한 불교지식

서왕(舒王) 왕안석(王安石, 1021~1086)이 불혜법천(佛慧法泉, 운문종) 선사에게 물었다.

"선가에서 말하는 세존의 염화시중은 어느 경에 나오는 말씀입니까?"

"대장경에는 실려 있지 않습니다."

그러자 왕이 말하였다.

"내가 얼마 전 한림원(翰林院)에 있을 때 우연히 『대범왕문불결의경(大梵王問佛決疑經)』 3권을 발견하여 읽어보니, 그 경에 매우 상세하게 이 말이 실려 있었습니다. 범왕이 영산회상에 이르러 부처님께 금색 연꽃을 바치고 몸을 던져 좌석을 만들고는 중생을 위해 설법해 달라고 청하였습니다. 세존께서 자리에 오르사 꽃을 들어 대중에게 보이시니 인간 천상의 백만 중생이 어찌할 바를 모르는데 가섭존자만이 빙그레 웃었습니다. 그러자 세존께서 '나에게 정법안장(正法眼藏)과 열반묘심(涅槃妙心)이 있는데 이것을 마하가섭에게 나누어 맡기도다' 하셨습니다."

법천스님은 그의 해박한 연구에 탄복하였다.

— 『매계집(梅溪集)』

52

『종경록(宗鏡錄)』

영명연수(永明延壽) 선사

영명연수(永明延壽, 905~976, 법안종) 선사의 조상은 단양(丹陽) 사람이다. 그의 아버지가 전란에 휘말려서 오월(吳越)에 귀순하여 선봉이 되었다가 마침내 전당(錢塘)에 살게 되었다. 선사는 태어날 때부터 특별한 재능이 있었다. 돌이 되었을 때 부모가 말다툼을 하여 사람들이 말려도 듣지 않자, 선사가 높은 책상에서 바닥으로 몸을 던지니 양친이 놀라서 안고 울며 말다툼을 그만두었다.

커서는 유생이 되었는데 34세에 용책사(龍册寺)로 가서 출가하고 구족계를 받았다. 그 후 고행하면서 스스로를 채찍질하고 하루 한 끼 먹으면서 아침에는 대중들에게 공양하고 저녁이면 선을 익혔다. 이어 태주(台州) 천주봉(天柱峰)에 가서 90일 동안 선정을 익혔는데 종달새가 옷에다가 둥지를 쳤다.

천태덕소(天台德韶, 891~972) 국사를 뵈오니, 국사는 한 번에 그가 큰 그릇임을 알았다. 그리하여 가만히 깊은 종지를 전해 주고는 이렇게 말하였다.

"그대는 원(元) 선사와 인연이 있으니 뒷날 불사를 크게 일으킬 것이다."

처음에는 명주(明州) 자성사(資聖寺)에 주지하다가 건륭(建隆) 원년(960)에 오월(吳越) 충의왕(忠懿王)의 청으로 영은(靈隱)의 새로 지은 절에 머무니 그 절의 첫 번째 주지가 되었다. 다음 해에 청을 받아 영명사(永明寺) 도량에 주지하니 대중이 2천 명이나 되었다. 그들은 모두 두타행을 잘 닦아 승려가 되려는 사람들이었는데 선사는 왕에게 아뢰어 도첩을 받게 하고 삭발하고 먹물 옷을 입혀 주었다.

한 스님이 물었다.

"무엇이 영명의 종지입니까?"

"영명의 종지를 알고 싶은가. 서호(西湖)의 물이니, 해가 뜨면 빛이 나고 바람이 불면 물결이 인다."

또 한 스님이 물었다.

"제가 오랫동안 영명 도량에 있었으나 어찌하여 영명의 가풍을 알지 못합니까?"

"알지 못하는 곳을 알아라."

"알지 못하는 곳을 어떻게 알 수 있습니까?"

"소의 뱃속에서 코끼리 새끼가 태어나고 푸른 바다에 티끌 먼지가 일어난다."

개보(開寶) 7년(974)에 주지를 그만두고 화정봉(華頂峰)으로 돌아가면서 송을 지었다.

> 목마르면 물 반 국자 떠 마시고
> 배고프면 솔잎 한 입 따먹으며
> 가슴속에는 한 가지 일도 없어
> 높이 백운봉에 누웠노라.

우연히 『화엄경』을 읽다가 "만일 보살이 큰 원력을 내지 않으면 그것은 보살의 마장[魔事]이다." 한 대목에서 마침내 『대승비지원문(大乘悲智願文)』을 지어 미혹한 뭇 중생들을 대신해서 날마다 한 번씩 발원하였다.

국청사(國淸寺)에서 참회법을 닦고 있을 때, 밤중에 절을 돌아보다가 보현보살상 앞에 공양한 연꽃이 홀연히 자기 손에 있는 것을 보고 이때부터 일생 동안 꽃을 뿌리는 공양을 하였다. 또 관음보살이 감로수를 입에 부어 주는 감응을 받고 설법하는 재주[大辯才]를 얻게 되어 『종경록(宗鏡錄)』 100권을 저술하였다.

적음(寂音, 1071~1128, 혜홍각범)이 이에 대해 말하였다.

"내가 이 책을 깊이 읽어보니 방등부 계통의 경전을 누비며 넘나든 것이 60종이었으며, 중국과 외국 성현의 말씀을 관통해서 논한 것이 3백 가(家)였다. 천태종(天台宗)과 화엄종(華嚴宗)의 핵심을 알았고 유식(唯識)을 깊이 있게 논하였으며, 세 종파의 다른 이치를 대략 분석하여 하나의 근원으로 귀결시키려 하였다. 그러므로 의문이 마구 생기면 깊은 뜻을 낚고 먼 뜻을 길렀으며, 어두운 점을 쪼개고 파헤칠 때는 치우치고 삿된 견해를 쓸어버렸다. 그의 문장은 아름답고 자유분방하다. 그러므로 이 글은 자기 마음을 활짝 깨우쳐 성불하는 으뜸이며 달마가 서쪽에서 온, 전할 수 없는 바로 그 뜻을 분명히 알려준다."

선사가 입적하고 나서도 총림에서는 이름을 모르는 사람이 많았는데 희령(熙寧) 연간(1068~1077)에 영지원조(靈芝元照, 1048~1116) 선사가 비로소 이 책을 들고 나와 널리 대중에게 알렸다.

"예전에 이 보살께서는 스승 없이 터득하는 지혜[無師智]와 저절로 터득하는 지혜[自然智]를 숨기고 오로지 보통지혜만을 써서 모든 종파의 강사들에게 서로 질문공세를 펴도록 명하였다. 그리고 자신은 심종(心宗)의 저울대를 가지고 그들의 이치를 고르게 달았으니 그 정묘한 극치는 가히 마음의 거울로 삼을 만하다."

이로부터 납자들이 다투어 그 책을 전하고 읽게 되었다.

원우(元祐) 연간(1086~1093)에 보각조심(寶覺祖心, 1025~1100) 선사는 그때 이미 나이가 많았으나 손에서 이 책을 놓지 못하고 이렇게 말하였다.

"나는 이 책을 늦게야 보게 된 것이 한스럽다. 평소에 보지 못했던 글과 노력으로는 미칠 수 없는 이치가 그 속에 다 모여 있다."

그리고는 그 요점만을 골라서 세 권의 책으로 만들어 『명추회요(冥樞會要)』라고 이름 지으니 세상에 널리 퍼졌다. 후세에 이 두 분 노스님이 없었다면 총림은 숭상할 바가 없었을 것이다. 오래된 학인은 날로 속스럽고 게을러져서 입을 다물고 말하지 않을 것이며 늦게 온 사람은 날로 숨이 막혀 공연히 근거 없는 말만 할 뿐일 것이니 무엇으로 이 책을 알 것이며 그 뜻을 논하고 음미할 수 있겠는가. 설사 아는 사람이 있다 하더라도 크게 마음에 두지 않고 그저 조사의 교외별전이거니 불립문자이거니라고만 생각할 것이니 어찌 문자의 속까지를 찌를 수 있겠는가. 그런 이들은 달마 이전 마명(馬鳴)과 용수(龍樹)도 역시 조사였으나 논을 쓸 때는 백 가지 경의 이치를 아울렀고, 광범위하게 보려 할 때는 용궁의 책까지도 빌려다 보았으며 달마 이후에 관음대적(觀音大寂, 709~788, 마조도일)·백장회해(百丈懷海, 720~814)·황벽희운(黃蘗希運, 751~850) 같은 분도 역시 조사였지만 모두 3장(三藏)을 치밀하게 연구하고 모든 종파를 널리 공부하였다는 사실을 전혀 생각지 못하는 것이다. 지금 그분들의 어록이 모두 남아 있어 가져다 볼 수 있는데 어찌하여 달마만을 이야기하는가.

성인의 세상이 멀어질수록 중생의 근기가 낮아져 뜻과 생각이 치우치고 짧다. 도를 배우는 일이 간단한 것이라고는 하나 그 일을 하는 사람이 앉아서 이루려 한다면 그것은 마치 농부가 밭 갈고 김매는 일은 게을리하면서 침을 흘리며 밥 먹는 것만 쳐다보는 것과 같으니 웃을 일이다.

영명 선사는 늘 이렇게 발원하였다.

"널리 발원하옵니다. 시방 모든 학인과 뒤에 오는 현인들이 도는 부자가 되고 몸은 가난하며, 정(情)은 성글고 지혜는 빈틈없게 되어지이다. 그리하여 불조의 마음 종지를 펼치고 인간과 천상의 안목을 활짝 열게 하여지이다."

-『실록(實錄)』 등

○
고애원오 스님의
고애만록
●

해제

『고애만록(枯崖漫錄)』은 남송(南宋) 임제종 양기파 선승(禪僧)들의 삶을 기록한 책이다. 저자인 고애원오(枯崖圓悟) 스님은 복주(福州) 복청(福淸) 사람으로 대혜종고(大慧宗杲, 1089~1163)·불조덕광(佛照德光, 1121~1203)·절옹여염(浙翁如琰, 1151~1225)·언계광문(偃溪廣聞, 1189~1263)으로 내려오는 양기파의 한 맥을 잇는 인물이다. 스님은 원래 유학을 익히다가 발심 출가하였고, 경산사(徑山寺)에서 서기 소임을 본 일이 있으며, 가정(嘉定, 1208~1224) 연간에는 보령사(保寧寺)에 머물다가 1263년 경산사로 돌아와 이 책을 썼다.

북산소륭(北山紹隆) 스님의 서(序)에 의하면, 고애원오 스님은 석계심월(石溪心月, ?~1254) 스님의 유지를 받들어 1263년에 이 책을 탈고했고, 그 후 스승 언계광문(偃溪廣聞, 1189~1263) 스님의 감수를 거쳐, 약 10년 후인 1272년 북산소륭 스님과 진숙진(陳叔震)의 서문을 붙여 상중하 3권으로 간행하였다. 고애원오 스님은 오등(五

燈) 어록(語錄)에 수록되지 못한 것을 모아 펴낸다고 하면서 겸손하게 붓 가는 대로 적었다고 '만록(漫錄)'이라는 이름을 붙이고 있으나 이 책은 완성되자마자 스승과 주위 사람들로부터 전등사서(傳燈史書)로서 대단한 평가를 받았다.

선승들의 수행이나 법문을 기록하는 전등사서와 어록의 편찬은 송대(宋代) 불교사(佛敎史)의 가장 큰 특징으로 꼽히고 있는데, 이 사서(史書)의 중심인물인 임제종 양기파 선승들은 남송(南宋) 불교에서 커다란 위치를 점한다.

알려진 대로 여진족이 세운 금나라의 핍박을 받아오던 12세기 초 한족(漢族)은 1127년 소위 '정강(靖康)의 변(變)'을 계기로 북송 시대를 마감하고 남경(南京)으로 천도하여 남송 시대를 열었다. 북송 때부터 정부 상층부의 귀의를 얻고 있던 불교계는 이를 계기로 강남(江南) 지역을 중심으로 새로운 발전을 보이는데, 이때의 중심 인물이 바로 대혜종고(大慧宗杲, 1089~1163) 스님이다. 대혜스님은 금(金)이 송(宋)을 침범하였을 때, 사람들의 의견이 주화(主和)와 주전(主戰)으로 갈리자 유배당하면서까지 주전파의 입장에 서서 한족의 자존심을 지키려 했던 인물이다. 이 밑으로 많은 선승들이 배출되었는데, 고애스님은 12세기 중반에서 13세기 중반을 살면서 자신이 보고 들었던 선배들, 즉 대혜스님의 제자들과 양기파의 또 다른 맥인 호구소륭(虎丘紹隆, 1076~1136) 스님 제자들의 올곧은 삶을 주로 다루고 있다.

이 책 중 가장 많은 부분을 차지하는 내용은 화두참선에 관한 이야기로서 당시의 선풍을 짐작하게 해준다. 또한 부처님오신날과 열반절 등 불교기념일이나 동지, 개로일(開爐日, 화로 피는 날), 안거 결제 해제일, 개당법회 등 선법회가 상당히 성행했고, 이런 법회에서 옛 기연에 대해 묻고 대답하며 염(拈)하거나 송(頌)하는 등 선법(禪法)을 거량하는 격식이 정형화되고 있음을 잘 보여준다.

고애원오 스님은 이 책에서 불교의 제일의제(第一義諦)인 생사 문제를 끊임없이 확인하는 한편, 수행이나 대중 살림, 학인 지도, 큰스님 시봉 등을 잘한 것은 잘한 대로 못한 것은 못한 대로 드러내고 비판하면서 사건이나 인물에 짤막한 평을 붙임으로써 선승(禪僧)이자 사가(史家)로서의 안목을 발휘하고 있다.

임제의 후손이라는 뚜렷한 법맥 의식을 가지고 화두선이라는 일관된 주제를 통해 선불교계의 이야기와 인물을 정리했다는 점에서 이 책은 남송대(南宋代) 선풍을 짐작하게 하는 저술로서의 가치를 평가받을 만하다 하겠다.

서(序) 1

석계심월(石谿心月, ?~1254) 스님과 언계광문(偃谿廣聞, 1189~1263) 스님은 중생을 사랑하고 불법을 숭상하여 단평(端評, 1234~1236)과 가희(嘉熙, 1237~1240) 연간에 어느 스님들보다도 훌륭한 분이었다. 노년에는 영은사(靈隱寺)¹와 경산사(徑山寺)²에 머물면서 나와 더욱 친밀한 사이가 되었는데, 글을 짓고 도를 논하는 데에 한마디도 거리끼는 일이 없었다. 이에 고애(枯崖, 언계 스님의 제자) 스님과 중간(仲簡) 스님을 두 어른 스님(석계심월과 언계광문)에게 말씀드려 훗날 경산사 사중의 기록을 맡긴 적이 있었는데, 중간스님은 풍부한 문장력을 지녔으나 애석하게도 요절하였고, 고애스님은 어려운 생활 속에서 분발하여 정종(正宗)에 대해 들은 것이 있었다.

내가 머무는 갈석암(碣石嵓)³의 길 양편에 옥잠화가 피는 날이면 스산한 가을바람이 불어온다. 어떤 이는 "스님께서는 꽃만 바라보고 계시니 겨울 추위를 어떻게 겪으려는지 딱하십니다." 하고 비웃으며 제각기 갈 길을 찾아 동분서주 떠나가는데, 고애스님만은 너덜거리는 창가에 앉아 아무런 수심 없이 태연자약하였다. 언제나 이불을 싸들고 갈석암으로 나를 찾아와 함께 밤을 지새며, 달 밝은 밤이면 누각에 오르고 눈발이 멈추면 산을 바라보면서 서로의 가슴속에 정이 깊어졌다. 그 후 나는 금계(錦谿)⁴의 보자사(報慈寺)에서 연평(延平)⁵ 함청사(含淸寺)로 돌아갔었다.

간간이 전해 오는 소문에 의하면 고애스님이 옛 분들의 이야기를 모아 어록을 편집하였는데, 언계스님은 고애스님이 수집한 기연(機緣)이 모든 중생을 제도할 수 있는 것이어서 기뻐하셨다고 들었다. 후촌(後村) 거사 유극장(劉克莊, 1187~1269)⁶도 어느 때나 차 한 잔을 마시면서 스님과 다시 이야기를 해볼까 하였으며, 죽계(竹谿) 임희일(林希逸, 1193~1271)⁷은 뒷날 승보(僧寶)의 전기(傳記)에 넣어야 할 책이라고 극찬하였다고 한다.

고애스님이 남쪽으로 돌아오는 길에 이 책을 가지고 나를 찾아 왔으나 때마침 나는 광효사(光孝寺)로 떠나야 했으므로 대강 훑어 보고는 다시 헤어지고 말았다. 오늘날 고애스님은 천남(泉南)⁸ 홍복사(興福寺)의 주지가 되었는데, 기(起) 장주(藏主)가 이것을 간행한다면서 나에게 서문을 청하였다. 스님은 정안종사를 참례하였고 날카로운 기연으로 학인을 지도하였으며 고매한 인품과 기상은 탐욕에 찌든 중생을 일깨우고 나약한 이를 일으켜 세웠는데 이러한 내용을 이 책 속에서 모두 볼 수 있다.

이 일을 계기로 돌이켜보니, 석계스님이 태백산(太白山)에 한가히 머물 당시, 중선(仲宣) 부(孚) 스님·비암(非庵) 광(光) 스님·간암(艮嵓) 기(沂) 스님·승수(勝叟) 정(定) 스님 등의 옛 저술을 간행하려 했으나 주지를 맡게 되어 온갖 일에 시달리느라 한가한 겨를이 없어서 뜻을 이루지 못하셨다. 그리하여 고애스님은 당연히 그 뜻을 받들어 끊임없이 사적을 찾아 모아 『오등(五燈)』[9]의 뒤에 또 하나의 등불을 밝혀 찬란히 천하를 비췄으니 이를 어찌 『만록(漫錄)』[10]이라 하겠는가?

고애스님의 법명은 원오(圓悟)이며 복주(福州)[11] 복청(福淸) 사람이다.

함순(咸淳) 8년(1272) 2월 북산소륭(北山紹隆)이
고산(鼓山)[12] 노선암(老禪庵)에서 쓰다.

주
:

1 영은사(靈隱寺) : 절강성(浙江省) 금화시(金華市) 무성구(婺城區).
2 경산사(徑山寺) : 절강성(浙江省) 항주시(杭州市) 여항구(餘杭區).
3 갈석암(喝石嵓) : 절강성(浙江省) 항주시(杭州市) 여항구(餘杭區).
4 금계(錦谿) : 절강성(浙江省) 항주시(杭州市) 순안현(淳安縣).
5 연평(延平) : 복건성(福建省) 남평시(南平市) 연평구(延平區).

6   유극장(劉克莊, 1187~1269) : 남송(南宋)의 시사가(詩詞家). 자(字)는 잠부(潛夫), 호는 후촌(後村) 거사이다. 여러 가지 벼슬을 거쳐 공부상서겸시독(工部尙書兼侍讀)에 이르렀다. 강호시파(江湖詩派)의 한 사람으로 처음에는 사령시파(四靈詩派)의 영향을 많이 받아 시구(詩句)의 조탁(雕琢)을 비교적 중시하였으나, 나중에는 사령시파와 강서시파의 극단적인 태도에서 벗어나 육유(陸游, 1125~1210)를 추앙하여 현실주의의 노선을 걸었다. 작품은 대부분 중원 회복에 대한 갈망과 남송(南宋) 집권자들의 안일한 태도에 대한 분노를 토로한 것이 많다. 『후촌별조(後村別調)』와 『후촌선생대전집(後村先生大全集)』이 있다.

7   임희일(林希逸, 1193~1271) : 남송의 문인. 호는 권재(鬳齋), 죽계(竹溪), 숙옹(肅翁). 1235년 진사에 올라 한림권직겸숭정전설서(翰林權直兼崇政殿說書)와 직비각(直秘閣) 등을 지내고 농소경(農少卿)을 받으며 중서사인(中書舍人)까지 올랐다. 대혜종고(大慧宗杲, 1089~1163)를 크게 존중하였다. 『권재전집(鬳齋前集)』, 『고공기해(考工記解)』, 『노장열삼자구의(老壯列三子口義)』, 『역강(易講)』 등이 전한다.

8   천남(泉南) : 복건성(福建省) 천주시(泉州市) 풍택구(豐澤區).

9   오등(五燈) : 『경덕전등록(景德傳燈錄)』, 『천성광등록(天聖廣燈錄)』, 『연등회요(聯燈會要)』, 『건중정국속등록(建中靖國續燈錄)』, 『가태보등록(嘉泰普燈錄)』의 다섯 가지 전등서를 가리킨다.

10 만록(漫錄) : 붓 가는 대로 적어 간 잡문.

11 복주(福州) : 복건성(福建省) 복주시(福州市) 창산구(倉山區).

12 고산(鼓山) : 복건성(福建省) 복주시(福州市) 고루구(鼓樓區).

서(序) 2

지난날 언계불지(偃溪佛智, 1189~1263) 스님이 영은사(靈隱寺)에 계실 때, 나는 임안(臨安)¹에 잠깐 머물면서 서로 자주 왕래하며 의기가 상통한 지 하루 이틀이 아니었으니 고애스님의 이름을 오래 전부터 알고 있었다. 하지만 얼굴을 마주쳐 본 적은 단 한 번도 없었는데, 우연히 천남(泉南)에 머문다기에 흥복사(興福寺)를 지나는 길에 만나 보니 마치 한 집 사람 같았다.

고애스님은 성품이 고요하고 담박하여 말씨가 적으며, 진실로 언계스님의 도장에서 벗어났다. 내가 떠나올 무렵에 들리는 말로는, 스님이 계해년(1263)에 경산사(徑山寺) 초막으로 돌아와 평소에 듣고 보았던 큰스님들의 깨친 기연(機緣)과 대중에게 설하신 법어와 저작, 그리고 유실되어 떨어져 나간 문집 조각과 비석문 등『오등(五燈)』에 수록되지 못한 것들을 모아 붓 가는 대로 기록하여『만록(漫錄)』이라 이름하였다고 한다. 본래는 언계스님에게 보여드릴 생각이었으나 꾸지람을 들을까봐 깊숙한 곳에 넣어 두었는데, 뜻하지 않게도 그해 여름 5월에 언계스님이 "그대가 쓴 글이 잡문이나 본뜬 것일 테니 이야깃거리나 삼을 정도로 생각했었는데, 막상 책을 펼쳐 보니 생각과는 달리 실려 있는 기연과 법어들이 모두가 중생을 도(道)로 인도하겠기에 그 옆에 비점(批點)[2]을 찍어 표시하고 그 나머지 부분을 삭제하였다."고 하시며 이를 잘 보관하도록 부탁까지 하셨다고 한다.

내가 진작에 이것을 보고 싶었으나 미처 보지 못했었는데, 어느 날 갑자기 기(起) 좌원(座元, 장주)이 원고를 가지고 나를 찾아와 이 책을 간행하는 즈음에 서문 한마디를 청하기에 서너 차례 상세히 읽어볼 수 있는 기회를 가졌다.

비록 고애스님이 보고 들은 것을 편집한 것이라 하지만, 엮어 가면서 때로는 찬(讚)을, 때로는 염(拈)을, 때로는 착어(着語)를, 그리고 사실 기록을 썼다. 하나하나의 문장들이 모두 스님의 가슴속에서 흘러나온 것이니, 어떻게 이를 모방과 표절로 엮어진 책이라 할 수 있겠는가. 이로써 고애스님이 편집한 『만록』은 모두 깊숙이 숨겨진 아름다운 옥을 내보여준 것이지 쓸모없는 돌덩이가 아니며, 불지스님의 비점은 모두 소반 위에 구르는 구슬이지 물고기 눈알[魚目][3]이 아님을 알 수 있다. 내가 여기에 허튼 말을 붙인다면 도리어 아름다운 주옥에 흠이 생길까 두려운 마음뿐이었다. 그러나 기(起) 스님의 부탁을 저버릴 수 없어 다시 사족을 붙이게 된 것이다.

아! 이 『만록』이 세상에 나오게 되었으니 양웅(揚雄, 기원전 53~기원후 18)[4]이 『태현경(太玄經)』[5]을 저술하여 세상 사람들의 비웃음을 샀다 하지만 양웅이 후세에 또다시 태어난다면 반드시 나의 『태현경』을 버리지 않으리라는 고사가 있듯이, 이 『만록』 또한 그렇게 될 것이다.

함순(咸淳) 임신(壬申, 1272) 여름
청장(清漳)[6] 신암(信庵)의 진숙진(陳叔震)은 서문을 쓰다.

주:

1 임안(臨安) : 절강성(浙江省) 항주시(杭州市) 하성구(下城區).
2 비점(批點) : 문장의 잘된 곳을 찍는 점.
3 물고기 눈알[魚目] : 물고기 눈알이 옥(玉)과 비슷하게 생겼다는 점에서 진실과 비슷하지만 진실이 아닌 것을 비유하는 말이다.
4 양웅(揚雄, 기원전 53~기원후 18) : 중국 전한(前漢) 말기의 사상가이자 문장가. 자(字)는 자운(子雲)이다. 경학(經學)은 물론 사장(辭章)에도 뛰어났다. 일생을 곤궁하게 지냈으나 저술에 힘썼고, 정치에는 큰 관심을 갖지 않았다. 『역학(易學)』을 모방해 『태현경(太玄經)』을 지었고, 『논어(論語)』를 모방하여 『법언(法言)』을 지었다.
5 『태현경(太玄經)』 : 양웅(揚雄, 기원전 53~기원후 18)이 지은 술수서(術數書). 『주역(周易)』을 모방하여 우주 만물의 근원을 논하는데, 『주역』의 음양이원론(陰陽二元論) 대신 시중종(始中終)의 삼원(三元)으로 설명하고 여기에 역법(曆法)을 가미하였다.
6 청장(清漳) : 하북성(河北省) 감단시(邯鄲市) 광평현(廣平縣).

발문(跋文)

　이 문집에 수록된 스님들은 모두 근세의 선지식들이다. 그중 만암치유(萬菴致柔) 스님이나 (제자이신) 쌍삼중원(雙杉中元) 스님 같은 분은 모두 나와 방외(方外)의 교분을 나누는 사이이며, 조당조현(篠塘祖賢) 스님이나 벽지입견(辟支立堅) 스님은 내가 묘비명을 쓰기도 했던 분들이다.

　원오(圓悟) 스님은 유학을 버리고 불문에 귀의한 분으로서 선배를 공경하는 마음이 이와 같으니 앞으로의 발전은 헤아릴 수 없다. 책에서 거론한 금화사(金華寺) 원(元) 수좌(首座)는 앞뒤 화두에 대해서는 이미 안목을 갖추었다.[1] 대혜(大慧, 1089~1163) 스님이 말씀하시는 '뒤집어진 선[顚倒禪]'이 바로 이런 병을 말한다. 원오스님이 이런 점을 밝혀내셨으니 후일 이 문집에 수록된 여러 노스님들과 함께 승보(僧寶)의 전기(傳記)에 들어갈 것이다.

죽계(竹溪)의 권재(鬳齋) 임희일(林希逸, 1193~1271)이 쓰다.

경정(景定) 4년(1263) 여름 4월.

주
:
1   금화사(金華寺)의 원(元) 수좌에게 어느 스님이 "무엇이 부처입니까?" 하고 묻자 "마음이 부처다."라고 답하고 다시 "무엇이 도입니까?" 하고 묻자 "평상심(平常心)이 도이다."라고 답하였으며 다시 "달마스님께서 서쪽에서 오신 뜻은 무엇입니까?" 하고 묻자 "조주(趙州) 스님께서 일렀느니라."라고 하였다. 이에 이 말을 들은 사람이 모두 웃었다. 그 후에 어떤 스님이 "무엇이 부처입니까?" 하고 묻자 "남두성은 일곱이고 북두성은 여덟이다."라고 답하고 다시 "무엇이 도입니까?" 하고 묻자 "센 불로 삼씨 기름을 달이는 것이다."라고 답하였으며 다시 "달마 조사께서 서쪽에서 오신 뜻은 무엇입니까?" 하고 묻자 "거북이 등에 터럭이 몇 발이나 되는구나."라고 답하였다. 이에 이 말을 전해 들은 사람들이 모두 기뻐하였다. 이에 대해 고애원오 스님은 "이런 식으로 답변을 시험해 보려는 것은 자신의 마음을 매몰시킬 뿐 아니라 선배의 가르침을 저버리는 일이다."라고 평가하였다.『고애만록(枯崖漫錄)』권상(X87-29a).

01

산새 울음소리를 듣고

자혜조파(慈慧祖派)

　자혜조파(慈慧祖派) 선사는 온릉(溫陵)[1] 장씨(張氏) 자손이다. 개원(開元) 나한사(羅漢寺)에서 삭발하고 관서(關西)의 극문(克文, 1025~1102)[2] 스님의 법제자인 종대(宗岱) 여(餘) 스님을 찾아가니 운문문언(雲門文偃, 864~949) 스님의 이야기를 들려주었다.

　"한 스님이 운문스님을 찾아가 '무엇이 올바른 법안[正法眼]입니까?' 하고 묻자 '넓다[普]'고 답하셨다.[3]

　또 어떤 스님이 '무엇이 올바른 법안입니까?' 하고 묻자 '눈이 멀었다[瞎]'하고 답하셨다.[4] 그대는 이를 어떻게 이해하는가?"

　이 말에 조파스님은 몸 둘 바를 몰랐다. 그 후 골똘히 사색에 잠겨 침식까지 잊었다. 어느 날 밤, 자정이 되도록 앉아 있다가 산새 소리를 듣고 깨달았다. 이에 동이 트자마자 인가를 받으려고 종대스님을 찾아가 문에 들어서면서 고함을 질렀다.

　"스님!"

"어찌 왔는가?"

"동쪽 집의 국자 자루는 길고 서쪽 집의 국자 자루는 짧습니다."

"간밤에 미쳤는가?"

"스님이 미쳤습니까, 제가 미쳤습니까?"

종대스님이 선상(禪床)에서 내려와 멱살을 움켜잡으며 말하였다.

"무슨 도리를 보았느냐?"

"스님, 존체 만복하시옵소서."

종대스님이 멱살을 놔주며 말하였다.

"지난날 내가 이야기했던 화두를 돌려다오."

이에 조파스님은 여인의 절을 올리고 게송을 읊었다.

    올바른 법안이 무엇이냐 물으니
    '넓다[普]' '눈이 멀었다[瞎]' 대답했네
    온 누리에는 맑은 바람
    한 줄기 시냇물에는 밝은 달이어라.

지금 스님의 부도탑[香泥像]은 마을 옆 네 그루의 소나무 숲 사이에 있는데 승려와 속인 모두가 추앙해 오고 있다.

주
:

1   온릉(溫陵) : 복건성(福建省) 천주시(泉州市) 풍택구(豐澤區).
2   관서(關西)의 극문(克文, 1025~1102) : 황룡혜남(黃龍慧南, 1002~1069)의 제자들 중에 홍영소무(洪英邵武, 1012~1070)와 진정극문(眞淨克文, 1025~1102)이 서로 필적한다 하여 당시 사람들이 "소무 땅에 홍영[英邵武], 관서 땅에 극문[文關西]"이라고 불렀다. 『선림승보전(禪林僧寶傳)』 권23(X79-538a).
3   『운문광진선사광록(雲門匡眞禪師廣錄)』 권상(T47-545c).
4   『오등회원(五燈會元)』 권11(X80-230b)이나 『선종송고연주통집(禪宗頌古聯珠通集)』 권33(X65-684a) 등에서는 이 문답을 풍혈연소(風穴延沼, 896~973)의 것이라고 하였다.

02

선 공부로 노년을 마무리한 정승

황조순(黃祖舜)

장정공(莊定公) 황조순(黃祖舜, 1100~1165)[1]은 노년에 이르러서는 더욱 담박한 생활을 누리면서 선(禪)의 종지에 관심을 기울였다. 그는 『전등록』을 보고서 깨달아 게송을 지었다.

6년 동안 마음 쏟아 불경을 읽었지만
책 속에서 아리송하던 적이 그 몇 번이었던가
오늘에야 놓아버려 아무 일 없으니
이제껏 그 늙은이 변함없구나.

벼슬이 집정(執政, 정승)에 이르러 소흥(紹興, 1131~1162) 연간의 명신(名臣)이었는데도, 불도를 철저히 깨달았으므로 그보다 먼저 명성을 떨친 이는 배휴(裴休, 797~870)[2]와 이고(李翶, 772~841)[3] 정도일 것이다.

주
:

1 황조순(黃祖舜, 1100~1165) : 남송의 관리. 자(字)는 계도(繼道) 만년에는 호를 공계궁인(鞏溪宮人)이라고 하였다. 1124년 진사에 급제하여 권형부시랑(權刑部侍郎), 추밀원사(樞密院事) 겸 권참지정사(權參知政事) 등을 지냈다. 시호는 장정(莊定)이다. 『해의(解義)』, 『논어지남(論語指南)』 등이 있다.

2 배휴(裴休, 797~870) : 당나라 거사. 자는 공미(公美). 산서성 하동(河東) 문희(聞喜) 출신이어서 하동(河東) 대사(大士)라고도 부른다. 규봉종밀(圭峰宗密, 780~841)과 깊은 교유를 하였고 황벽희운(黃檗希運, 751~850)을 임지(任地)인 용흥사(龍興寺)와 개원사(開元寺)에 초빙하여 조석으로 문안하며 선법을 참구하고 공부하며 제자가 되었다. 황벽과의 문답을 실은 『전심법요(傳心法要)』가 전하고, 규봉종밀의 여러 저서에 서문을 지었다.

3 이고(李翱, 772~841) : 당나라 유학자. 자(字)는 습지(習之). 유학자인데도 불교를 받아들여 심성에 관한 새로운 해석을 시도하였다. 낭주(朗州) 칙사로 재임하던 시절에 약산유엄(藥山惟儼, 746~829)을 만나 제자가 되었다.

03

고상한 기풍 뛰어난 운치

서향(瑞香) 열(烈)

　　홍화군(興化軍)[1] 서향(瑞香) 열(烈) 암주는 홍화(興化) 사람이며, 법호는 환주수(幻住叟)이다. 어릴 때부터 뛰어났으며, 총림의 많은 스님을 찾아뵙고 등암(等庵) 스님에게 오랫동안 공부하다가 뒤에 (대혜스님의 법제자인) 동암(東庵) 불조덕광(佛照德光, 1121~1203) 스님을 만나 심요(心要)를 깨쳤다.

　　고향으로 돌아와 호구암(虎丘巖)에서 10여 년 살면서 '산거소영(山居小詠)'이라는 시를 지었는데, 그중 한 수는 다음과 같다.

> 어느 길손 찾아와 비밀한 이치 물으니
> 깊은 숲속 산새는 마냥 지저귀는구나
> 매우 분명한 이 뜻에
> 내 어이 또다시 허튼 말을 지껄이랴.

가정(嘉定, 1208~1224) 연간에 군수가 동탑사(東塔寺)로 초청하였으나 산문을 나가지 않았으며, 서향사(瑞香寺)로 옮겨 살 때 동암스님의 입적 소식에 애도를 표하고 분향한 후 말하였다.

"이제껏 풍채 펴고 강 건너에 놀더니만

어느덧 업풍(業風)이 명주(明州)² 고을에 불어왔네

거센 놈도 겨루었던 우직한 그 노인이

독수(毒手)에 걸려 재앙을 만나다니

맹호가 뛰쳐나와도 두려워하지 않고

독사가 가로막아도 겁내지 않았다네

허공이 맞부딪치니 불꽃이 튀고

총림에는 나쁜 소문만 퍼졌네

죽음 속에서 다시 살아 돌아온다는 건

냉정히 생각하니 참으로 어려운 일

근래에 듣자 하니 동암스님 곤두박질쳤다는데

아아, 태평성대 우리 도가 융성할사

향 사러 정성을 표하여

죽비 잡고 지도해 주신 빚을 갚으렵니다.

대중들이여, 불조(佛照) 화상도 이렇게 되지 않았는가. 말해 보라. 지금 이 일이 설욕인가, 보은인가?

반 푼어치도 못 되는 말이지만 그 누가 알까

좋아하는 사람과 통하는 길이 있음을."

서향(瑞香) 암주는 득도처(得道處)가 분명하고 자신의 의지를 확고히 지켜 전혀 세속 일에 관여하지 않고 물빛과 숲속에 그림자를 드리웠다. 스님의 고상한 기풍과 뛰어난 운치는 사람들의 생각이 사라지게 한다.

주
:
1   흥화군(興化軍) : 복건성(福建省) 포전시(莆田市) 여성구(荔城區).
2   명주(明州) : 절강성(浙江省) 영파시(寧波市) 해서구(海曙區).

04

밀암스님의 개당법회에서

철편윤소(鐵鞭允韶)

철편윤소(鐵鞭允韶) 선사가 밀암함걸(密庵咸傑, 1118~1186) 스님의 개당법회에서 곧장 앞으로 달려 나가 말하였다.

"이곳은 부처를 뽑는 과거장

마음을 비워 급제하고 돌아가니

오늘 서로 만난 이 자리에

대지에는 바람이 일고 번개가 친다.

자, 무엇이 서로 만난 일입니까?"

밀암스님이 아무런 대꾸를 하지 않자 다시 말하였다.

"하루 온종일 그대를 노려보는 놈이 그대 머리통을 베어가려는데 어떻게 하겠습니까?"

또다시 아무런 대답을 하지 않으니, 드디어 좌구(座具)를 집어던지면서 고함을 질렀다.

"이 원수 놈을 만났는데도 죽이지 않고 언제까지 기다려야 합니까?"

그래도 아무런 기색이 없자 물러서면서 "예, 예, 예." 하고 세 번을 말하고서 다시 말하였다.

"도적놈 우두머리 원달이마(袁達李磨)[1]를 잡아왔습니다. 명령을 내리십시오."

그제야 밀암스님은 주먹을 세워 보이면서 "명령을 받아 물구나무를 서서 곧 나가." 하였다.

밀암스님은 방장실로 들어가면서 법회를 마치고 대중에게 말하였다.

"아까 왔던 그놈이 이빨은 칼 숲 같고 입은 피 바가지 같았다. 손에 잡은 실오라기 한 가닥이 쇠채찍[鐵鞭] 같았는데 내가 한 대 얻어맞았다. 너희는 각별히 조심하여라."

이로부터 스님이 철편(鐵鞭)이라는 별명을 얻게 되었다. 6년 동안 소임을 바꾸지 않고 밀암스님을 시봉하였다.

주
:
1   원달이마(袁達李磨) : 달마(達磨) 스님 이름을 한 글자씩 떼고 '원(袁)'과 '이(李)'라는 성을 붙인 것.

05

부처님오신날 법문

만암치유(萬庵致柔)

만암치유(萬庵致柔) 선사가 대중에게 설법하였다.

"유구(有句) 무구(無句)는 마치 등덩굴이 나무에 기대 있는 것과 같다 했으니, 이는 가시나무 숲속에서 살길을 틔워 주는 말이다. 그러나 나무가 자빠지고 등덩굴이 메마르면 유구 무구는 어디로 돌아갈까.

무쇠 저울추에 좀 벌레가 구멍을 뚫으니
진흙 쟁반을 버리고 껄껄 웃는다
사람을 죽이는 칼인지 살리는 칼인지는
황금털 사자새끼라면
삼천리 밖에서도 가짜를 가려낼 것이다."

부처님오신날을 맞이하여 설법하였다.

"부처님이 태어나자마자 일곱 걸음을 걸었다는 것은 이미 사악한 길로 들어선 일이며, 사방을 돌아보았다 함은 눈뜬 자리에서 오줌을 싼 것이다. 하늘과 땅을 가리켰다 하지만 무슨 근거가 있으며, 유아독존(唯我獨尊)이라 하지만 한갓 어린애가 아닌가. 도대체 목욕은 시켜서 무얼 하겠다는 건가?"

한참을 잠자코 있다가 말을 이었다.

"산호 베갯머리에 흐르는 저 눈물은
절반은 그대 생각 절반은 그대 원망."

가을 서리를 밟으며 얼음을 알고 봄 이슬을 밟으며 무더위가 다 가옴을 알 듯, 위의 몇 마디로 스님을 알 수 있겠다.

(만암스님의 스승인) 밀암함걸(密庵咸傑, 1118~1186) 스님의 가풍은 엄하였으나 많은 학인을 맞아 지도하기도 하였다. 배를 통째로 삼킬 수 있는 큰 물고기도 그물을 빠져나갈 수 없듯이 만암치유 스님으로서도 밀암함걸 스님의 법망(法網)을 어떻게 벗어날 수 있었겠는가.

06

황룡의 골수를 얻은 자손

진원혜일(眞源慧日)

진원혜일(眞源慧日) 선사의 자(字)는 명가(明可)이며, 인품이 단정하고 준수하였다. '황룡삼관(黃龍三關)'[1]에 대하여 게송을 지었다.

내 손과 부처님의 손
똥 치우는 쓰레받기며 빗자루
집어 들자마자 떠나가니
누가 앞이며 누가 뒤인가.

내 다리 당나귀 다리
걸음걸음 밟아 나아가다가
허공을 밟았구나
마음 내키는 대로.

사람마다 태어난 인연은
지붕 틈새로 하늘을 바라보는 격
어젯밤 진흙소가 날뛰면서
금강역사를 거느리고 발광하더구나.

응암담화(應庵曇華, 1103~1163) 스님이 이 게송을 보고서, "참으로 황룡(黃龍)의 골수를 얻은 후손이다." 하며 감탄해 마지않았다.

또 죽비(竹篦)에 대해 게송을 지었다.

반년 동안 출정하여 옛 요새에 머무노니
장군의 말 한 마리 의기도 드높았지
겹겹이 쌓인 성은 무너졌는가
부질없이 관문만 지키며 꼼짝을 못하는구나.

대혜종고(大慧宗杲, 1089~1163) 스님은 이 게송을 듣고 "이 황룡(黃龍, 1002~1069) 스님의 법손이 우리 양기파(楊岐派)의 이치도 알고 있다."고 하였다.

진원(眞源) 스님이 한번은 어느 스님에게 물었다.

"부처님은 일대사인연(一大事因緣)으로 이 세상에 나타나셨는데 무엇이 일대사인연인가?"

아무 대답을 못하자 다시 비유를 들어 말하였다.

"예를 들면 조천문(朝天門)[2]의 복잡한 시장통에 밝은 구슬이 하나 떨어져 있는데 수많은 사람이 그 앞을 지나면서도 보지 못하다가 문득 어떤 이가 그것을 발견하고는 좋다고 소리치는 이치이다. 알겠는가?"

처음엔 항주(杭州)[3] 다복사(多福寺)에, 그 뒤엔 승주(昇州)[4] 홍교사(興敎寺)와 명주(明州)[5] 향산사(香山寺)에 주지하였다. 스님은 천태산(天台山) 만년사(萬年寺)의 시골뜨기 스님[村僧][6] 설소법일(雪巢法一, 1084~1158)의 법제자이니 스님이 설법한 종지는 나무와 물에 근원이 있는 것과 같다.

『설소별첩(雪巢別帖)』에 이런 기록이 있다.

"인편에 너의 서신을 받고 임안부(臨安府)[7]의 명으로 주지로 선임되어 세간으로 나가게 되었다 하니 반가웠다. 우리가 헤어진 후 새로 주지가 되었고 건강 또한 무고하다 하니 깊이 위안이 된다. 그동안 장로사(長蘆寺)로 가는 길에 한 차례 만나 보고 싶었으나 이미 절로 들어갔다는 소식을 들었고, 게다가 사람들의 말에 다복사(多福寺)는 잠신성(潛新城)의 깊은 산속에 있다 하니 마음 슬프게 멀리 바라볼 뿐이다. 내 곁에는 사람이 없으니 네가 돌아오기를 바라는 마음 간절하나 이미 부처님의 인장을 차고 나갔으니 어찌하겠는가. 두 가지 일을 완전히 하기는 어려운 것이다. 그러니 부지런히 노력하여 앞으로 나아가 도를 행하되 마음 내키는 대로 자신에게 후하고 타인에게 박하게 해서도 안 되니 부드럽고 따뜻하고 담박해야 하는 것을 너도 깊이 알 것이다. 요즘 주지 중에 이런 이가 많으니 서로 믿을 수 있을 것이다. 가을이 오면 나는 천태산(天台山) 만년사(萬年寺) 관음별원(觀音別院)으로 돌아가 그곳에서 오래 머물 계획이니, 너를 만나 볼 인연이 없겠구나. 아무쪼록 세간의 인정에 따라서 조사의 도를 빛내 주기를 간절히 빈다."

『보등록(普燈錄)』[8]에는 (진원혜일 스님에 대한 언급은 없고) 설소법일 스님의 사법(嗣法) 제자로 보은법상(報恩法常, ?~1180) 수좌(首座)만 실려 있다.

주:

1 황룡혜남(黃龍慧南, 1002~1069) 스님은 납자가 찾아올 때마다 출가한 이유와 고향과 지난 내력을 묻고는 "사람마다 태어난 인연처가 있는데 그대들이 태어난 인연처는 어디인가?" 하고 물었다. 또 예리한 창처럼 문답을 하다가 갑자기 손을 뻗어서는 "내 손이 어째서 부처님 손과 같은가?" 하고 물었다. 다시 제방을 다니며 종사를 참구하고 얻은 것이 무엇인지를 묻고는 갑자기 다리를 뻗고는 "내 다리는 어째서 나귀 다리와 같은가?" 하고 물었다. 30여 년을 이 세 가지 질문을 했기 때문에 총림에서는 '삼관(三關)'이라고 했다. 『황룡혜남선사어록(黃龍慧南禪師語錄)』 권1(T47-636c).

2 조천문(朝天門) : 중경(重慶)의 가릉강(嘉陵江)과 장강(長江) 사이에 있는 성문. 원래는 중경 성곽의 17개 성문 중 하나였는데 남송(南宋) 때 황제의 교지가 장강을 거쳐 이곳에 이르렀다고 하여 '조천문'이라고 한다고 한다.
3 항주(杭州) : 절강성(浙江省) 항주시(杭州市) 하성구(下城區). 남송의 수도.
4 승주(昇州) : 강소성(江蘇省) 남경시(南京市) 건업구(建鄴區).
5 명주(明州) : 절강성(浙江省) 영파시(寧波市) 해서구(海曙區).
6 시골뜨기 스님[村僧] : 설소법일(雪巢法一, 1084~1158)이 자칭한 자신의 별명이다. 『총림성사(叢林盛事)』 권하(X86-700a).
7 임안부(臨安府) : 절강성(浙江省) 항주시(杭州市) 하성구(下城區). 남송의 수도인 항주(杭州).
8 『가태보등록(嘉泰普燈錄)』 권13(X79-374b).

07

불행묘숭(佛行妙崧) 선사의
상당법문

임안부(臨安府)¹ 경산(徑山) 소림사(少林寺)의 불행묘숭(佛行妙崧, ?~1221) 선사는 건주(建州)² 포성(浦城)에서 태어났으며 성은 서씨(徐氏)이다. 몽필봉(夢筆峰) 등각사(等覺寺)에서 공부하고 안길(安吉)³ 보본사(報本寺)의 주지가 되었다. 동암(東庵) 불조덕광(佛照德光, 1121~1203) 스님의 법을 이어 사방에 이름이 났으며 얼마 후 항주(杭州) 정자사(淨慈寺)의 주지를 맡았다.

상당하여 법문을 하였다.

"한 스님이 염관제안(鹽官齊安, ?~843) 스님에게 '무엇이 본래 몸인 노사나불(盧舍那佛)입니까?' 하니 '나에게 물병을 가져와라' 하였다. 그 스님이 물병을 들고 가자, 염관스님은 다시 그 자리에 갖다 두라고 하였다."⁴

이 이야기를 들려주고는 염(拈)하였다.

염관의 8만 4천 개 땀구멍

구멍 구멍이 모두 열려 있고

3백 6십 뼈마디

마디마디 모두 끊기려 하는데

애석하다. 이 중놈은 꿈을 꾸고 있구나.

상당하여 법문을 하였다.

"동산양개(洞山良价, 807~869) 스님이 '여름 결제가 끝나고 그대들은 이쪽저쪽으로 떠날 텐데, 만 리 저쪽 풀 한 포기 나지 않는 곳으로 가라' 하신 말씀에 대하여, 후일 유양(瀏陽)의 암주(庵主) 석상경저(石霜慶諸, 807~888) 스님은 '문 밖에만 나서면 모두 풀밭이다' 하였고, 대양경현(大陽警玄, 943~1027) 스님은 '문 밖에 나가지 않아도 넓고 넓은 곳이지' 하였다."[5]

이 말을 들려주고는 이렇게 염(拈)하였다.

"같은 소리는 함께 울리고 같은 기운은 서로 구하는 법이니, 세 분 노스님이 없다 할 수는 없겠지만 자세히 살펴보면 구렁이가 그들의 발목을 모두 칭칭 감고 있다. 자, 이해득실이 어디에 있는가?"

흰 구름에 싸여 있는 일천 봉우리 저 정상에

노송에 차가운 빗방울이 따로 있음을 누가 알랴.

상당하여 법문을 하였다.

"이 법은 보여줄 수도 없고
말이 사라져 버리는 것이다
떨기 떨기 피어난 봄 꽃송이에
만학천봉(萬壑千峰) 겹겹이 깊기만 하다.
바야흐로 이와 같을 때 석가모니는 콧구멍[鼻孔]을 잃었는데 이 이치를 그대들은 아는가?"

할을 한 번 하고서는 법상에서 내려왔다.

상당하여 설법하였다.

"대용(大用)이 나타나기를 바란다면 모든 생각[見]을 잊어야 한다. 모든 생각이 다 사라지면 어두운 안개는 피어나지 않고 큰 지혜가 찬란할 것이다. 그렇다 해서 그것이 딴 물건이 아니다."

그리고는 불자(拂子)를 들어 보이며 말하였다.

"보아라. 만일 보인다고 한다면 머리 위에 머리를 얹는 셈이고, 보이지 않는다고 한다면 머리를 잘리고서 살길을 찾는 일이니 도대체 어찌하겠는가?"

한참을 묵묵히 있다가 말을 이었다.

"주각(注脚, 주석)을 잘못 달 뻔했구나."

할을 한 번 하고서는 법상에서 내려왔다.

선석(禪席)을 물러난 뒤에는 무강(武康)6 연산(宴山)의 접대사(接待寺)에서 지냈다. 영종(寧宗, 1168~1224, 재위 1194~1224)이 더욱 불법을 숭상하여 가정(嘉定, 1208~1224) 연간에 스님은 두 차례의 어명을 받아 남산사(南山寺)를 관리하였고 칙명을 받아 연화전(延和殿)에서 황제를 알현하였다. 영종이 불행선사(佛行禪師)라는 법호와 금란가사를 하사하였으니 은총이 지극하였다.

주
:

1 임안부(臨安府) : 절강성(浙江省) 항주시(杭州市) 하성구(下城區). 남송의 수도인 항주(杭州).
2 건주(建州) : 복건성(福建省) 남평시(南平市) 건구시(建甌市).
3 안길(安吉) : 절강성(浙江省) 호주시(湖州市) 안길현(安吉縣).
4 『경덕전등록(景德傳燈錄)』권7(T51-254a). 한편『종용록(從容錄)』권3 '42칙 남양정병(南陽淨瓶)'(T48-254b)에는 이 화두를 남양혜충(南陽慧忠, 675~775) 국사의 것으로 전한다.
5 『균주동산오본선사어록(筠州洞山悟本禪師語錄)』(T47-510a).『종용록(從容錄)』권6 '89칙 동산무초(洞山無草)'(T48-285a).『종용록』에는 이 화두의 전후 사정을 조금 더 자세하게 전한다. 석상경저(石霜慶諸, 807~888)가 회창(會昌, 845)의 법란을 피해 속인 복장으로 장사(長沙) 유양(瀏陽)의 도가방(陶家坊)에 숨었는데, 대중(大中, 847~859) 연간에 어떤 스님이 동산양개(洞山良价, 807~869) 회하에서 안거를 지내고 지나다가 들렀다. 이에 석상이 동산의 동정을 물으면서 이 문답이 이루어진다.
6 무강(武康) : 절강성(浙江省) 호주시(湖州市) 덕청현(德清縣).

08

긍당언충(肯堂彦充) 선사의 염송(拈頌)

임안부(臨安府)[1] 정자사(淨慈寺) 긍당언충(肯堂彦充, 1133?~1225?) 선사는 여항(餘杭)[2] 사람이다. 만암도안(萬庵道顔, 1094~1164) 스님의 법제자로서 도풍이 엄정하여 당시 사람의 존경을 받았다.

즉심즉불(卽心卽佛)에 대하여 게송을 지었다.

황금대궐을 살며시 떠나오는 서시(西施, 기원전 5세기)[3]의 아름다움이요
옥루(玉樓)에서 사뿐사뿐 내려오는 양귀비(楊貴妃, 719~756)의 교태로다
하루 종일 그대와 꽃그늘에 취하노니
어딘들 풍류스럽지 않다고 싫어하리.

조산본적(曹山本寂, 840~901) 스님의 끽주(喫酒) 화두[4]에 대하여

게송을 지었다.

> 페르시아의 장사치가 당나라에 들어와
> 맨 먼저 값진 보물은 숨겨 두고
> 또다시 손 뻗어 남의 보물 욕심 내나
> 남 속이기 어려우니 이 일을 어찌하랴.

스승 만암도안 선사의 말씀을 들려주었다.

> 부처님 자리에 앉아
> 부처님 발목을 부러뜨리고
> 동쪽 이웃집 공자도 존경하지 않고
> 다른 고을 찾아 예악(禮樂)을 배우리라.

그리고는 이에 대해 염(拈)하였다.
"진창에 들어가고 물속에 들어갔으니, 스승이 없다고는 못하리라. 그러나 벙어리 매미가 고목을 안고 울며 머리를 돌리지 않으니, 이를 어찌하리."
주장자로 법상을 한 차례 친 후 다시 말하였다.
"분명히 머리를 돌리지 않는 자가 있다면 이 긍당(肯堂)이 법상에서 그대들에게 3배를 올리리라."

지난날 대위사(大潙寺) 불성법태(佛性法泰, 1079?~1171?) 스님이 "옛 스님의 법어를 송(頌)하고 염(拈)하는 데는 때로는 화려하게 때로는 소박하게, 옛날 그 상황에 문장격식을 맞춰야 한다. 이는 마치 돈 쓸 줄 아는 것과 같아서 굳이 많아야 할 필요는 없다."[5]고 말한 적이 있는데, 오늘날 긍당스님의 법어집을 잘 읽는 자는 스스로 이 이치를 알게 될 것이다.

주:

1 임안부(臨安府) : 절강성(浙江省) 항주시(杭州市) 하성구(下城區). 남송의 수도인 항주(杭州).
2 여항(餘杭) : 절강성(浙江省) 항주시(杭州市) 여항구(餘杭區).
3 서시(西施, 기원전 5세기) : 춘추시대 말기 사람. 우희(虞姬, ?~기원전 202년)·왕소군(王昭君, 기원전 1세기)·양귀비(楊貴妃, 719~756)와 함께 고대 중국의 4대 미녀로 꼽히는 인물이다. 본명은 시이광(施夷光)이다. 중국에서는 서자(西子)라고도 한다.
4 청예(清銳)라는 스님이 조산본적(曹山本寂, 840~901)에게 말했다. "불쌍한 저를 구해 주십시오." 조산본적이 "청예스님, 가까이 오라!" 하여 가까이 가니 이렇게 말했다. "천주(泉州) 백씨네 술 석 잔을 입술에 적셔 보지도 못했구나!" 『무주조산원증선사어록(撫州曹山元證禪師語錄)』(T47-527c).
5 『운와기담(雲臥紀譚)』 권하(X86-674a).

09

목동으로 출가하여

월림사관(月林師觀)

　안길주(安吉州)¹ 오회사(烏回寺) 월림사관(月林師觀, 1143~1217) 선사는 성품이 순수하고 진실하여 꾸밈이 없었다. 복주(福州)² 후관(候官) 황씨(黃氏)의 아들로서 처음엔 목동이었는데 소를 채찍질하다가 깨달은 것이 있어 파와 마늘 등과 고기를 먹지 않았다. 설봉사(雪峰寺) 충(忠) 도자(道者)에게 귀의하여 출가하였고, 형남(荊南)³ 이성사(二聖寺)의 계준(戒準) 스님에게 계를 받았으며 풍주(灃州) 조증(祖證) 노납(老衲)에게 법을 얻었다.

　처음 방장실에 갔을 때 조증스님이 말하였다.

　"만일 물건을 굴릴 수 있으면 그것으로 된 것이다. 자, 부처님 앞의 향대(香臺)는 어떻게 굴리겠는가?"

　월림 선사는 "맷돌 맞듯 방앗공이 맞듯 착착 맞아 돌아갑니다."했다가 꾸지람만 듣고 그곳을 나왔다. 그 후 다시 스님을 모시고 요주(饒州)⁴ 천복사(薦福寺)에서 지내면서 '운문화타(雲門話墮)'⁵ 공안을 참구하였다. 그 후 10년이 지난 어느 날 연꽃 핀 연못가를 홀로 거닐면서 "어떤 점이 그 스님이 말에 떨어졌다는 곳일까?" 하고 뇌이다가 크게 깨달았다.

당시 도독지책(塗毒智策, 1117~1192) 스님은 경산사(徑山寺)에, 둔암종연(遯菴宗演) 스님은 화장사(華藏寺)에 있었는데, 서신을 보내 스님을 초청하여 함께 설법을 하였다.

동산수초(洞山守初, 910~990) 스님의 '마삼근(麻三斤)' 화두에 대해 게송을 지었다.

입술소리[脣上]는 삐빤삔빠오뻐(碧斑賓豹博)
혀소리[舌頭]는 땅떠띠떠우띵(當的帝都丁)
하인 소옥(小玉)이를 자주 부름은 딴 일 아니라
단랑(檀郎)에게 목소리를 알려주고파서.[6]

가태(嘉泰, 1201~1204) 연간에 오문(吳門)[7] 성인사(聖因寺)에 주지하다가 승천(承天) 만수사(萬壽寺)로 옮겨가니 많은 학인이 모여들었다. 오회사(烏回寺)에 살 때부터 병세가 심해 갔으나 아랑곳하지 않은 채 여전히 법고(法鼓)를 치고 설법하였다. 방장실로 들어가면서 "계수나무에 꽃이 활짝 필 때면 나는 떠날 것이다." 하고 문도들에게 여름 결제를 서두르게 하였는데, 이윽고 계수나무에 꽃이 활짝 핀 가정(嘉定) 정축년(1217) 4월 13일이었다. 부처님 전에 3배하고 방장실에 들어와 두 차례 법고를 울려 대중에게 법회를 알리고 대중이 모두 제자리에 앉자 주장자를 뽑아들고 말하였다.

"내게 주장자가 있다면 주장자를 주고 내게 주장자가 없다면 주장자를 빼앗는다. 이 대중 속에 이 뜻을 아는 사람이 없는가? 있으면 나와서 일러 보라."

대중이 대답이 없자, 주장자를 내던지고 정좌한 후 게송을 쓰고 입적하니, 향년 75세이며 법랍은 51세이다. 스님께서 열반하신 후 무수한 사리가 나왔다.

아! 일세의 추앙을 한 몸에 받은 종사(宗師)이시니, 죽고 삶에 흐르는 구름처럼 나는 새처럼 조금도 매임이 없었다. 오회사에서 입적하신 여름에 계수나무에 꽃이 활짝 피어 스님의 예언과 맞았으니 이로써 더욱더 스님의 뛰어나심과 명백한 상서의 증험을 볼 수 있다. 실로 불법을 짊어지고 전일하게 정진한 힘 때문이 아니겠는가.

주:

1 안길주(安吉州) : 절강성(浙江省) 호주시(湖州市) 안길현(安吉縣).
2 복주(福州) : 복건성(福建省) 복주시(福州市) 창산구(倉山區).
3 형남(荊南) : 호북성(湖北省) 형주시(荊州市) 강릉현(江陵縣).

4   요주(饒州) : 강서성(江西省) 상요시(上饒市) 파양현(鄱陽縣).
5   운문문언(雲門文偃, 864~949)이 어떤 스님에게 "광명이 고요하게 비추어 항하사에 두루한다[光明寂照遍河沙]'는 말이 장졸(張拙) 수재의 말이 아닌가?" 하고 물으니 스님이 "그렇습니다." 하자 운문이 "말에 떨어졌다."고 하였다. 『선문염송(禪門拈頌)』 '1068칙 광명(光明)'. 『선종송고연주통집(禪宗頌古聯珠通集)』 권33(X65-685a). 그런데 『무문관(無門關)』(T48-297c)은 약간 다르게 전한다. 어떤 스님이 운문에게 "광명이 고요하게 비추어 항하사에 두루한다."고 게송의 첫 구절도 끝나지 않았는데 운문이 갑자기 장졸(張拙) 수재의 말이 아닌가?" 하고 물으니 스님이 "그렇습니다." 하자 운문이 "말에 떨어졌다."고 하였다.
6   『월림사관선사어록(月林師觀禪師語錄)』(X69-350c).
7   오문(吳門) : 강소성(江蘇省) 소주시(蘇州市) 평강구(平江區).

10

송원숭악(松源崇岳) 선사의 깨침

송원숭악(松源崇岳, 1132~1202) 선사가 처음 민주(閩州)[1] 건원사(乾元寺)의 목암안영(木庵安永, ?~1173) 스님을 찾아뵙고 오랫동안 공부하다가 하직인사를 드리니 목암스님이 "유구무구(有句無句)가 등나무 덩굴이 나무에 기대 있는 것과 같다."[2]는 이야기를 거론하였다. 그러자 송원스님이 대답하였다.

"싹둑 잘라 버릴 것입니다."

"낭야혜각(瑯琊慧覺) 스님은 이에 대해 '한 무더기 좋은 땔감이로다'라고 하였다."[3]

"화살 위에 화살을 얹는 격입니다."

"그대의 말을 내가 뭐라 할 수야 없지만 그렇게 공부가 안 되어서는 뒷날 손에 불자를 잡고 설법한다 해도 사람을 가르칠 수 없고 사람을 간파할 수도 없을 것이다."

"사람을 가르치는 일은 온갖 번뇌에 매인 범부를 단숨에 성인의 경지로 뛰어들어가게 하는 것이니 진실로 어려운 일이겠지만, 사람을 간파한다는 것은 얼굴만 스치면 말 한마디 안 해도 그의 골수까지 알 수 있으니 무슨 어려움이 있겠습니까?"

이에 목암스님은 손을 들어 말리며 말하였다.

"그대에게 분명하게 말해 주리라. 입을 벌려 말한다는 것은 혓바닥에 있는 것이 아니니 그대 스스로 알게 될 것이다."

그 이듬해 송원스님은 구주(衢州)4 서산사(西山寺)에서 밀암함걸(密庵咸傑, 1118~1186) 스님을 찾아뵙고 묻는 족족 대답하였는데, 밀암스님이 웃으면서 "황양선(黃楊禪)5이로다." 하였다.

송원스님은 뒷날 경산에서 밀암스님이 곁에 있는 스님에게 "마음도 아니요, 부처도 아니요, 물건도 아니다."라고 하는 말을 듣고는 문득 크게 깨치고서 말하였다.

"오늘에야 비로소 지난날 목암(木庵) 스님이 '입을 벌려 말하는 것은 혓바닥에 있는 것이 아니다' 하신 말씀의 뜻을 알았다."

송원스님은 처주(處州)6 용천(龍泉) 오씨(吳氏) 집안에서 태어났다. 소대(蘇臺)7 징조사(澄照寺)에서 개법(開法)하였고, 경원(慶元, 1195~1200) 연간에는 영종(寧宗, 1168~1224, 재위 1194~1224)의 칙명으로 영은사(靈隱寺)의 주지가 되었다. 스님의 가풍은 몹시 엄하였으므로 그 문하에서 큰 그릇을 이루지 못한 스님이 거의 없었다.

아! 송원숭악(松源崇嶽, 1132~1202) 스님과 파암조선(破庵祖先, 1136~1211) 스님과 조원도생(曹源道生, ?~1198) 스님과 만암치유(萬菴致柔)

스님이야말로 중봉(中峰, 밀암함걸)⁸의 도를 일으킨 분들이 아니겠는가.

주:

1 민주(閩州) : 복건성(福建省) 복주시(福州市) 창산구(倉山區).
2 당나라 소산광인(疎山匡仁)이 위산영우(潙山靈祐, 771~853)가 머무는 곳에 와서 "삼가 듣기로는, 화상께서 유구무구(有句無句)가 칡이 나무에 의지하는 것과 같다고 하셨습니다. 그렇다면, 갑자기 나무가 쓰러지면 칡은 말라 버리겠지만, 구(句)는 어디로 돌아가는 겁니까?" 하고 물으니 위산이 껄껄 웃었다. 『종용록(從容錄)』 권6 '87칙 소산유무(疎山有無)'(T48-283b).
3 『선종송고연주통집(禪宗頌古聯珠通集)』 권30(X65-661a).
4 구주(衢州) : 절강성(浙江省) 구주시(衢州市) 가성구(柯城區).
5 황양선(黃楊禪) : 황양(黃楊)의 회양목 같은 선이라는 말이다. 황양의 회양목은 잘 자라나지 않는 생태를 가졌으므로 융통성 없고 답답한 선수행을 비유하는 말로 쓰인다.
6 처주(處州) : 절강성(浙江省) 여수시(麗水市) 연도구(蓮都區).
7 소대(蘇臺) : 강소성(江蘇省) 소주시(蘇州市) 평강구(平江區).
8 『속지월록(續指月錄)』 권2 '경원천동밀암함걸선사(慶元天童密庵咸傑禪師)'에 "제자들이 산의 중봉(中峰)에 사리탑을 세웠다"(X84-32c)고 하였다.

11

스승의 말씀을 지키며 살다

복당(福唐) 명(明) 수좌

복당(福唐)[1] 명(明) 수좌(首座)의 법호는 적조(寂照)이다. 오래 참선을 하였고 성품이 총민(聰敏)하였으며 사명산(四明山) 옥궤사(玉几寺)에서 공수종인(空叟宗印) 스님을 오랫동안 시봉하였다. 공수스님이 풍증으로 몇 년을 몸져눕자 시봉하던 제자들이 하나둘 곁을 떠났으나 적조스님은 더욱 부지런히 간호하였다. 공수스님은 항상 적조스님에게 "너는 복이 없는 사람이니 세상에 나아가 남들을 위하기엔 맞지 않다."고 말하였다.

그 후 고향으로 돌아와 감(鑑) 절조(絶照) 스님을 위하여 고산사(鼓山寺)에서 수좌가 되었는데, 그 고을 태수 이준(李俊)이 대운봉(大雲峰)으로 불렀으나 게송으로 사양의 뜻을 전하였다.

황조(皇朝)에 아무 일 없는 중이라
선을 논하지도 도를 논하지도 못하여

한가히 누워 지내는 나날이 오히려 부끄러운데
부질없는 명성으로 감히 조사께 욕을 끼칠 수야.

절조(絶照) 스님이 세상으로 나가기를 강권하였지만 적조스님은 "한가한 사람이 되고 싶다."면서 게송을 읊어 의지를 나타내었다.

반나(半裸)의 몸으로 언덕에 서 있듯이
옛사람의 수치를 또다시 당하겠지
사립문 밖 나서면 문빗장 없으니
만일 부처님이 다시 오신다 해도 용납될 수 없는 일이오.

그 날 이후 남모르게 그곳을 떠나 후일 민(閩)² 청백운(淸白雲)에 머무니, 도를 배우려는 사람들이 존경하여 스님의 문하로 찾아갔다.

또다시 몇 해 후 그 고을 태수 조희정(趙希瀞)이 예의를 갖추어 설봉사로 스님을 맞이하니, 제자 원(圓) 암주(庵主)에게 서신을 전하여 사양의 뜻을 밝히고 가지 않았다. 이에 조희정이 침향(沈香)을 공양하고 4구로 된 시 한 수를 보내 왔다.

산림에 묻힌 도인 불러도 예 오지 않으시니
늠름한 맑은 기상 찌든 속인을 깨우쳐 주네

태수로서 친히 도를 물을 길 막막하여
한 줌의 이 침향을 제자편에 보내오이다.

　적조스님은 30여 년간 해진 이불 하나로 살면서도 경지는 뚜렷했다. 스승의 예언을 따라 세간에 나가는 것을 부끄럽게 여기고 산림에서 고요한 경계에 편안히 머물러 끝내 변치 않았다. 명예와 지위를 다투고 부처와 조사를 파는 자들이 이러한 풍모를 듣는다면 조금이라도 부끄러운 마음이 생길 것이다.

주
:
1　복당(福唐) : 복건성(福建省) 복주시(福州市) 복청시(福淸市).
2　민(閩) : 복건성(福建省) 복주시(福州市) 창산구(倉山區).

12

절옹불심(浙翁佛心) 선사가
여찬(如璨) 스님에게 내린 법어

　　절옹불심(浙翁佛心, 1151~1225) 선사가 여찬(如璨) 스님에게 설법하였다.

　　"진짜 도인은 하루 스물네 시간 언제나 확실히 6근(六根)이 비어 있다. 마치 오랑캐가 오면 오랑캐의 얼굴이 비치고 중국인이 오면 중국인이 비치는 황제 헌원씨(軒轅氏)[1]의 거울처럼, 진여·열반·보리·번뇌, 그리고 세간의 허깨비·정욕·순역(順逆)·시비에 이르기까지 그 어느 것 하나 빠뜨림 없이 비추어 낸다. 어느 것도 이를 더럽힐 수 없다. 그러나 만일 6근에 실오라기만큼이라도 딴 생각이 일어나면 많은 장애(障礙)와 원한과 근심을 가지게 되며 수없는 전도(顚倒)를 겪게 될 것이니, 이것이 범인과 성인의 갈림길이다. 성인과 범부가 애당초 다른 것은 아니지만, 일을 마친 자를 성인이라 하고 마치지 못하면 범부라 이르는 것이다. 방거사(龐居士, ?~808)가 '이는 성인이 아니라 단지 일을 끝마친 범부일 뿐이다'[2]라고 한 말이 바로 이러한 뜻이다. 알았다면 다시 자세히 참구해야지 목전의 결과에 경솔히 집착해서는 안 된다.

사람(선지식)을 만나보려 할 때는 마치 음식을 씹을 때 윗니와 아랫니가 맞듯 해야 한다. 우선 단숨에 낭떠러지까지 가서 '낭떠러지에서 손을 놓는 경계'에 이르러야만 풀무 속에 들어가 선지식의 단련을 받을 만한 알맞은 때가 되는 것이다. 진짜 도인이라는 사람들은 본분을 벗어나지 않는다. 홀연히 시절인연이 다가오면 사람들의 결박을 풀어 주되 마음속에 아무런 부끄러움이 없으므로 자연히 느긋하여 여유만만하게 될 것이다."

이 법어를 읽어보니 참으로 임제종(臨濟宗)의 골수이다.

주:

1 황제 헌원씨(軒轅氏) : 중국의 신화에 등장하는 제왕(帝王)이다. 삼황(三皇)에 이어 중국을 다스린 오제(五帝)의 첫 번째 왕이다. '황제(黃帝)'라는 명칭은 재위 기간 중 황룡이 나타나 상서로운 징조가 있다고 하여 붙여졌다. 사실상 신화로 여겨졌던 삼황과 달리 황제를 필두로 한 오제는 실존한 제왕들로서 추앙되었으며 황제는 중국 문명의 시조로 여겨졌다. 도교의 시조로 추앙되기도 한다.
2 『방거사어록(龐居士語錄)』권상(X69-134a).

13

사천(四川) 출신 스님
파암조선(破庵祖先)

안길주(安吉州)¹ 봉산(鳳山) 자복사(資福寺)의 파암조선(破庵祖先, 1136~1211) 선사는 성이 왕(王)씨이며 촉(蜀) 광안부(廣安府)² 신명(新明) 사람이다. 오거사(烏巨寺) 밀암함걸(密庵咸傑, 1118~1186) 스님을 찾아뵙고 대중 속에 섞여 있었다.

하루는 방장실에 들어갔다가 밀암스님이 곁에 있는 스님에게 육조(六祖, 638~713) 스님의 "바람이 움직이는 것도 아니며 깃발이 움직이는 것도 아니다."³라는 화두를 거론하는 것을 듣고서 홀연히 깨치게 되었다. 그 후 계속 밀암스님을 시봉하며 장산(蔣山)⁴에서 지내는 5년 동안, 자신의 공부를 자랑하는 일도 없었고 밀암스님의 인가를 받은 일도 없었다. 그리고는 드디어 하직인사를 드리고 촉(蜀)으로 돌아오는 길이었다. 밀암스님이 몰래 조그마한 가마를 타고 5리쯤 앞서 가서 기다리고 있다가 가사 자락 속에서 이별의 말을 꺼내 스님에게 주었다.

만 리 길을 찾아온 버릇없는 사천 아이

칼을 뽑아 현묘한 관문 두드리네

정수리의 한쪽 눈은 마혜수라의 천안(天眼)이니

머물고 떠남이 소반 위의 구슬 같구나.

파암스님이 기부(夔府)5 와룡사(臥龍寺)에 살 때에서야 비로소 법제자로 삼겠다는 서신을 받았다. 당시 밀암스님은 천동사(天童寺)에 살면서 육왕사(育王寺) 불조(佛照, 1121~1203) 스님에게 말하였다.

"원래부터 사천 출신 스님이 도의가 있습니까?"

"잠깐! 스님이 알기에는 늦었습니다."

밀암스님은 평소 사천 출신 스님을 두려워하여 문하에 방부 들이는 일을 허락하지 않았으나 불조스님은 사천스님을 좋아하여 그의 법당엔 사천 출신이 반이나 되었다.

주:

1 안길주(安吉州) : 절강성(浙江省) 호주시(湖州市) 안길현(安吉縣).
2 광안부(廣安府) : 사천성(四川省) 광안시(廣安市) 광안구(廣安區).
3 육조혜능(六祖慧能, 638~713)이 법성사(法性寺)에서 두 스님이 바람과 깃발에 대해서 나누는 대화를 듣고 바람이 움직이거나 깃발이 움직이는 것이 아니라 그대들의 마음이 움직이는 것일 뿐이라고 하였다. 『육조대사법보단경(六祖大師法寶壇經)』(T48-349c).
4 장산(蔣山) : 강소성(江蘇省) 남경시(南京市) 현무구(玄武區).
5 기부(夔府) : 중경시(重慶市) 봉절현(奉節縣).

14

야운처남(野雲處南) 선사의 대중법문

야운처남(野雲處南) 선사는 회계(會稽)[1] 사람으로, 안팎이 모두 단정하고 굳건하였다. 처음에는 무용정전(無用淨全, 1137~1207) 스님 문하에서 원두(園頭) 일을 보다가 깨닫고 뒷날 주지가 되었다.

대중에게 설법하였다.

"찬 서리 바람에 낙엽은 지고 기러기 떼 추위에 놀라 높이 난다. 날 낳아 주신 부모는 마음속을 다 꺼내 보이는데 관음보살이 끝없이 화를 내니 콧구멍이 사라졌다. 모두가 기뻐하니 천하가 태평하도다."

다시 말하였다.

"백방으로 찾아 헤매었건만 영영 만날 수 없더니 문득 쉬어 버리자 어디서나 만나네. 기다란 선상(禪床) 위에서 죽이든 밥이든 배부를 때까지 먹는구나. 그대에게 묻노니 절 살림인 쌀 한 톨이 농부의 손길을 몇 차례나 거쳤겠는가."

아! 양기방회(楊岐方會, 992~1049) 스님의 도는 대혜종고(大慧宗杲, 1089~1163) 스님에 이르러 크게 떨치게 되었는데, 스님의 말과 기연은 8월 양자강의 물결을 어느 누구도 마르게 하지 못하는 것과 같았다. 무용(無用) 스님은 그저 간절함으로 학인을 대하면서도 사람을 붙잡아 두지 못하다가 노년에 이르러서야 야운(野雲) 스님을 얻었다. 위와 같은 (야운스님의) 법문은 참으로 무용스님의 간절한 법어라 하겠으니, 누가 우맹(優孟)이며 누가 손숙오(孫叔敖)인지 알 수 없다.[2] 불일(佛日, 대혜) 스님의 제자로서 스님에게 욕을 끼치지 않았던 분들이다.

주:

1   회계(會稽): 절강성(浙江省) 소흥시(紹興市) 월성구(越城區).
2   『사기(史記)』 권126 「골계열전(滑稽列傳)」에 나오는 '우맹의관(優孟衣冠)'이라는 고사를 가리킨다. 초(楚)나라에 우맹이라는 악인(樂人)이 있었는데 재상 손숙오(孫叔敖)가 우맹의 재주를 알아주었다. 청렴한 손숙오가 죽고 나서 황제가 손숙오의 공을 배려해주지 않아 집안이 힘든 지경에 빠졌다. 우맹은 1년 남짓 손숙오의 의관을 걸치고 말과 행동을 흉내내어 신하들조차 분간할 수 없을 지경에 이르렀다. 황제가 주연을 베풀었을 때 우맹이 앞으로 나아가 잔을 올리니 손숙오가 다시 살아온 것으로 여겨 재상으로 삼으려 하였다. 이에 우맹은 황제의 잘못을 깨닫게 하였다.

15

퇴암도기(退庵道奇) 선사의
대중법문

퇴암도기(退庵道奇) 선사가 별봉보인(別峰寶印, 1109~1191) 스님을 찾아 경산(徑山)에 갔을 때, 별봉스님은 그가 오는 것을 보자마자 기뻐한 나머지 선상에서 내려와 그를 맞이하고 다시는 대중에게 설법하지 않았다. 퇴암스님은 대중에게 방해가 될까 두려워 그 뒤로는 별봉스님을 찾아가지 않았다.

금산사(金山寺)에 머물 때 이런 법문을 하였다.

"이대로 법회를 해산한다 해도 그것은 평생의 공부를 저버릴 일인데, 거기다 어떻게 감히 앞에 나가 도를 묻겠는가? 우리에게는 생사가 큰일이고 무상(無常)함은 빨리 다가오니 대법의 전승자가 될 바탕이 못 된다. 서로 빈(賓)이 되고 주(主)가 되며 법(法)이 되고 인(人)이 된다면 그래도 좀 낫겠다. 이것은 이미 깨달은 이를 위해 하는 말이다.

어떤 이는 총림에 오랫동안 머물면서 공부를 안 하는 것은 아니나 깨닫지 못한다. 허물이 어디에 있는가? 허물은 신심이 두텁지 못한 데에 있다. 반신반의하고 할 듯 말 듯 주저하여 확고부동한 의지가 없는데다가 나의 전부를 놔버리지 못했기 때문이다. 설령 모든 것을 놓아버리고 이법(理法)이 끊어진 곳, 정식(情識)이 다한 곳에서 고요한 경계에도 연연하지 않고 시끌시끌한 경계에도 매이지 않는다 해도 그것은 죽은 물[死水] 속에 빠진 것이다. 이는 분명 죽기만 하고 살아나지 못하는 격인데 이런 경우를 흔히 볼 수 있다. 그러나 여기서 맹렬하게 앞으로 나아가되 한결같이 밀어붙인다면 비로소 도를 얻을 수 있을 것이다. 이것은 총림에 오래 머물면서도 깨닫지 못한 이를 위해 하는 말이다.

이와 같이 총림 대중에 들어가 신심이 순수 청정한 이가 이 도리를 들으면 마음이 하얀 비단처럼 깨끗하여 남에게 더럽혀지지 않을 것이다. 여기에 밝은 스승을 만나 한 조각 성심(誠心)을 내되 남 앞에 나서려 하지 말고 오직 참선과 도학으로 마음자리를 밝혀야 한다. 이에 힘입어 용맹스럽고 확실한 일념으로 생사대사(生死大事)만을 생각하되 24시간 수시로 이와 같이 한 길로 매진하여 망상과 알음알이[知解]를 끊으면 마치 구만리 장천에 구름 한 점 없듯 할 것이니, 어찌 태양이 솟아오르지 않을까 근심하겠는가. 태양이 떠오르기만 하면 밝은 햇살이 어느 곳이나 비춰 줄 것이다. 태양이 떠오르는 그 세상이 어떠할까? 이 시골중은 노파심이 간절하여 벽 모퉁이에서 진귤(陳橘) 껍질을 집어내어 여러분에게 그 모양을 만들어 보여주노라.

듣지도 못했는가. 홍교홍수(興敎洪壽, 944~1022) 선사가 운력[普請]을 하던 차에 장작개비가 떨어지는 것을 보고서 갑자기 도를 깨치고는 말하였다.

'부딪쳐 떨어진 것은 다른 물건 아니고

여기저기 있는 것은 티끌이 아니니

산하대지 온 누리가

그대로 법왕의 몸을 드러내도다'[1]

이러한 경계를 헤아릴 수 있겠는가. 이는 물을 마셔 보면 뜨겁고 차가움을 스스로 알 수 있는 것과 같다.

예전에 법안문익(法眼文益, 885~958) 화상도 이와 같이 한 번 터지자 곧장 알게 되어 말하였다.

'삼라만상이 마음에 와도

내 마음 온전하여 만물이 한가롭다

고금의 저 성곽 안에

도를 얻은 자 산처럼 머무는구나.'

진실한 말씀이라 하겠다. 이러한 경계에서는 훌륭함을 찾지 않아도 훌륭함이 저절로 온다.

홍수 선사나 대법안 선사만이 이럴 뿐 아니라, 3세의 제불과 6대 조사, 그리고 천하의 큰스님 모두가 이를 벗어나지 않는다. 만일 이와 다른 깨달음[證解]이 있다면 그것은 외도(外道)의 법이지 불법이 아니다.

    내가 이렇게 애태우는 것이 마치 중매쟁이 같다. 이쪽 집에다 말하고 저쪽 집에다 설득한 뒤 양편의 의사가 맞으면 두 집이 서로 만난다. 그러면 두 집이 알아서 할 일이지 중매쟁이가 간섭할 일이 아니다. 실제로 두 집이 한 번 만나기만 하면 차마 혼사를 버리지 못할 것이다. 참선하고 도를 닦는 일도 차마 버리고 떠날 수 없는 경지에 도달해야 공부를 할 수 있는 것이다. 사람이 산에 오르듯이 각자들 노력하여라."[2]

    아! 대장간 큰 풀무 속에 들어가 큰 망치로 두드려지듯이, 무심코 하나의 기연을 틔워 주고 하나의 경계를 보여주는 것이 원래 평범한 일이 아니다. 이러한 법어는 마치 밭을 팔겠다는 광고문을 붙여 놓으면 동서남북 사방에서 사람들이 모여드나 한 사람씩 흥정하는 것과 같다. 별봉스님께서 30여 년 동안 설법을 하였으나 뛰어난 제자 하나, 퇴암스님을 얻은 것만으로도 만족스러운 일이다.

주
:

1 『임간록(林間錄)』 권상(X87-245b) 등 많은 문헌에 보인다. 그런데 홍교홍수(興敎洪壽, 944~1022)에 대해서 명(明)의 명하(明河, 1588~1640)가 지은 『보속고승전(補續高僧傳)』 권23의 「항주홍교소수선사전(杭州興敎小壽禪師傳)」(X77-517a)에는 같은 시기에 영명연수(永明延壽, 905~976)가 있어서 '소수(小壽)'로 구별한다고 하면서 두 스님 모두 천태덕소(天台德韶, 891~972)의 제자라고 밝히고 있다. 실제로 문재(文才, 1241~1302)가 지은 『조론신소유인(肇論新疏游刃)』 권3(X54-326b)에는 『임간록』을 인용하여 이 일화를 전하면서도 일화의 주인공을 영명연수라고 하므로 홍교홍수와 영명연수를 혼동한 예를 확인할 수 있다.

2 『속고존숙어요(續古尊宿語要)』 권6(X68-507a) '금산퇴암기선사어(金山退菴奇禪師語)'.

16

단하(丹霞) 스님 찬과 스스로 지은 묘지문

귤주보담(橘州寶曇)

●

　귤주보담(橘州寶曇, 1129~1197) 스님의 자(字)는 소운(少雲)이며 가정부(嘉定府)[1] 사람이다. 협주(峽州)[2]에서 나와 명주(明州)[3] 장석사(仗錫寺)에 주지하면서 틈만 있으면 불조의 기연을 밝힐 수 있는 논저를 지어 이를 『대광명장(大光明藏)』[4]이라 이름하였다. 그 문장의 흐름이 웅장하고 막힘이 없었으나 애석하게도 완성을 보지 못한 채 입적하였다.

　그중 단하천연(丹霞天然, 739~824) 스님을 찬(贊)한 부분에서 다음과 같이 논하였다.

　"대웅전 앞에서 풀을 깎다 삭발을 하고,[5] 성승(聖僧, 보살상이나 조사상)의 목에 올라타며,[6] 날씨가 차니 목불(木佛)로 불을 지폈다.[7] 이 세 가지 일을 하나하나 생각해 보니, 다른 사람이라면 할 수 없었을 것이다. 마치 형산(衡山)을 덮고 있던 구름이 활짝 걷히면 웅장한 산세가 드러나듯 스스로 하려 해서 되는 일이 아니다. 그러나 때로는 남의 눈치를 보며 두려워한 나머지 그가 지켜야 할 바를 잃어버리는 자가 있으니 원주(院主)를 두고 이르는 말이다. 또 남양혜충(南陽慧忠, 675~775) 국사의 시자 탐원(耽源)을 그저 지나쳐 가게 놓아두었다가 곧바로 남양 국사를 사로잡으니⁸ 이른바 '활을 당기려거든 강궁(强弓)을 당기라'⁹는 말이 바로 이러한 방법이다. 그러나 병들어 신음하는 말세 중생을 가엾게 여겨 옛사람의 특효 처방에 덜고 보태서 훌륭한 법약(法藥)을 조제하려는 자는 마땅히 먼저 원기를 회복시킬 수 있는 진액을 써야 몸이 거뜬해지는 복을 찾게 할 수 있을 것이다."¹⁰

나는 불지(佛智, 1189~1263, 언계광문) 노스님이 우연히 이 책을 펼쳐 보시다가 "요즘 학인들이야말로 원기를 되찾을 수 있는 이 진액을 복용해야 할 것이다."라고 하시는 말씀을 들은 적이 있다.

귤주스님은 스스로 묘지문을 지었는데 내용은 대략 다음과 같다.

"처음에는 『능엄경』과 『원각경』과 『기신론』을 들었으나 그것을 버리고 떠나 성도(成都) 소각사(昭覺寺)의 철암(徹庵, 1093?~1185?) 스님과 백수사(白水寺)의 이암종정(㠯庵宗正) 스님에게 귀의하였다. 다시 걸망을 꾸려 들고 남쪽으로 내려와 먼저 경산(徑山) 육왕사(育王寺)에서 대혜종고(大慧宗杲, 1089~1163) 스님을 뵈었고 그 후 동림사(東林寺)의 만암도안(萬庵道顏, 1094~1164) 스님과 장산(蔣山)의 응암담화(應庵曇華, 1103~1163) 스님을 찾아뵈었으며, 천신만고 끝에야 비로소 평생의 발원을 성취하게 되었다."

이것을 보면 스님이 지나온 이력이 힘들었음을 알 수 있으니 도를 깨우치는 일이 쉽다는 말을 들어본 적이 없다.

주
:

1   가정부(嘉定府) : 사천성(四川省) 낙산시(樂山市) 시중구(市中區).
2   협주(峽州) : 호북성(湖北省) 의창시(宜昌市) 서릉구(西陵區).
3   명주(明州) : 절강성(浙江省) 영파시(寧波市) 해서구(海曙區).
4   『대광명장(大光明藏)』: 3권(X79, no.1563). 『전등록(傳燈錄)』에서 불조(佛祖) 기연(機緣)을 초록하고 경산대혜(徑山大慧, 1089~1163)에 이르는 법계를 증보한 선종사. 한 사람마다 엮은이 귤주보담의 평어를 붙였다. 책머리에 충허(沖虛) 도인 사미원(史彌遠, 1164~1233)이 지은 남송(南宋) 가정(嘉定) 9년(1216)의 서(序)가 있고, 보우(寶祐) 3년(1255)의 석계심월(石谿心月, ?~1254)과 무문혜개(無門慧開, 1183~1260)의 찬게(讚偈) 및 함순(咸淳) 원년(1265) 사명소명(四明紹明)의 서(序)가 있다. 말미에도 순우(淳祐) 1년(1241) 천목문례(天目文禮, 1167~1250)의 발(跋)과 함순 원년(1265) 조맹후(趙孟厚)의 발이 있다.

5 단하천연(丹霞天然, 739~824)이 석두희천(石頭希遷, 701~791)을 찾아가 3년을 공양간에서 불을 땠다. 하루는 불당 앞에 풀 깎는 운력을 하는데, 다른 사미들이 풀을 깎는 동안 단하는 대야에 물을 가득 떠다가 머리를 씻고 석두 앞에 길게 꿇어앉으니 석두가 웃으면서 비로소 삭발해 주었다. 그리고는 계법을 설하려 하는데 단하가 귀를 막고 나가 버렸다. 『경덕전등록(景德傳燈錄)』 권14(T51-310c).

6 단하가 석두에게 있다가 마조도일(馬祖道一, 709~788)을 찾아갔다. 법당에 들어가자마자 성승(聖僧)의 목에 타고 앉으니 대중들이 놀라 마조에게 일렀다. 마조가 가서 보고는 "내 아들, 천연!" 하고 부르니 단하가 절을 올리며 "이름을 지어 주셔서 고맙습니다." 하였다. 『경덕전등록(景德傳燈錄)』 권14(T51-310c).

7 단하가 한번은 혜림사(慧林寺)에 갔는데 날씨가 추워 법당에서 목불을 가져다 불을 땠다. 원주가 나와서 부처님을 불 땔 수가 있느냐고 하자 단하는 주장자로 재를 들춰보면서 사리를 찾는 중이라고 했다. 원주가 목불에 무슨 사리가 있느냐고 하자 단하는 사리가 없다면 무슨 부처냐고 하였다. 나중에 그 원주는 눈썹이 다 빠졌다. 『경덕전등록(景德傳燈錄)』 권14(T51-310c).

8 단하천연(丹霞天然, 739~824)이 어느 날 남양혜충(南陽慧忠, 675~775) 국사를 찾아가 먼저 시자에게 "국사께서 계시는가?" 하고 물으니, 시자가 "계시기는 하나 손님을 만나지는 않습니다." 하였다. 이에 단하가 "너무나 깊고 멀구나." 하니, 시자가 "부처의 눈길로도 엿보지 못합니다." 하였다. 이에 단하가 "용은 용의 새끼를 낳고 봉황은 봉황의 새끼를 낳는구나." 하였다. 국사가 낮잠에서 깨어난 뒤 시자가 이 사실을 고하자 시자를 방망이로 20대 때려서 내쫓았다. 나중에 단하가 이 소문을 듣고 "남양 국사라는 존칭을 받음에 부끄러움이 없구나." 하였다. 『선문염송(禪門拈頌)』 '322칙 재즉(在則)'.

9 『북간거간선사어록(北澗居簡禪師語錄)』 '송고(頌古)'(X69-676c).

10 『대광명장(大光明藏)』 권3(X79-714bc).

17

○

일심발원 용맹정진

몽암원총(蒙庵元聰)

●

몽암원총(蒙庵元聰, 1136~1209) 선사는 복주(福州)[1]의 장락(長樂) 주씨(朱氏) 집안에서 태어났는데, 조금 자라서는 남에게 대들어 모욕을 주거나 너무 가깝게 지내거나 하지 않았다. 19세에 신주(信州)[2] 귀봉사(龜峰寺)의 회암혜광(晦庵慧光) 스님에게 귀의하였다. 27세에 도첩을 얻자 회암스님에게, 대중에 섞여 오로지 자신의 생사대사를 깨닫는 데 전념하고 여러 가지 소임에서 벗어나고 싶다고 하였다. 회암스님이 웃으면서 말하였다.

"너는 참선만을 중요하게 생각하지만 불법이란 일상생활 모든 작용 가운데 있는 것인데 어찌하여 일 때문에 빼앗길까 두려워하는가? 그렇다면 지금으로부터 한 달 안에 깨닫지 못한다면 그 죄를 용서하지 않으리라."

이에 몽암스님이 물러 나와 "불법이란 일상생활 모든 작용 가운데 있다"는 구절을 창문 위에 써 붙여 놓고 옆구리를 자리에 붙이지 않은 채 보름을 지냈다. 회암스님이 수시로 몽암스님의 행동을 엿보니 결심이 매우 맹렬하여 만일 깨치지 못하면 미쳐버리지나 않을까 걱정을 하였다. 그러던 어느 날, 콧물을 훌쩍거리며 우는 소리가 나기에 회암스님이 속으로 "아! 이 아이가 잘못 되었구나!" 했는데 연유를 물어보니 속가 부친의 부고가 전해졌음을 알게 되었다. 회암스님은 속으로 "이때가 일추(一槌)를 가하기에 좋은 기회다." 하고 몽암스님을 불러 물었다.

"무슨 일이 생겼느냐? 말해 보아라."

"아버님이 돌아가셨습니다."

대답이 채 끝나기도 전에 멱살을 움켜쥐고 세차게 뺨을 때리면서 말하였다.

"수많은 무명번뇌가 어느 곳에서 오느냐?"

그리고 또 한 차례 따귀를 후려치니 그 자리에서 의심이 얼음 녹듯 풀리게 되었다. 이에 몽암스님은 예의를 갖추어 사례하고 소리 높여 게송을 읊어 바쳤다.

알았다 알았다 철저히 알았다
괜스레 맨발 벗고 동분서주 했었구나
창공의 둥근 달을 밟으니
팔만 사천 문이 밝기도 하다.

그러나 회암스님은 또다시 소리쳤다.

"이 둔한 놈아, 몽둥이 30대를 맞아야겠다."

"저도 스님께 30대를 치겠습니다."

"보자 하니 애꾸눈이 감히 법통을 어지럽히는구나."

이 뒤로 스님의 기봉(機鋒)이 준엄하고 민첩하여 감히 당할 사람이 없었다.

회암스님이 입적하면서 몽암스님에게 법의와 게송을 전하였다.

다시 찾아온 독종은 원총 시자로다
우리 종법이 너에게서 망하는 것을 어찌하기 어렵구나.

이어서 말하였다.

"뒷날 노승을 저버리지 말라."

"지금도 기대에 어긋난 바 적지 않습니다."

"그렇다면 30년 후에 이 이야기가 크게 퍼질 것이다."

"통곡에 원통함과 괴로움을 더하여 주시렵니까?"

몽암스님은 귀봉사의 주지가 되어 회암스님의 법을 이었다. 그 후 여섯 차례 자리를 옮겼고 황제의 명을 받고 경산사(徑山寺)의 주지가 된 지 14년 만에 입적하였다.

아! 몽암스님은 회암스님의 문하에서 스님의 뒤를 빛낸 사람이다. 이는 마치 조과도림(鳥窠道林, 741~824) 스님이 초현회통(招賢會

通) 시자를 만난 것과 같아서³ 세 번 오르고 아홉 번 찾아가는 수고⁴가 없었다. 비록 스승과 제자가 만나는 인연은 숨고 드러남이 하나라고 하지만 마치 허공에 도장을 찍어도 아무런 흔적이 없는 듯하니, 이는 굳은 의지로 용맹정진을 하고 한결같은 마음으로 발원한 증험이 아니겠는가.

주:

1 복주(福州): 복건성(福建省) 복주시(福州市) 창산구(倉山區).
2 江西省-上饒市-信州區
3 조과도림(鳥窠道林, 741~824)에게 회통(會通)이라는 시자가 있었는데, 하루는 시자가 떠나가겠다고 하였다. "그대는 지금 왜 떠나려고 하는가?" "저는 법을 위해서 출가를 하였는데 아직도 화상의 자비로운 가르침을 입지 못하였습니다. 그래서 지금 여러 곳으로 다니면서 불법을 배우려고 합니다." "불법이라면 나에게도 조금은 있다." "무엇이 화상의 불법입니까?" 조과도림이 입고 있던 누더기에서 실오라기를 조금 뜯어 입으로 불었다. 시자가 크게 깨달았다. 『경덕전등록(景德傳燈錄)』 권4(T51-230b).
4 설봉의존(雪峰義存, 822~908)이 투자대동(投子大同, 819~914)을 세 번 만나러 가고 동산양개(洞山良价, 807~869)를 아홉 번 찾아간 일을 말한다. 원문에서는 "삼등구도(三登九到)"라고 표현하였는데 흔히 "구지동산(九至洞山) 삼도투자(三到投子)"라고 표현하여 법을 구하는 선사들의 구도열을 보여주는 경구로 쓰인다.

18

천동사 여정(如淨) 선사의
게송과 법문

경원부(慶元府)¹ 천동사(天童寺)의 여정(如淨, 1163~1228, 조동종) 선사는 훤출한 용모와 호방한 성품을 지녀 총림에서는 '여정 형님[淨長]'이라고 불렀다.

진헐청료(眞歇淸了, 1088~1151) 스님의 부도에 참례하고 게송을 지었다.

진공(眞空)을 쉬어[歇] 활기(活機)를 꿰뚫으니
자손의 운명은 실낱같이 이어지네
이제야 손꼽아 헤어보니 속절없는 단장(斷腸)의 슬픔이라
두견새도 목이 메어 꽃가지에 멍울지는 핏방울이여.

대중에게 설법하였다.
"마음이 어지럽게 흩날릴 때는 어떻게 손을 써야 하는가? 조주

(趙州, 778~897) 스님께서 '개에게 불성이 없다' 하셨으니, 이제 그 없을 무(無) 자는 빗자루와 같은 것이다. 쓸어버린 그 자리에 또다시 어지럽게 흩날리고, 어지럽게 흩날리는 곳은 쓸면 쓸수록 더하다. 도저히 쓸 수 없는 데까지 가서 목숨을 내던지고 밤낮으로 허리뼈를 세우고 용맹스럽게 쓸되 결코 중도에서 그만두지 않는다면 어느 날 갑자기 저 허공을 깡그리 쓸어버리고 천차만별한 것을 확틔울 것이다."²

이 법문으로 스님의 종지를 알 수 있다.

어떤 스님이 여정스님에게 물었다.

"누구를 주지로 잇게 하시렵니까?"

"여정(如淨)으로 잇게 하련다."

"법호는 무엇으로 합니까?"

"정장(淨長)으로 해라."

그 후 태백산(太白山)에서 병이 들어 선석(禪席)에서 물러난 후 열반당으로 내려가서야 비로소 스승인 지감족암(智鑑足庵, 1105~1192) 스님을 위해 대곡(大哭)을 하고는 분향하였다.

입적할 때에 시자가 법당의 보개경(寶盖鏡)이 법좌 위에 떨어졌다고 알려주니, 스님께서 "고선자경(枯禪自鏡) 스님이 찾아왔구나."라고 하였는데 과연 그러하였다.

주
:

1   경원부(慶元府) : 절강성(浙江省) 영파시(寧波市) 해서구(海曙區).
2   『여정화상어록(如淨和尙語錄)』권하(T48-127b).

19

공수종인(空叟宗印) 선사의 선재동자 게송

●

　공수종인(空叟宗印) 선사가 육왕사(育王寺)를 찾아갔을 때 불조덕광(佛照德光, 1121~1203) 스님의 법석은 대성황을 이루고 있어서 선재동자를 송하는 글이 여러 두루마리나 되었는데 공수스님의 게송은 다음과 같다.

　　선재동자 태어나자마자
　　항하사 모래알처럼 수많은 복이 모여들고
　　늠름한 저 기상은 대왕의 기품이라
　　각성(覺城)[1] 동쪽에서
　　지혜와 발원이 이미 환히 드러났으나
　　나아가 수많은 선지식을 찾아다녔네
　　한 발자국도 옮기지 않고
　　끝없는 남방을 두루 다녔네

스산한 바람결에 차가운 달빛

그리고 안개 자욱한 아득한 물결

손가락 튕길 만한 찰나

비로봉 누각의

양 문이 활짝 열어 젖혀지니

진진찰찰(塵塵刹刹)이 그대로 드러나고

일체법이 완전하고 항상하여라

이 모두 꿈속의 경계라

깨어 보면 만면에 부끄러움뿐

되돌아와 또다시 마정수기(摩頂授記) 만났으니

이는 곧 설상가상(雪上加霜)이라.

이 게송은 많은 이의 추앙을 받았다. 뒷날 공수스님의 도가 더욱 알려지고, 그리하여 육왕사에 주지하게 되었다.

주
:

1   각성(覺城) : 부처님이 성도하신 마가다국 가야(伽倻). 깨달음의 경지를 비유하기도 한다.

20

상주물에 대하여

절옹불심(浙翁佛心, 1151~1225) 스님이 말하였다.

"동산혜공(東山慧空, 1096~1158) 스님이 인부(人夫)를 빌려 달라는 여재무(呂才茂)에게 보낸 답서는 염라전(閻羅殿) 앞에 내놓을 수 있는 하나의 사면서라 할 수 있다. 요즘 제방 스님들은 어떻게 하고 있는지 모르지만 과연 이 답서를 받들어 지닌다면 훗날 크나큰 힘을 얻게 될 것이다."

혜공스님의 서신은 다음과 같다.

"저는 원래 산중에 사는 사람으로서 이제 비록 한 사찰의 장로가 되었다 하지만 변함없이 혜공(慧空) 상좌(上座)일 뿐입니다. 사중 살림은 모두 소임자에게 맡겼으니, 제가 어찌 감히 사사롭게 절집 안의 금전을 도용하거나 귀족들과 결탁하며, 또는 속가를 돕는다거나 아는 사람을 접대할 수 있겠습니까? 요즘 뿔이 돋치고 털이 난 채 전생 빚을 갚는 축생 중에 이런 경우가 많습니다. 옛 부처님이 분명하게 말씀하셨으니 두렵지 않습니까? 바라건대 저를 이러한 무리 속으로 몰아넣지 말아 주셨으면 합니다. 공께서 도읍으로 들어가 벼슬을 구하니 찬란한 앞길을 쉽사리 헤아릴 수 없을 것입니다. 귀에 거슬리는 말을 어찌 여기실지 모르겠습니다."

불심스님은 언제나 이 서신을 거론하여 설법하였다.

또한 은산(隱山) 찬(璨) 스님도 이와 같이 말하였다.

"상주물인 금전과 곡물을 대중공양 이외에 다른 데로 도용하는 일은 짐독(鴆毒)과 같은 일이다. 주지나 재무를 관장하는 자가 그런 버릇에 한 번 적셔지면 온몸이 썩어 문드러진다는 말이 율장(律藏)에 자세히 실려 있다. 옛사람들은 창고에서 금전을 가지고 돌아온 뒤에는 생강탕을 달여 약으로 마셨으니 그 조심성을 엿볼 수 있다. 지금 방장스님의 자리에 앉아 있는 자들은 대중의 발우에 담길 물건까지 줄여서 자신의 배를 채울 뿐만 아니라, 자신의 비리를 추종하기를 강요하고 인정에 호소한다. 이보다 더욱 심한 사람은 사찰의 재산을 훔쳐내어 귀중한 보물을 사들여 널리 인심을 베풀고 큰 사찰로 옮겨가기를 바라는 사람까지 있으니 훗날 철면피 염라대왕이 그 빚을 계산해 줄 수밖에 없을 것이다."

이것도 함께 기록한다.

21

조주 선사와
문원 사미의 이야기를 거량하다

수암사서(秀嵓師瑞)

●

수암사서(秀嵓師瑞) 선사가 말하였다.

"대혜(大慧, 1089~1163) 스님께서, 조주(趙州, 778~897) 스님이 하루는 법당에 있다가 예불하는 문원(文遠) 사미를 보고 주장자로 한 대 후려치자 문원 사미가 '예불도 좋은 일입니다' 하니 '좋은 일이라도 없느니만 못하다'고 한 일[1]을 거론하시고는 게송을 지으셨다.

문원스님의 수행은 공(空)에 집착하지 않아
수시로 황금부처를 보고 절을 올리고
조주스님의 주장자는 비록 짧지만
머리 뒤의 둥근 빛이 또 한 겹 있네.[2]

대원(大圓) 지(智) 스님께서 이 글을 보시고 '대혜스님의 작용처는 암두전활(巖頭全豁, 828~887) 스님과 황룡사심(黃龍死心, 1043~1116)

스님보다 부족하지 않다. 기꺼이 헤아려 보니, 가히 전무후무하다 할 만하다. 이제 스님이 마지막 구절을 고치기 위하여 반드시 나를 찾아올 것이다. 그러나 서로 만날 수 없으리라' 하시고는 마지막 구절을 '겹겹이 둘러친 화산(華山)을 한번에 깨뜨렸다'고 고치셨다. 대혜스님께서 이 말씀을 들으시고 대원스님을 찾아가 뵙고자 하셨지만 대원스님은 이미 열반하신 뒤였으므로 스님의 어록에 다음과 같이 쓰셨다.

칠불(七佛)의 명맥과
모든 조사의 안목이
이 어록을 보기만 하면
모두가 눈앞에 나타나리.

두 분 스님께서 서로 이와 같이 존경하셨다. 지금은 그런 분을 뵈올 수 없지만 그 기염은 지금까지 고동치고 있다."[3]

아! 훌륭한 두 스님을 다시는 뵈올 수 없고 수암스님 또한 세상에 계시지 않으니 인연을 통해 알 수밖에 없다. 만일 글이나 말 바깥에 한쪽 눈을 두는 자가 있다면 세 사람이면 거북이도 만드는 꼴[三人證龜][4]은 면할 수 있으리라.

주
:

1 『고존숙어록(古尊宿語錄)』 권14(X68-90a).

2 『대혜보각선사어록(大慧普覺禪師語錄)』 권10(T47-851c).

3 대혜(大慧, 1089~1163)의 게송을 둘러싼 대원(大圓)과의 일화는 『총림성사(叢林盛事)』 권하(X86-697c)에도 전한다.

4 세 사람이면 거북이도 만드는 꼴[三人證龜] : 자라를 놓고 거북이라고 여럿이서 우기면 그것이 거북이가 된다는 뜻.

22

철편윤소(鐵鞭允韶) 선사의 개당법문

철편윤소(鐵鞭允韶) 선사는 정직하고 성실하여 남의 비밀을 엿보는 일이 없었다. 스님은 복주(福州)[1] 면정(緜亭) 사람이다. 온릉(溫陵)[2] 광효사(光孝寺)에 주지해 달라는 청을 받고 가서 개당법회를 연 자리에서 임금을 위해 축원하고 향을 사른 뒤 말하였다.

"무엇을 제일의제(第一義諦)라 하는가? 여기 모여 있는 대중 가운데 이를 달갑게 여기지 않는 자는 없는가? 있다면 앞으로 나와 말해 보아라."

때마침 한 스님이 앞으로 나와 물었다.

"이마에는 마혜수라의 눈이 툭 솟았습니다."

스님은 주장자를 들어 탁자를 한 번 치고서 말하였다.

"그만두어라. 오늘 개당법회는 보통 불사와 비할 바 아니다. 설령 미륵불이 하생할 때까지 문답한다 해도 쇠줄처럼 꼬리에 꼬리를 물 뿐, 그릇에 담긴 물이 새지 않듯 해결의 실마리가 틔지 않는다.

다만 밥 먹고 죽 먹을 기운이나 북돋아 줄 뿐, 자기 문제와는 아무런 관계가 없다. 그러므로 물음은 답할 수 있는 곳에 있지 않고 대답은 묻는 곳에 있지 않다고 하는 것이다. 불쑥불쑥 문답을 하는 것이 마치 마른하늘에 번개 치듯 하여 눈뜨고 봐줄 수 없는데, 게다가 어떻게 말이나 글로 종지를 밝힐 수 있겠는가. 이는 마치 나무에서 물고기를 구하고[緣木求魚]³ 나무둥치를 세워 놓고 토끼가 부딪쳐 주기를 기다리는 것[守株待兎]⁴과 같아서, 우리 종지에는 말이나 글이 없고 남에게 줄 그 어떤 법도 없음을 전혀 모르는 것이다. 여기서 철저히 깨달으면 성상과 부처의 은혜를 일시에 갚는 일이다. 그나마 그것도 하지 않는다면 금상첨화(錦上添花)이겠지만."

다시 주장자로 탁자를 치고 법좌에서 내려왔다.⁵

스님의 『팔회록(八會錄)』이 세상에 널리 알려지니, 오성(五聲)을 살펴 팔음(八音)을 알고 팔음을 살펴 음악을 알 것이다.⁶

주
:

1   복주(福州) : 복건성(福建省) 복주시(福州市) 창산구(倉山區).
2   온릉(溫陵) : 복건성(福建省) 천주시(泉州市) 풍택구(豐澤區).

3 연목구어(緣木求魚): 『맹자(孟子)』 「양혜왕(梁惠王)」에 나오는 이야기이다. 맹자가 천하를 돌아다니며 왕도정치의 이상을 설파하고 있을 때 제나라에 가서 선왕(宣王)을 만나게 되었다. 맹자는 선왕에게 "대왕의 바람은 중국 천하를 통일하시는 것일 텐데 무력으로 욕망을 달성하시려는 것은 나무에 올라가서 물고기를 구하는 것과 다를 바가 없습니다."라고 설득하여 맹자의 왕도정치를 열심히 듣게 되었다. 목적과 수단이 올바르지 않은 일을 행하려 하거나 노력도 하지 않고 터무니없는 꿈을 꾸는 사람을 비판할 때 쓰인다.

4 수주대토(守株待兎): 『한비자(韓非子)』에 전하는 이야기이다. 송나라에 어떤 농부가 밭을 갈고 있었는데 갑자기 토끼 한 마리가 뛰어오다가 밭 가운데 있는 그루터기에 부딪쳐 목이 부러져 죽었다. 덕분에 토끼 한 마리를 공짜로 얻은 농부는 농사일보다 토끼를 잡으면 더 수지가 맞겠다고 생각하고 농사일은 집어치우고 매일 밭두둑에 앉아 그루터기를 지키며 토끼가 오기만 기다렸다. 그러나 토끼는 두 번 다시 나타나지 않고 농부는 웃음거리가 되었다. 낡은 관습을 지키며 새로운 시대에 순응할 줄 모르는 사상이나 사람에게 이 비유를 쓴다.

5 『속고존숙어요(續古尊宿語要)』 권4(X68-453bc).

6 원문은 "審聲以知音(심성이지음) 審音以知樂(심음이지악)"이다. 『예기(禮記)』 「악기(樂記)」에 나오는 말이다. '소리'를 뜻하는 '음(音)'과 '성(聲)'은 둘을 구별할 때는 '음(音)'은 악기의 소리, '성(聲)'은 사람의 발성기관에서 나오는 소리를 의미한다. 『설문해자(說文解字)』에서는 '오성(五聲)'을 '궁상각치우(宮商角徵羽)'의 다섯 음계로 설명하고, '팔음(八音)'은 쇠[金]·돌[石]·명주실[絲]·대나무[竹]·나무[木]·가죽[革]·바가지[匏]·흙[土]의 악기를 만드는 여덟 가지 재료로 예를 들고 있다.

23

파암조선(破庵祖先) 선사의 참선

파암조선(破庵祖先, 1136~1211) 선사가 한번은 말하였다.

"요즘 형제들은 공부를 할 때 본성(本性)을 찾지 않기 때문에 효험을 보지 못한다. 내가 행각할 때에 밀암함걸(密庵咸傑, 1118~1186) 스님이 구주(衢州)[1] 오거산(烏巨山)에 계셨는데, 그곳에서 지객(知客) 소임을 맡아보다가 사임하고 쌍림사(雙林寺)를 찾아가 수암사일(水菴師一, 1108~1171) 스님을 뵈었다.

쌍림사에는 두 개의 회랑이 있었는데 나는 밤이면 밤마다 잠을 자지 않고 동쪽 회랑에서 서쪽 회랑으로 왔다 갔다 하며 화두를 들고 공부하였다. 이와 같이 두세 번을 돌고 승당으로 들어와 다시 하나에만 골똘하니, 상하에 있는 형제 모두가 얼어터진 겨울 참외처럼 보였다. 이런 모습을 보고 스스로 생각하였다.

'깨닫지 못한다면 나도 저 승당의 얼어터진 겨울 참외 같을 것이니 이러고서도 어떻게 밥을 먹을 수 있단 말인가?'

나는 당시에 웬만큼은 공부가 되어서 선실에서 입을 열 수 있을 정도였으나 미세한 번뇌[命根]까지는 끊지 못하여 마음이 결코 평온할 수가 없었다.

드디어 몸을 일으켜 평강(平江)²의 만수사(萬壽寺)를 찾아가 승당 앞에서 쉬고 있었다. 당시 만수사에 계시던 등지암(燈止庵) 스님은 감쪽같은 솜씨로 학인을 다루는 노장이었는데, 공양을 마치고 북이 울리자 스님이 선실로 들어갔다. 나는 그때 마음속으로 그를 속이고 들어가지 않을 심산이었으나 동행한 도반이 이미 선실로 들어가면서 내게 들어갔었느냐고 물어 왔다. 나는 동행을 속이고 들어갔었노라고 하자니, 나와 동행인데 내가 그를 속이면 내 마음이 편안하지 못할 뿐 아니라, 점차 사천(四川)으로 돌아가자고 윽박지르게 될까봐 마음이 초조하고 번민스러웠다. 그리하여 승당(僧堂) 뒤편으로 들어갔는데 머리를 들어 보니 순간 '조당(照堂)'이라는 두 글자가 눈앞에 와 닿았다. 그러자 이제껏 품어 왔던 의심이 단박에 풀렸다. 유유자적하게 장산(蔣山)으로 올라가 다시 밀암스님을 뵈니 서로의 의견이 일치되지 않는 게 없었다."

파암스님의 참선은 마치 한신(韓信, 기원전 231~기원전 196)의 적은 군사가 배 위에서 필사의 각오로 딴마음이 없었기 때문에 승리³할 수 있었던 것과 같은 일이다.

주
:

1 구주(衢州) : 절강성(浙江省) 구주시(衢州市) 가성구(柯城區).
2 평강(平江) : 호남성(湖南省) 악양시(岳陽市) 평강현(平江縣).
3 한(漢)나라와 조(趙)나라 사이에 벌어진 '정형(井陘)의 전투'를 가리킨다. 한나라군은 적은 병력으로 수십만의 조나라군을 상대로 승리를 거두고 조나라를 복속시켰다. 이 승리를 이용해 한신(韓信)은 제(齊)나라와 연(燕)나라 등을 차례로 복속시켰다. 초한(楚漢) 전쟁에서 한나라군이 초나라군을 압도하기 시작한 계기를 마련한 전투로서, 중국사에서 손에 꼽히는 명장인 한신이 거둔 최대의 군사적 성공이자 초한전쟁의 향방을 가른 의미가 있는 전쟁으로 평가받는다.

24

경산도겸(徑山道謙) 수좌가 주자(朱子)에게 보낸 편지

●

강서(江西)의 운와효영(雲臥曉瑩) 암주는 말하였다.

"경산(徑山)의 도겸(道謙) 수좌가 건양(建陽)¹으로 돌아와 선주산(仙洲山)에 움막을 짓고 살았는데, 그의 명성을 전해 들은 사람들이 기꺼이 귀의하였다. 시랑(侍郎) 증천유(曾天游), 사인(舍人) 여거인(呂居仁, 1084~1145), 보학(寶學) 유언수(劉彦脩) 등이었다. 제형(提刑) 주원회(朱元晦, 1130~1200, 주자)는 편지로 도를 묻기도 하고 때로는 산속으로 찾아오기도 하였다. 도겸 수좌가 주원회에게 보낸 답서의 요지는 다음과 같다.

하루 24시간 중에 일이 있을 때는 일을 하고 일이 없을 때는 이 한 생각에 머리를 돌려 화두를 들어야 합니다. 한 학인이 조주(趙州, 778~897) 스님에게, 개에게도 불성이 있느냐고 물었습니다. 조주 스님은 이에 대해 '없다'고 대답했습니다. 이 화두를 가지고 오직 들기만 할 뿐 생각해서도 안 되고 천착해서도 안 되며 알음알이를 내서도 안 되고 억지로 맞춰서도 안 됩니다. 이는 마치 눈을 감고 황하를 뛰어넘는 것과 같아서 뛰어넘을 수 있을까 없을까는 묻지 말고 모든 힘을 다하여 뛰어넘어야 합니다. 만일 진정으로 뛰어넘 었으면 이 한 번에 백 번 천 번 모두 뛰어넘을 수 있지만 뛰어넘지 못했다면 오로지 뛰는 일에만 몰두할 뿐 득실을 논하지 말고 위험을 돌아보지 말고 용맹스럽게 앞으로 향할 뿐 다시는 헤아리지 말아야 합니다. 의심하고 주저하며 생각을 일으키면 영영 멀어집니다."[2]

도겸 수좌는 일찍이 보학 유언수의 청에 따라 건양의 개선사(開善寺)에 주지하였으며 그 전엔 운와(雲臥) 스님과 함께 가장 오랫동안 대혜(大慧, 1089~1163) 스님을 시봉하였다. 유삭재(劉朔齋)의 말에 의하면, 주자(朱子)가 처음 이연평(李延平, 1093~1163)에게 도를 묻던 당시에는 책상자 속에 오직 『맹자』 한 질과 『대혜어록(大慧語錄)』 한 권만을 가지고 다녔다고 한다.

주:

1 건양(建陽) : 복건성(福建省) 남평시(南平市) 건양시(建陽市).
2 『운와기담(雲臥紀譚)』 권하(X86-676bc).

25

도반의 마음씨

소암요오(笑庵了悟)와 송원숭악(松源崇嶽)

●

　소암요오(笑庵了悟) 스님은 주(周) 씨다. 소주(蘇州) 상숙사(常熟寺)에 살며 오랫동안 무등유재(無等有才, 1116~1169) 스님을 시봉한 후 다시 송원숭악(松源崇嶽, 1132~1202) 스님과 함께 밀암함걸(密庵咸傑, 1118~1186) 스님의 문을 두드리니, 밀암스님이 물었다.

　"네 평소의 견처(見處)를 내게 말해 보아라. 네 경지에 따라 틔워 주겠다."

　"아직은 없습니다."

　"참당이나 하여라."

　소암스님은 그 후 승당에서 등잔의 불똥 없애는 것을 보고 깨달았다. 방장실로 들어가 거리낌 없이 자유분방한 기봉을 썼다. 그리고는 찾아가기만 하면 몽둥이질을 하는 덕산선감(德山宣鑒, 782~865) 스님의 인연에 대하여 게송을 하였다.

산악을 뒤엎고 폭포수를 흔들며 찾아온 저 길손
작은 악마 탈을 쓴 채 부질없이 시기하네
신기한 말로 삼천대천세계를 한번에 뛰어넘으니
괜스레 문 앞의 하마대(下馬臺, 말 내리는 곳)를 말하네.

밀암스님은 이 게송을 듣고 기뻐하였다.

지난날 송원스님이 대중스님으로 있을 때, 세상일에 너무 어두웠으므로 그를 대신하여 소암스님이 자질구레한 일까지 모두 책임졌었다. 송원스님이 영은사(靈隱寺)의 주지가 되었을 때 소암스님은 고향 마을 영암사(靈岩寺)에 있었는데 배를 마련하여 항주(杭州)에 가서 송원스님을 방문하였다. 절에 도착한 지 사흘 만에야 겨우 만나게 되었는데도 송원스님은 전혀 미안해하는 기색이 없었다. 그 후 송원스님이 법화사(法華寺)에 주지해 달라는 청을 받고 떠나가면서 영은사는 소암스님이 맡도록 힘써 추천하였다.

이러한 선배들의 경계는 말 한마디만 잘못 해도 일생동안 한을 품는 요즘 사람과는 너무나 큰 차이가 있기에 이를 기록하여 후세 사람에게 귀감이 되고자 하는 바이다.

26

임자를 기다리는 법의

송원숭악(松源崇岳)

송원숭악(松源崇岳, 1132~1202) 선사가 호구사(虎丘寺)에서 영은사로 옮겨왔을 때 이미 늙고 귀가 어두워 총림에서는 '귀머거리 노장[老聵翁]'이라 불렸다.

백운수단(白雲守端, 1025~1072) 화상으로부터 물려받은 법의를 후인에게 빨리 물려주기 위하여 세 마디 화두[轉語]를 제시하였다.

"입을 열어 말을 한다는 것은 혀끝에 있는 것이 아니다. 역량(力量) 있는 사람이 어째서 다리 들고 일어서지도 못하는가? 역량 있는 사람이 어째서 세속 인연을 끊지 못하는가?"

아무도 깨닫는 자가 없자 법의를 탑 아래 놓고서 말하였다.

"30년 후 우리 집안의 자손이 이곳 주지로 올 것이니 이 법의를 그에게 주어라."

이 말을 마치고 입적하였는데, 뒤에 석계심월(石溪心月, ?~1254) 스님이 과연 호구사에서 칙명을 받들어 경산으로 오게 되었다. 이에 법의를 들고 말하였다.

"대유령(大庾嶺) 꼭대기 깊은 밤에 황매스님의 법의를 놓고, 서로 다투니 부족하고 서로 양보하니 남는구나. 지금 이것이 그대로 공안(公案)이 된다 해도 잘못에 잘못을 더하는 꼴을 면치 못하리라."

그리고는 법의를 받들고 일어서며 말하였다.

"묻노라, 백운스님으로부터 전해 왔고, 송원스님이 여기에 묻어 두었던 이 법의는 무엇을 밝히려 함인가? 어지러운 봄바람은 마냥 그치지 않는구나."

지금은 불해(佛海, ?~1254, 석계) 스님이 쌍경사(雙徑寺) 전의암(傳衣庵)에 그 법의를 간직하고 있다. 과연 그 누구를 기다리고 있는 것일까.

27

정씨 집안의 훌륭한 스님들

쌍삼중원(雙杉中元) 선사는 계율을 엄격하고 청정하게 지켰다. 수주(秀州)[1] 천녕사(天寧寺)에 주지할 때 소참(小參)에서 응암담화(應庵曇華, 1103~1163) 스님의 방에서 밀암함걸(密庵咸傑, 1118~1186) 스님이 "무엇이 정법안(正法眼)입니까?" 하고 물으니 "깨진 사기그릇이다." 한 것을 거론하고서 염송하였다.

이 말은 두 갈래 길처럼 나뉘어 있는데 오랜 세월 후에 나무 끝에 한 가지 찬란히 꽃피웠다. 바람 불고 햇살 따사로운데 그 누가 이를 보아줄까? 이름 모를 건장한 아이가 느닷없이 가져가 버렸지만 그 위엔 원래 관인(官印)이 찍혀 있었다. 말해 보라. 도장 자국이 어디에 있는가를.

그 옛날 오릉공자 소년 시절엔

춘풍에 의기양양 말발굽 치달리며
황금을 아끼지 않고 탄알을 마련하여
해당화꽃 아래에서 꾀꼬리를 겨누었네.

이에 석전법훈(石田法薰, 1171~1245) 스님이 이 시를 몹시 애송하며 칭찬하였다.

쌍삼중원 스님은 복주 복청(福淸) 정씨(鄭氏)의 문중에서 태어났는데, 조상 중에 온(溫) 나암(羅庵) 스님이 계시고, 그 후엔 밀암함걸(密庵咸傑, 1118~1186) 스님이, 그 뒤를 이어 수벽(邃僻) 스님과 쌍삼 스님이 배출되었다. 수벽스님은 쌍삼스님의 속가 숙부이며 불가로 치면 삭발 은사이다. 또한 청(淸) 여원(如源) 스님은 식견과 취향, 그리고 계행이 탁월한 스님이다. 정씨 한 집에서는 이처럼 훌륭한 스님들이 많이 배출되었다.

주
:
1   수주(秀州) : 절강성(浙江省) 가흥시(嘉興市) 남호구(南湖區).

28

성도절 상당법문

별포법주(別浦法舟)

안길주(安吉州)¹ 도량사(道場寺)의 별포법주(別浦法舟) 선사는 불심(佛心) 노스님에게 가르침을 받았고 공수종인(空叟宗印) 스님의 법제자가 되었다. 석가모니불의 성도일에 상당하여 설법하였다.

"석가모니불이 2천 년 전 마갈타국(摩竭陀國)에 계실 때 '샛별을 보는 순간 훤히 도를 깨달았다'고 스스로 말했으나 그 오랑캐 속임수가 많으니 참말인가 거짓말인가를 알겠다. 후일 진정극문(眞淨克文, 1025~1102) 스님이 말하기를, '지금 중국에는 극문(克文) 비구가 있는데 찬란한 태양을 보는 순간 무엇을 깨달았는가?' 하였다. 관서지방 사람은 지혜가 없으니 이 사실이 있는지[有] 없는지[無] 알 수 없으며, 사천 지방 승려는 입을 벌렸다 하면 속을 다 보이니 일구(一句)가 일구로다."

주장자로 법상을 치며 말하였다.

"어떤 일구(一句)인가? 파촉 협곡 지날 때 원숭이 울음소리, 세

마디도 듣기 전에 창자가 에는 듯하구나."

이어서 말하였다.

"백장(百丈, 720~814) 스님은 사흘 동안 귀머거리가 되었으니 마조(馬祖, 709~788) 스님은 허물만 있고 공이 없었고, 임제(臨濟, 767~866) 스님은 뼈아픈 몽둥이를 세 차례나 얻어맞았으니 황벽(黃檗, 751~850) 스님은 처음은 있으나 끝이 없었다. 호암(虎巖) 스님은 몽둥이질도 할(喝)도 하지 않고 뱀이 될 자에겐 뱀이, 용이 될 자에겐 용이 되도록 하였다."

이어 주장자로 법상을 치면서 말하였다.

"꾀꼬리는 버들가지 휘늘어진 강 언덕으로 날아가고 나비는 해당화 향기 속에서 춤춘다는 말을 듣지 못하였느냐?"

별포스님의 경지는 타당하며 치밀하였고, 학인들에게 내려준 법문은 마치 꽃향기 속에 봄이 가듯, 강물 위에 달이 비치듯이 전혀 흔적을 찾을 수 없다. 스님은 공수스님의 문하에서 매우 뛰어난 인물이다.

노장(老藏) 스님은 말하였다.

"별포스님은 가정(嘉定, 1208~1224) 연간에 치절도충(痴絕道沖, 1169~1250) 스님과 앞을 다투었으나 불행스럽게도 치절스님처럼 장수를 누리지는 못하였다. 아! 애석한 일이다."

주
:
1 안길주(安吉州) : 절강성(浙江省) 호주시(湖州市) 안길현(安吉縣).

29

국사(國史) 진귀겸(陳貴謙)의 『종경록』 간행에 부쳐

쌍삼중원(雙杉中元)

●

 쌍삼중원(雙杉中元) 스님은 만암치유(萬庵致柔) 스님의 법제자이다. 국사(國史) 진귀겸(陳貴謙)과 그의 아우 참예문정공(參預文定公) 진귀의(陳貴誼, 1183~1234)가 무강(武康)¹ 용산(龍山)에 쌍삼암(雙杉庵)을 마련하여 스님을 모셨다.

 국사 진귀겸이 『종경록(宗鏡錄)』을 간행한 데 대한 스님의 답서는 다음과 같다.

 "그대를 찾아가 안부를 물으려 하던 차에 아름다운 글을 받고서 그대가 종경삼매에 들어 논변의 재능과 대기대용(大機大用)을 자유자재하게 구사하심을 알게 되었습니다. 그 책에 기록된 몇 장의 글을 살펴보니 모두가 구슬을 꿰어놓은 듯하여 참으로 우유를 가릴 줄 아는 거위왕의 안목을 깊이 감탄할 뿐입니다. 다만 염려스러운 일이라면 나날이 새로 깨우침에 따라 지난날에 익혔던 바를 버림으로써 선택 취사하는 데 기준이 없을까 하는 점입니다. 주위

들은 식견만을 틔워서 성현의 경지를 알려고 든다면 지혜의 힘은 지닐 여지가 없습니다. 이것을 도에 이르는 하나의 방편으로 생각하여 구한다면 어느 곳에서나 스스로 만족할 수 있는 오묘한 경지로 들어가 시대와 중생을 끝없이 제도할 것입니다. 그러한 까닭에 불교 잘 하는 것이 참다운 유도(儒道)를 위하는 길이기도 합니다.

세상에는 편협스러운 견문에 얽매이거나 파벌을 주장하는 사람이 있어 마음속으로는 긍정하면서도 입으로는 비난하기도 하며, 자세한 내용은 알지도 못하고서 남을 바보 취급하려 들지만 사실은 그 자신이 스스로를 속이고 있음을 알지 못하니, 참으로 불쌍한 사람이라 하겠습니다. 이로써 보건대, 위는 모두 알음알이 때문일 것입니다. 선방의 화두[三轉語]는 선승들의 평생공부이니만큼 선비들의 과거공부와도 같아서, 밤낮을 가리지 않고 노력하면서도 좀 더 틈이 없을까 걱정하는 것입니다. 그러나 어째서 어려운 일을 찾아 쉬운 것을 버리며 그것을 버리고 이것을 취하는 것일까요? 이는 전일하게 공부해서 체득한 바 없기에 크게 쉬는 경지[大休歇田地]에 이르지 못하고 부질없이 지식과 견문을 통한 이해만을 이루어 자신의 눈을 가리기 때문에 모든 것이 거꾸로[顚倒] 되는 것입니다.

선배의 말씀에 '진실로 이 일을 깨달으려면 절대로 이 『종경록』을 보아서는 안 된다. 이 책을 읽으면 선입견이 생겨 화두를 들기도 전에 이미 알아버리고 다시는 의문을 갖지 않는다. 그리하여 성불의 방편을 잃게 되니 이는 도로 들어가는 길이 아니므로 비록 세상에 이로운 책이라 하지만 실제로는 해가 된다. 이는 마치 진조(陳操) 상서(尙書)가 참선하는 시늉을 하다가, 운문(雲門, 864~949) 스님에게 한 스님이 '무엇이 교의(敎意)입니까' 한 물음에 대해 무어라고 의견을 꺼내려 하였으나 말을 하려다가 말을 잃고 생각을 하려다가 생각을 잃어 결국 운문스님에게 재물을 몰수당한 바로 그런 류이다'라고 하였습니다. 이제 거사께서 법보시로 큰 시주를 하려거든 반드시 금강권이나 율극봉, 쇠로 만든 찰떡으로 불사를 하셔야지, 사람들을 번뇌의 소굴로 끌고 들어가 속박만을 더해 주어서 어찌하려 합니까.

이는 붓 가는 대로 적다 보니 글이 구질구질하게 되었습니다. 언제 짬이 생기면 불러 주십시오. 그대를 찾아가 여러 소리 한 죄를 사과하리다."

국사 진공이 이 서신을 보고 깨우치게 되었다.

주:

1 무강(武康) : 절강성(浙江省) 호주시(湖州市) 덕청현(德淸縣).

30

까마귀 머리
무준불감(無準佛鑑) 선사의 깨침

무준불감(無準佛鑑) 원조사범(圓照師範, 1178~1249) 선사는 어릴 때부터 영특하였으며 재치 있는 말솜씨를 지니고 있었다. 쌍경사(雙徑寺) 몽암(蒙庵) 스님을 찾아뵙자 몽암스님이 물었다.

"어디 사람인가?"

"검주(劍州) 사람입니다."

"그렇다면 칼을 가지고 왔는가?"

이에 불감스님은 악! 하고 할을 한 번 하였다.

몽암스님은 다시 말하였다.

"까마귀 머리[烏頭]가 말이 많군."

이는 불감스님의 머리카락이 유달리 까맣기 때문에 당시 사람들이 그를 '까마귀 머리[烏頭]'라고 불렀던 것이다.

그 후 파암조선(破菴祖先, 1136~1211) 스님을 시봉하였는데, 한번은 도겸(道謙) 도인이 법문을 들으러 방장실로 들어가는 차에 따라 들어갔다. 파암스님은 도겸 도인이 오는 것을 보고 물었다.

"요사이 원숭이는 어떠한가?"

"원숭이를 잡지 못하였습니다."

"잡아서 무엇 하려고?"

불감스님은 이 말을 듣고 가슴속이 활짝 열렸다.

31

동짓날 소참법문

정산(井山) 밀(密)

●

정산(井山) 밀(密) 선사가 동짓날을 맞이하여 소참(小參) 법문을 하였다.

"바른 법이 시행되니 시방세계가 하나의 쇳덩이가 되었고 오묘한 지도리[樞]가 대지를 누르니 사람의 발자취가 끊겼다. 이는 참선도 아니고 도도 아니다. 마갈타국(摩竭陀國)에서 부처님의 3~7일(21일 간)은 철벽과 철벽이었으며 소림산(少林山)에서 달마스님이 9년 동안 싸늘히 앉아 있었던 것은 항상 바리때를 씻고 또 씻는 일이었다. 그 밖의 임제(臨濟, 767~866)·덕산(德山, 782~865) 스님도 모두가 봉사 코끼리 만지듯 했으니 하늘 끝까지 그렇게 거친 잡초뿐이다. 불자(拂子)를 수그려 시절 인연에 따르고 불자를 굽혀 방편을 열어 주노라."

말을 마치고서 불자로 한 획을 그리면서 "한 획을 그으면 양(陽)이 된다." 하고 또 한 획을 그어 놓고서 말하였다.

"또 한 획을 그리면 음(陰)이 된다. 음과 양이 서로 감응하여 일년의 농사가 이뤄지는 법이다. 그러나 천지가 딱 붙어 버린다면 해와 달과 별들이 일시에 깜깜해질 것이다. 말해 보아라. 이것이 양이냐, 아니면 음이냐?"

그리고는 불자를 내던지며 말하였다.

"돌 죽순에 가지가 돋아나거든 그대들에게 말해 주리라."

정산스님은 (밀함함걸 스님의 제자인) 고선자경(枯禪自鏡) 스님의 속가 조카뻘이며 불법 문중으로는 법제자이기도 하다. 어려서부터 장성하도록 도와주어 마치 매가 둥지에서 벗어나자마자 하늘에 솟구치려는 의지를 지닌 것과 같다. 명철한 스승 아래 어진 제자가 나온다는 말은 참으로 거짓말이 아니다. 그러나 훌륭한 설법을 다 하지 못한 채 요절한 것이 한스러운 일이다.

32

즉암자각(卽庵慈覺) 선사의 게송

건강부(建康府)¹ 보령사(保寧寺)의 즉암자각(卽庵慈覺) 선사는 지난날 무준불감(無準佛鑑, 1178~1249) 스님과 함께 파암조선(破菴祖先, 1136~1211) 스님의 문하에서 같이 공부했는데, 뒷날 무준스님이 산에 살게 되자 게송을 지어 보냈다.

솔바람 깊이 들이마시고
푸른 산빛 실컷 먹으며
호연지기 기르노니 뼛속까지 스며드는 맑은 기운
깊은 꿈 깨어 보니 천봉만학에 안개 서리고
흥에 겨워 웃노라니 천지가 비좁은 느낌
저녁노을 사라지고 눈발 그치니 푸른 산빛이 뚝뚝
절벽 위에 쏟아지는 폭포수 소리는 우르르 꽝꽝
옛사람의 이 즐거움을 내 어이 알리

저 건너 흰 구름이 바위를 감싸 안고 날아가네.

이주사(梨洲寺)로 떠나가는 고원(高源) 스님을 전송하면서 게송을 읊었다.

소옥아! 부르는 소리에서 대강은 알아챘지만
지금도 나의 두 눈은 흐릿하외다
스님이여, 고향에서 겪은 수모 설욕하지 못한다면
이 훌륭한 법을 누가 바로잡는단 말이오.

고원(高源) · 즉암자각(卽庵慈覺) · 석전법훈(石田法薰, 1171~1245) · 무준불감(無準佛鑑, 1178~1249) 등 도가 있다고 이름난 촉(蜀, 사천) 땅 노스님들은 모두 일세의 존경을 받았으니 아름답고도 훌륭한 일이다.

주
:
1 건강부(建康府) : 강소성(江蘇省) 남경시(南京市) 고루구(鼓樓區).

33

중암(中巖) 적(寂) 선사의 대중법문

중암(中巖) 적(寂) 선사는 천성이 고고하신 분이었다. 한번은 대중스님에게 설법하였다.

"과거 많은 여래가 이 도랑과 산골짜기에 꽉 차 있고, 현재 많은 보살은 잠뱅이 옷에 윗구멍이 없고 고쟁이(여자 속옷)에 아래구멍이 없으며, 미래 수도인은 떠밀쳐도 앞으로 나아가지 않고 잡아당겨도 뒤로 물러서지 않는다. 만일 이를 안다면 한 구덩이 흙이므로 차이가 없고 만일 모른다면 그대는 서쪽 진(秦) 나라로, 그리고 나는 동쪽 노(魯) 나라로 갈 것이다."

또다시 말하였다.

"걸어도 참선이요 앉아도 참선이라, 하루 종일 머리 들어 쳐다봐도 하늘은 보이지 않는다. 모든 것은 너에게서 나와 너에게 돌아가는 것이나 여전히 그대로라고 생각하면 잘못이다. 들어 일으키면[拈起] 우주에 가득 차고 놓아버리면[放下] 하나의 티끌마저도 일어나지 않으니, 들어 일으킬 것도 없고 진주(鎭州)의 무에 조주(趙州, 778~897) 스님은 최고의 값[1]을 불렀다."

또다시 말하였다.

"오늘 아침이 칠월 초하루이니 머지않아 올 여름의 결제도 마치게 될 것이다."

다시 법상으로 올라가 옛 공안을 들어 말하였다.

"완전히 들어 보여준다면 콧구멍 반쪽을 읽을 것이요, 완전히 들어 보여주지 못한다면 혀끝으로 범천(梵天)을 떠받드는 일이다. 아! 모든 것이 진창이로구나! 나에게 그 공안을 가져오너라."

주장자를 내리친 뒤 다시 말하였다.

"이 말을 되씹지 말라. 이 몇 마디 말은 마치 입에 모래를 머금은 여우가 사람의 그림자를 보고서 독모래를 쏘아대는 것과 같다. 나는 그 독모래에 중독되지 않을 자가 몇이나 될지 두렵다."

주:

[1] 조주나복(趙州蘿蔔) : 어떤 스님이 조주종심(趙州從諗, 778~897)에게 물었다. "소문에 의하면 화상께선 저 유명한 남전보원(南泉普願, 748~835) 화상을 친히 모시고 배우면서 그 법을 이은 제자라는데, 과연 그렇습니까?" 그러자 조주가 "진주(鎭州)에서는 꽤 큰 무[大蘿白頭]가 난다지."라고 대답했다. 『벽암록(碧巖錄)』 제30칙.

34

혼원담밀(混源曇密) 선사의 대중법문

임안부(臨安府)¹ 정자사(淨慈寺)의 혼원담밀(混源曇密, 1121~1189) 스님은 천태(天台) 노씨(盧氏) 자손이다. 천남(泉南)²에 갔다가 교충(教忠) 선사 회암미광(晦庵彌光, ?~1155) 스님을 찾아뵈었는데 이 스님이 바로 대혜(大慧, 1089~1163) 스님께서 '선림의 장원[禪狀元]'³이라 부르던 인물이다. 혼원스님은 미광스님에게 오래 머물면서 도를 모두 전수받았다.

후일 대중에게 설법하였다.

"그렇게 해도 그것은 땅을 파며 푸른 하늘을 찾는 일이고 그렇게 하지 않으니 허공에서 뼈를 찾는 일이다. 석가모니불은 가사와 정법안장(正法眼藏)을 마하대가섭에게 맡기셨으니 돈을 꾸어 돈놀이하고 물을 바꾸어 물고기를 길렀도다.

세존께서 금란가사를 전수하신 이외에 무엇을 따로 전하셨는가 하는 물음에 문 앞의 찰간대를 거꾸러뜨리라 하였으니 큰길로는 가지 못하고 남몰래 뒷거래를 했구나. 안팎, 그리고 중간에서 마음을 찾아보았으나 전혀 찾지 못했다 함에 그대의 마음을 편안케 해주었다 하니 재산을 다 몰수당했다가 뜻밖에도 주춧돌 아래서 황금을 찾았구나. 덕산(德山, 782~865) 스님의 몽둥이와 임제(臨濟, 767~866) 스님의 할이다. 할은 아전이 백성을 골탕먹이는 것이 관청에서 골탕 먹이는 것보다도 한 술 더 뜨고 혈육 친척이 도리어 의리로 맺은 친구보다 못한 격이다. 허리춤에 찬 달력이 오래되었으니, 거북 등을 지지며 기와 돌을 던져 점쳐 볼 필요가 없다.

양기(楊岐, 992~1049) 스님의 '세 발 달린 당나귀'[4]가 그대들의 콧구멍 속으로 들어가고 운문(雲門, 864~949) 스님이 '검은 옻칠 먹인 죽비'로 납승의 명근(命根)을 끊는다. 동승신주(東勝神州)에 불이 나서 제석천왕의 눈썹을 태웠고 서구야니(西瞿耶尼) 사람들은 참을 수 없어 연신 소리치며 떠벌리는구나. 초순 삼십일일, 중순 초하루, 하순 7일에 바리때를 걸어 놓고 주장자를 놓아두었다. 산하대지와 일월성신이 석 달을 안거(安居)하며 제불보살과 축생·나귀까지도 90일간은 아무 곳도 가지 않고 대원각(大圓覺)으로 우리 가람을 삼아 적멸(寂滅)이 앞에 나타나되 법에 따라 사건을 판결하듯 한다. 지난 해 피던 매화(梅花), 올해 피어난 버들 잎새, 빛깔과 향기는 예전과 변함없도다.

할! 다만 바라거니 봄바람이여, 힘을 합해 몽땅 우리 집으로 불어라."

남의 법문을 볼 적에는 반드시 바른 눈으로 밀설(密說)인지 현설(顯說)인지 직설(直說)인지 곡설(曲說)인지를 살펴서 마치 항산(恒山)의 구름처럼 자유자재해야 한다. 반드시 같은 안목과 의견을 지녀야만 옛 분들을 저버리지 않을 것이다.

혼원스님의 출처에 관해서는 이미 가태(嘉泰, 1201~1204) 연간에 간행된 『보등록(普燈錄)』에 상세히 기록되어 있지만 위에 서술한 몇 마디는 기재되어 있지 않다.

석전(石田, 1171~1245) 스님은 "『보등록』을 지은 정수허중(正受虛中, 1147~1209) 스님은 다만 스님들의 사적(事跡)만을 상세히 서술하였다."고 하였다.

내 생각으로는 연등(聯燈)을 기록하면서 이 부분을 삭제한 것은 그대로 지나칠 수 없는 일이다.

주
:
1 임안부(臨安府) : 절강성(浙江省) 항주시(杭州市) 임안시(臨安市).
2 천남(泉南) : 복건성(福建省) 천주시(泉州市) 풍택구(豐澤區).
3 『총림성사(叢林盛事)』권상(X86-691c)에 "미광스님의 게송을 본 묘희스님이 '이것이야말로 선림의 장원감이다' 하여 이를 계기로 미광스님은 '광장원(光狀元)'이라 불리게 되었다."고 하였다.
4 양기려자(楊岐驢子) : 양기방회(楊岐方會, 992~1049)에게 어떤 스님이 "어떤 것이 부처입니까?" 하고 물으니, "세 발 가진 당나귀가 발자국을 희롱하면서 다니느니라." 하였다. 그 스님이 다시 "선뜻 그렇게 될 땐 어떠합니까?" 하고 물으니, "호남(湖南)의 장로(長老)이니라." 하였다.『선문염송(禪門拈頌)』제1403칙.

35

국사(國史) 진귀겸(陳貴謙)이
사인(舍人) 진덕수(眞德秀)에게 보낸 편지

국사(國史) 진귀겸(陳貴謙)이 사인(舍人) 진덕수(眞德秀, 1178~1235)[1]에게 보낸 답서[2]는 다음과 같다.

"선문의 일에 대해 물어 오신 것을 보고서 마음을 비워 선(善)을 즐기는 뜻을 우러러보게 되었습니다. 그러나 천박한 식견을 생각해 보면 어떻게 그대의 물음에 답할 수 있겠습니까마는 감히 저의 좁은 의견이나마 말씀드리겠습니다.

그대가 말씀하신 '화두란 과연 들 만한 것이냐'는 물음에 관해 저는 화두란 애당초 정설이 있는 게 아니라고 생각합니다. 만일 한 생각이 나지 않으면 곧 삼라만상 전체가 부처이니, 어느 곳에 따로 화두가 있겠습니까? 그러나 다생의 습기(習氣) 때문에 깨달음을 등지고 번뇌에 빠져 마치 원숭이가 밤톨을 주워 모으듯 끊임없이 찰나간에도 생각생각이 일어났다 꺼졌다 합니다. 그러므로 여러 불조께서 부득이 임시방편으로 아무 맛없는 화두를 씹게 하여 의식이 다른 곳으로 분산되지 못하도록 하셨습니다. 이는 마치 꿀과자를 쓰디쓴 조롱박과 바꾸는 일과 같아서 그대들의 업식(業識)을 도야(陶冶)하는 데에는 실제 아무런 의의가 없는 것이며, 국가에서 부득이한 경우에 병기를 사용하는 것과 같은 예입니다.

그러나 요즘 학인들은 도리어 화두를 천착해서 심지어는 낱낱이 해설하는 것을 자기 일로 삼으니 너무나 거리가 멉니다. 장경혜릉(長慶慧稜, 854~932) 도자(道者)는 20년 간 일곱 개의 좌복이 닳아지도록 좌선하는 동안에 다만 '당나귀 일[驢事]이 끝나기도 전에 말 일[馬事]이 닥쳐왔다'[3]라는 화두 하나만을 생각하였습니다. 그러던 중 발을 걷어 올리는 순간 크게 깨달았으니, 이른바 8만 4천 개의 자물쇠를 다만 하나의 열쇠로 열어젖힌 것입니다. 어찌 많은 말이 필요하겠습니까.

그대가 보낸 서신에 의하면, '부처님의 말을 외우고 부처님의 마음을 지니고 부처님의 행실을 행하라. 그렇게 오래오래 하다 보면 반드시 얻은 곳이 있으리라'고 하니, 이와 같이 행한다면 진실로 일세의 어진 인물이 되는 것만은 사실입니다. 그러나 선문의 이 하나[一着]는, 거기에다 자기 본바탕을 철저히 보아야 비로소 이 일을 마쳤다 할 수 있습니다. 아무리 사람마다 원래 이를 지니고 있다 하지만 객진(客塵) 망상에 뒤덮여 있으므로 만일 야무진 단련이 없다면 끝내 깨끗해질 수 없을 것입니다. 『원각경(圓覺經)』에서 '비유하자면 금광석을 녹이는 일과 같으니, 금은 광석을 녹이지 않아도 그 속에 원래 있는 것이지만 비록 원래의 금이라도 광석을 녹여야 순금이 되는 것이다'[4]라고 하였는데, 위에서 말한 바를 의미하는 것입니다.

보내 주신 서신에서 또한 '만일 도가 언어문자에 있는 게 아니라면 여러 불조들은 무슨 까닭에 그 많은 경론을 이 세상에 남겨 두었는가?' 하고 물으셨습니다. 경은 부처님의 말씀이며 선은 부처님의 마음으로, 애초에 다를 것이 없습니다. 다만 세상 사람들이 언어문자만을 좇아 교(敎)라는 그물에 걸려 자기 자신에게 한 줄기 빛과 큰 일이 있는 줄을 모를 뿐입니다. 그러므로 달마스님이 서쪽에서 온 이후 문자를 세우지 않고 사람의 마음을 그대로 가리켜 견성성불하도록 하였으니, 이를 교외별전(敎外別傳)이라 이르는 것입니다. 이는 교(敎) 밖에 하나의 도리가 아니고 이 마음을 밝히되 교상(敎相)에 집착하지 않게 하려는 것입니다. 이제 만일 부처님의 말씀은 외우기만 하고 이를 자신에게 되돌릴 줄 모른다면 그것은 마치 타인의 보배만 헤아려 볼 뿐 자신에게는 반 푼어치도 없는 것과 같으며, 또한 해진 헝겊으로 진주를 감싼 후 문을 나서자마자 흘려버리는 일과 같습니다. 설령 중도에서 조그마한 재미를 얻었다 하더라도 이는 오히려 본분의 일에 있어서는 법애(法愛)의 견해입니다. 말하자면 황금가루가 아무리 귀해도 눈 속에 들어가면 티끌이 되는 법이니 깨끗한 것도 깡그리 닦아내야만 비로소 약간 상응할 수 있는 것입니다.

저는 이제껏 대장경을 열람해 보지는 못하였지만 『화엄경』, 『원각경』, 『유마경』 따위를 외워 조금은 익숙하고, 그 밖의 『전등록』, 여러 스님의 어록과 연수(延壽, 905~976) 스님의 『종경록』을 모두 음미하며 수십 년간을 두문불출하였지만 경전의 논소를 볼 여가는 없었습니다. 『능가경』은 비록 달마스님의 심종으로서 구두점마저 통달하기 어려워 깊이 연구할 수는 없었지만, 요컨대 우리 모두가 진실한 마음을 지녀 저 세속 사람들처럼 자신을 속이고 불경을 말재주나 돕는 것으로 생각해선 안 된다는 점을 알았습니다.

잠시 일상생활에서 증험해 봅시다. 비록 큰 죄악과 허물이 없다 하더라도 모든 선악 순역(順逆)의 경계에서 과연 관조하여 경계에 휘둘리지 않을 수 있는지, 밤의 잠자리에서 잠들었을 때나 깨어 있을 때나 한결같은지, 공포에 전도되는 일은 없는지, 병들었을 때도 주인공이 될 수 있는지를 말입니다. 만일 목전에 어떠한 경계가 있다면 잠들었을 때 전도를 면하지 못할 것이며, 자면서 전도가 있다면 병을 앓을 때는 반드시 주인공이 되지 못할 것이며, 병이 들어서 주인공이 되지 못한다면 언덕에서 결코 자유자재할 수 없을 것입니다. 이른바 물을 마셔 보아야 찬지 따뜻한지를 스스로 알 수 있다는 뜻입니다.

대제사인(待制舍人)께서는 공명이 높을 때에도 청정수행으로 욕심이 적어 불도에 정신을 쏟으셨으니 불속에서 피어난 연꽃이라 하겠습니다. 옛사람의 말에 의하면 '이는 대장부의 일이지 장군이

나 재상이 할 수 있는 일이 아니다' 하였고, 또한 '곧장 높고 높다란 봉우리 위에 올라서고 깊고 깊은 바다 밑을 걸으려 하는가. 더욱더 깊고 먼 경지에 이르려 하는가. 한 번에 의심할 것 없는 경지에 이르러야 한다'고 하였습니다.

보내 주신 서신에서 '착수할 곳이 없다' 하셨는데, '착수할 곳 없는' 그곳이 바로 힘을 얻은 경지[得力處]입니다. 그리고 지난번 서신에서 '고요한 곳과 시끄러운 곳에 모두 한쪽 눈을 두어라. 이것이 무슨 도리인가' 하셨는데, 오랫동안 익어지면 자연히 고요함과 시끄러움의 구별은 스스로 없어집니다. 때로 마음이 어지럽고 온갖 망념이 일어났다 사라졌다 하면서 쉬지 않지만 하나의 공안을 들고서 그것과 끝을 본다면 기멸하던 망념은 자연히 문득 쉬고 관조의 주체와 객체가 모두 적멸(寂滅)하여 집에 도달할 것입니다.

저 또한 이러한 도리를 배우기만 했을 뿐 아직 그 경지에 이르지는 못하였습니다. 저의 생각을 되는대로 대략 토로하였으니 이를 남에게 보이지는 마십시오. 유도와 불도를 함께 도모할 수 없다고 생각하는 선비들이 매우 이상하게 여길 것이며, 대제사인(待制舍人)께서도 후일 마음의 눈이 밝아지면 반드시 저를 비웃고 욕하게 될 것입니다."

국사 진귀겸은 선지식을 많이 뵈었던 인물이었다.

주
:

1 진덕수(眞德秀, 1178~1235) : 자(字)는 경원(景元), 나중에 경희(景希)로 바꾸었다. 호가 서산(西山)이어서 흔히 서산선생(西山先生)이라고 한다. 남송의 명신(名臣)이자 이학가(理學家)이다. 본래 성은 신(愼)이었으나 효종(孝宗)을 피휘하여 진(眞)으로 바꾸었다. 1199년 진사에 급제하고 태학박사(太學博士)가 되어 경연(經筵)을 맡았으며 호부상서(戶部尙書), 한림학사(翰林學士), 참지정사(參知政事) 등을 지냈다. 시호는 문충(文忠).『서산갑을고(西山甲乙稿)』,『대학연의(大學衍義)』,『서산선생진문충공문집(西山先生眞文忠公文集)』이 있다.
2 『치문경훈(緇門警訓)』권7(T48-1080)에도 "제형 진귀겸이 시랑 진덕수에게 보낸 답서[陳提刑貴謙答眞侍郎德秀書]"라는 제목으로 전한다.
3 장경혜릉(長慶慧稜, 854~932)이 영운지근(靈雲志勤)을 찾아가 "무엇이 불법의 대의입니까?" 하고 물으니 영운이 "당나귀 일[驢事]이 끝나기도 전에 말 일[馬事]이 닥쳐왔느니라."라고 하였다.『오등회원(五燈會元)』권7(X80-152c).
4 『대방광원각수다라요의경(大方廣圓覺修多羅了義經)』(T17-916a).

36

파암(破庵) 노스님의 말씀

석전법훈(石田法薰)

●

석전법훈(石田法薰, 1171~1245) 선사가 파암조선(破庵祖先, 1136~1211) 노스님의 말씀을 들려주었다.

"선승이 선방에서 하는 법어는 모두가 지식과 견해로써 하는 말이니 어떻게 깨달을 수 있겠는가. 말 밖에서 상황에 응하여 특별히 의지와 지혜가 있어야만 비로소 흙탕물을 떠날 수 있을 것이다. 내가 옛날 행각승일 때 고향으로 돌아가는 길에 어느 동행과 함께 합주(合州)[1] 조어사(釣魚寺)에 방부를 들이게 되었다. 거기에는 선배 노스님 한 분이 계셨는데 내가 노스님 방에 두세 번 들어갔을 때는 나를 그냥 놔주고 법을 거론하지 않았으나, 동행 스님들은 그냥 두지 않고 무릎을 한 번 두드려 주면서 '그대는 여기서 한마디 내놔 보아라' 하였다. 동행하던 스님이 아무 말이 없었지만 그 방에 들어갈 때마다 노스님이 똑같은 말을 하니 동행 스님이 내게 말하기를 '저분은 번번이 똑같이 묻는데 나는 대답할 것이 없으니 견디기 어렵습니다. 스님이 저를 위하여 한마디 가르쳐 주십시오' 하길 래 '노스님이 이번에도 또다시 그처럼 물으시면 두 손가락으로 코를 쥐고 노스님에게 코를 풀어 주고서 곧장 나오십시오.' 하였다. 그 스님이 노스님 방에 들어가 내가 가르쳐 준 대로 하였더니 노스님이 '어떤 놈이 너를 아주 망쳐 놓았구나!'라고 하셨다."

참으로 이 도리를 깨달은 자는 마치 두 개의 거울과 같아서 자연히 피차간에 속이지 못하는 법이다. 공부를 하려면 반드시 요긴한 곳을 살펴서 이러한 경지에 도달해야 종초(種草)를 감당할 수 있다.

주
:
1 합주(合州) : 중경시(重慶市) 시할구(市轄區) 합천구(合川區).

37

문장 좋아하는 병통을 경계함

철우(鐵牛) 인(印)

철우(鐵牛) 인(印) 선사가 말하였다.

"정당명변(正堂明辯, 1085~1157) 화상이 일(日) 서기(書記)에게 보낸 글에서 말했다.

'만일 도를 행하여 황룡(黃龍, 1002~1069) 일파의 종지를 드날리려고 하면 결코 번드르한 문장으로 사람들을 홀려서는 안 된다. 그렇게 해서는 선도(禪道)가 결코 펼쳐지지 못한다. 예전엔 규(規) 초당(草堂)¹ 스님이 있었고 근세엔 사규죽암(士珪竹庵, 1082~1146) 스님과 혜홍각범(慧洪覺範) 스님이 그 예이다. 오늘날 사대부들은 이 스님들을 문장승이라 부르고 있으니 이 일을 어찌하겠는가.

그대가 지은 '3일 동안 귀가 멀었다[三日耳聾]'는 것에 대한 게송과 '여자출정(女子出定)'에 대한 게송은 불법의 연원을 투철하게 깨달은 사람이 아니고서는 어떻게 이와 같이 지을 수 있겠는가. 사소한 일 때문에 큰 법에 장애가 되는 일은 하지 말아야 하니 이는 자기 한 몸을 밝힐 뿐 아니라 제방의 노스님들도 모두 이렇게 말한 바 있다. 나를 알아주는 것도 나를 허물하는 것도 이 글에 있으니, 부디부디 이 점을 살펴보아라.'

이 말은 오늘날의 병폐에 딱 들어맞는 말이니 배우는 자들은 이를 소홀히 여겨서는 안 될 것이다."

철우스님의 기록은 참으로 후학에게 도움이 될 만하다. 초당(草堂) 스님 같은 여러 노스님의 견해가 온당하지 못한 것은 아니지만 그 당시 이러한 시비를 면하지 못하였던 것이다.

가정(嘉定, 1208~1224) 연간에 석전법훈(石田法薰, 1171~1245) 스님이 박식하고 문장에 능하였으나 스스로 철저히 억제했던 것은 이 때문이다.

은산(隱山) 찬(璨) 스님이 처음 『원성어록(元城語錄)』²을 보고서 매우 기뻐한 나머지 그 책을 가지고 돌아와 읽다가 끝까지 보지 않고서 책을 덮어 버리니 시자가 물었다.

"무슨 까닭에 처음엔 기뻐하시다가 갑자기 덮어 버리십니까?"

"납승은 생각생각이 오로지 화두 '마른 똥막대기[乾屎橛]'에 있어도 오히려 번잡하게 마음 쓰는 것인데, 하물며 세간의 이론과 문장이야 말할 것이 있겠느냐?"

이 또한 미리 병폐를 막자는 법이니 마땅히 이처럼 해야 하는 것이다.

옛 스님은 이렇게 말씀하셨다.

"배우는 이가 언어문자에 빠지는 것은 마치 그물망에 바람을 불어넣어 부풀기를 바라는 일이니, 어리석은 이가 아니라면 미친 사람일 것이다."[3]

주
:

1 규(規) 초당(草堂) : 정확하지는 않으나 규봉초당(圭峰草堂), 즉 규봉종밀(圭峰宗密, 780~841)을 가리키는 것으로 추측할 수 있다.

2 『원성어록(元城語錄)』: 송대 관료 유안세(劉安世, 1048~1125)의 저술이다. 유안세는 1073년 진사(進士)가 된 후, 사마광(司馬光, 1019~1086)에게 수학하였고, 이후 사마광의 추천으로 관직을 시작하였다. 강직한 사람으로 평가된다.

3 『선림승보전(禪林僧寶傳)』 권29(X79-551b)나 『임간록(林間錄)』 권상(X87-248b) 등에 운거불인(雲居佛印, 1032~1098)의 말로 기록되어 있다.

38

석전 법훈(石田法薰) 선사의
고구정녕한 말씀

석전법훈(石田法薰, 1171~1245) 선사가 말하였다.

"이왕 부처님 문에 들어와 부처님 밥을 먹으면 천왕의 문호를 쇄신하여 세인들을 구제해야 하는데, 그런 일에는 역시 적임자가 있는 법이다. 더구나 큰스님이라 일컫는 자라면 이름이 이미 그러하니 실제로는 어때야 하겠는가? 향상(向上)의 안목을 갖추고 대기대용(大機大用)을 얻어 인천(人天)을 열어 주고 후학에게 많은 이익을 주어야 비로소 출가의 뜻을 저버리지 않을 것이다. 중하 근기로 말한다면 이들 또한 인과법을 알아 부지런히 예불 올리고 아침저녁으로 참선하고 경 읽으며, 절을 새로 짓고 옛 절을 보수하는 등 무엇을 하든지 간에 진실심을 운용해야 조금이나마 가까워질 것이다. 그리고 방장실(方丈室)에 앉아 모두 이루어 놓은 일을 자신이 독차지하면서 힘든 일은 남에게 떠맡기고 편한 일만 자신에게 돌려서는 안 된다. 순식간에 백발이 되고 이는 누렇게 변하여 눈앞에 죽음이 닥치게 될 것이다. 예전 큰스님들은 시절인연이 이르면 어찌할 수 없어 자신의 얼굴을 스스로 쥐어박곤 하였다. 그러나 많은 사람이 주지를 그만둔 뒤에도 더욱더 정진하였다. 그들은 사원의 크고 작음과 대중의 많고 적음에 관계없이 천만인이 모여 있는 총림 가운데 있거나 단신으로 있을 때라도 이와 같이 하루 스물네 시간 오로지 이 도만을 생각하여 오랫동안 끊임없이 공부한 까닭에 큰일을 밝힐 수 있었던 것이다."

 석전스님의 말씀은 "좋은 약은 입에 쓰지만 병에는 이롭다."는 그것이다.

39

○

무준불감(無準佛鑑) 선사의
염고(拈古)

●

무준불감(無準佛鑑) 사범(師範, 1178~1249) 선사가 말하였다.

"목평선도(木平善道) 스님이 낙포원안(洛浦元安, 835~899) 스님을 찾아뵙고 질문 하나를 던졌다.

'물거품 하나가 생기기 전에는 어떻습니까?'

'물길을 찾아 배를 옮기고 노를 저으니 물결이 갈라진다[移舟諳水脈 擧棹別波瀾].'

목평스님은 깨닫지 못하고 (낙포스님의 제자인) 경조반룡(京兆盤龍) 스님을 찾아가 또다시 물었다.

'물거품 하나가 생기기 전에는 어떻습니까?'

'배를 옮기되 물을 가르지 않고 노를 저으니 길을 잃는다[移舟不別水 擧棹卽迷源].'

목평스님은 이 말끝에 깨달았다.

후학 운봉문열(雲峰文悅, 997~1062) 화상이 이 일에 대하여 염하였다.

'목평스님이 만일 낙포스님의 말끝에 깨달았더라면 그래도 조금은 나았을 것이다. 후학들은 반룡스님의 썩은 물속으로 젖어 들어가서는 안 된다.'

목평스님이 주지가 된 뒤 한 스님이 '요즘 어떠신지요?' 하고 물으니 '과연 여기에만 앉았다'라고 대답하였다.

너희들은 말해 보아라. 그가 이렇게 말한 뜻이 어디에 있는가를. 나는 많은 스님들이 '배를 옮기되 물을 가르지 않고 노를 저으니 길을 잃으리'라고 한 말이 썩은 물과 같으며, 목평스님에게 물었을 때 '여기에만 앉아 있다'라고 한 것을 논함을 자주 들었다. 그러나 이렇게 이해한다면 당나귀해가 된다 한들 꿈속에서도 볼 수 없을 것이다. 여기에서 모름지기 옛사람들의 흔적을 보아야 하니 사람들에게 미움 받는 점이 있어야 하리라."[1]

불감스님의 이 말은 학인들에게 상당한 약이 된다 할 수 있다. 만년에는 쌍경사(雙徑寺)에서 중봉(中峰, 밀암함걸)[2] 스님의 도를 제창하였다. 스님의 기용(機用)은 마치 전광석화처럼 번득였는데 위의 법어도 그와 같은 예이다. 그의 문하에 준수한 인재가 운집하였을 뿐 아니라 황제께서도 도를 묻고자 하였다. 소정(紹定) 6년(1233) 7월 15일 수정전(修政殿)에 납시어 스님을 뵙고 설법하도록 하였고 불감선사(佛鑑禪師)라는 법호와 금란가사를 하사하였는데, 그 당시의 설법도 이러한 내용이었다. 스님이 어찌 엉뚱한 수법을 썼겠는가.

주
:

1 『무준사범선사어록(無準師範禪師語錄)』 권4(X70-257bc).
2 『속지월록(續指月錄)』 권2 '경원천동밀암함걸선사(慶元天童密庵咸傑禪師)'에 "제자들이 산의 중봉(中峰)에 사리탑을 세웠다"(X84-32c)고 하였다. 그리고 무준불감(無準佛鑑, 1178~1249)은 밀암함걸(密庵咸傑, 1118~1186)의 제자인 파암조선(破庵祖先, 1136~1211)의 제자이다.

40
○

묘희(妙喜) 스님이 시랑 장자소(張子韶)와 풍제천(馮濟川)에게 던진 질문

진원(眞源) 일(日)

●

진원(眞源) 일(日) 선사가 말하였다.

"시랑(侍郎) 풍제천(馮濟川, ?~1153)과 시랑 장자소(張子韶)는 경산사 묘희종고(妙喜宗杲, 1089~1163) 스님에게 도를 물었는데 스님께서 그들에게 물었다.

'사물에 막혀 도를 보지 못할 때는 어떻습니까?'

장자소가 대답하였다.

'오늘 직접 스님 얼굴을 뵙습니다.'

'막혔습니다.'

'그렇긴 하나 조금도 그를 속일 수 없을 것입니다.'

묘희스님이 같은 질문을 풍제천에게 던지니 그가 답하였다.

'크게 다를 바 없습니다.'

'두 분의 대답이 가까이 가긴 했으나 아직은 도를 보지 못하고 있습니다. 이는 마치 어떤 물건이 침실에 엄연히 있는데도 벽이 한

겹 가로막혀 보지 못하는 것과 같습니다.'

무엇 때문에 보지 못하는 것일까? 선승들이 도리를 설할 때, 시방에 벽이 없고 사면에 문도 없는데 무엇이 막고 있는가. 설령 그대들의 눈망울이 방울처럼 또렷해도 반드시 깨달아야만 하는 것이다. 또한 편벽된 견해를 가진 선승들이 몇 마디 던졌다 하면 엇비슷하지도 못하면서도 도리어 내가 모든 것을 깨치고 체험하였다고 말하고 있다."

내가 얼마 전 불지(佛智, 1189~1263) 노스님을 뵈었더니 그분도 "묘희스님의 자유자재한 말씀은 요즘 시대의 병폐를 잘 꼬집어 준 말이다. 요즘에 사람을 속이고 명예를 도적질하여, 깨닫지 못하고서도 깨달은 것처럼 서로가 서로를 속이고 서로가 인가를 주고받으니 동산도원(東山道源, 1191~1249) 스님과 견주어 본다면 불법의 죄인이 아닐 자가 거의 드물 것이다."라고 하였다. 이는 학인으로서 반드시 알아두어야 할 말이다.

41

동산도원(東山道源) 선사의 행리

동산도원(東山道源, 1191~1249) 선사가 말하였다.

"지난날 산을 나와 처음 경산사에 올라갔을 때 고선자경(枯禪自鏡) 스님은 수좌로서 입승(立繩)이었고, 파암조선(破庵祖先, 1136~1211) 스님은 서당(西堂)에 방부를 들였으며, 당대의 고승들이 모두 모였으니, 석전법훈(石田法薰, 1171~1245) 스님과 무준사범(無準師範, 1178~1249) 스님도 모두 대중방에 있었다. 파암스님은 평소 선실에서 '경행을 하거나 앉거나 눕거나 항시 그중에 있어야 한다. 무엇이 〈그중 일〉인가?'라는 화두 거량하기를 유난히 좋아하였다. 내가 한 번은 스님을 찾아가 가르침을 청한 적도 있었으나 아무런 말씀도 하지 않다가 떠나려는 차에 게송 한 수를 지어 주며 작별하였다.

뼈를 바꾸고 힘줄을 뽑는 이 한마디에
머리를 끄덕인다[點頭自許]는 말이 빠졌을 뿐

만일 잘못된 점을 스스로 알 수 있다면
온 세상 집어삼킴을 보리라.

이 게송은 사람들의 고루한 병폐와 집착을 뽑아 준 말이라 하겠다. 그 뒤 평강(平江)¹ 영암사(靈巖寺)를 지나는 길에 치둔지영(癡鈍智穎) 스님을 뵈었을 때는 무(茂) 업해(業海) 스님이 전당(前堂)의 입승으로 계셨고, 지금 대자사(大慈寺) 소옹묘감(笑翁妙堪, 1177~1248) 스님과 (치둔지영 스님의 제자인) 육왕사(育王寺) 대몽덕인(大夢德因) 스님이 모두 그곳에 있어 총림의 법석(法席)이 매우 훌륭하였다. 치둔스님은 항시, '수순불등(守詢佛燈, 1077~1134) 스님은 49일 동안 밤마다 법당 앞 기둥을 안고 용맹정진을 하다가 마침내 깨쳤다'고 하셨다.

그 후에 장산(蔣山)²으로 절옹여염(浙翁如琰, 1151~1225) 스님을 찾아뵈었다. 그때 선실에서는 '마음이 부처[即心是佛]'라는 화두를 거량하고 있었는데 내가 한마디 던졌다.

'다리 기둥을 안고 목욕을 했습니다.'

절옹스님이 말씀하셨다.

'뭐 상쾌할 거라도 있던가?'

'스님께서는 놔 버리십시오. 사람들에게 쫓겨나겠습니다.'

그 후 다시 운소도암(雲巢道巖) 스님과 중암(中庵) 교(皎) 스님을 찾아뵙고 구주(衢州)³ 상부사(祥符寺)에 올라가서 살육암휘(殺六巖

輝) 스님을 만났으며, 그 밖의 20여 선지식을 방문하였다. 이처럼 많은 곳을 찾아보았지만 응암담화(應庵曇華, 1103~1163) 문하 제자처럼 법이 높은 곳은 일찍이 없었으니, 이 때문에 응암의 문하가 융성하게 된 것이다."

　아! 동산스님은 이처럼 드넓은 깨달음을 얻었으나 그의 몸가짐은 오히려 선대의 성인(공자 제자)처럼 선(善)을 하나 들으면 가슴속에 새겨 잃지 않으려 했던 것이다.

주 :

1　평강(平江) : 강소성(江蘇省) 소주시(蘇州市) 평강구(平江區).
2　장산(蔣山) : 강소성(江蘇省) 남경시(南京市) 현무구(玄武區).
3　구주(衢州) : 절강성(浙江省) 구주시(衢州市) 가성구(柯城區).

42

설소(雪巢) 스님의
풍번(風幡) 화두에 대한 거량

진원(眞源) 일(日)

진원(眞源) 일(日) 선사가 말하였다.

"설소법일(雪巢法一, 1084~1158) 화상이 선실에 들어와 선승들에게 물었다.

'바람이 움직이는 것도 아니요, 깃발이 움직이는 것도 아니요, 그대의 마음이 움직이는 것이다 하는데 무엇이 너의 마음인가?'

다시 말하였다.

'바람이 움직이는 것도 아니요, 깃발이 움직이는 것도 아니요, 그대의 마음이 움직이는 것이다 하는데 너희는 어디에서 육조(六祖, 638~713) 스님을 뵙겠느냐?'

또 다시 말하였다.

'바람이 움직이는 것도 아니요, 깃발이 움직이는 것도 아니요, 그대 마음이 움직이는 것이라 하였는데, 이것이 무슨 뜻인가?'

이는 참으로 임제종의 심오한 종지를 밝히고 납자들의 안목을 증험한 말로써 마치 바람을 일으키면서 도끼를 휘두르는 솜씨와 같은 것이니 그 묘는 일도양단(一刀兩斷)에 있다."

설소 화상은 금나라와 전란 중이던 북송 말엽 때, 대혜(大慧, 1089~1163) 스님과 함께 배를 타고 강을 건넜다. 대혜스님이 노자로 쓰기 위하여 삿갓 속에 숨겨 둔 금비녀 하나를 수시로 확인해 보았다. 설소스님이 대혜스님이 방심한 틈을 타 금비녀를 빼앗아 강물 속에 던져 버리자 대혜스님이 부끄러워하고 사죄한 후 가까운 사이가 되었다.

진원스님은 설소스님의 법을 이었고 (설소스님의 스승인) 초당선청(草堂善淸, 1057~1142) 스님을 대부(大父)로 모셨기에 일생 동안 뛰어난 법문으로 스승[先師]의 기풍을 지녔던 것이다.

43

회암(晦嵒) 휘(暉) 선사의
하안거 해제 법문

　서촉(西蜀) 보복사(保福寺)의 회암(晦嵒) 휘(暉) 선사는 통천(通泉) 백씨(白氏) 자손이다. 일찍이 낙암(諾庵) 조(肇), 곡원지도(谷源至道), 엄실선개(掩室善開) 스님 등과 함께 송원숭악(松源崇嶽, 1132~1202) 스님의 문하에 동참하여 도의 요체(要諦)를 깨달았다. 고향으로 돌아와서는 세 차례나 도량의 주지가 되어 원근 사람의 존경을 받았고, 교화가 더욱 성하였다.

　하안거 해제 때 소참법문을 하였다.

　"큰 지혜는 밝아서 시방세계를 녹인다. 성색(聲色)을 초월하고 고금을 뛰어넘으니 침묵으로도 알 수 없고 말로써도 이 경지에 나아갈 수 없다. 그런 까닭에 대각세존(大覺世尊)께서는 마갈제국에서 21일간 입을 열지 않다가 네 곳에서 힘을 다해 설법하시면서 '이 법은 사량분별로 알 수 없는 것이다' 하셨고, 또 '이 법은 말이나 글로써 보일 수 없으니 그 상(相)이 적멸하기 때문이다' 하였다. 이렇게 들어 보여줌은 비유하자면 절벽에서 돌이 떨어지는 것과 같으므로 보는 사람은 다른 곳에 눈을 팔 수가 없는 것이다. 반드시 한 생각에 잘못을 알아서 앞뒤가 딱 끊겨 전체를 짊어지고 가는 것이 참다운 정진이며, 참 법으로 여래께 공양하는 것이다. 한 차례 영산회상의 모임이 엄연히 흩어지지 않으니 이와 같이 언제나 움직이지 않고 한 생각 한 생각을 보살펴야 한다. 또 어찌하여 90일 동안에 오랏줄 없이 스스로를 묶어 두려 하는가? 그렇지만 납의를 머리에 뒤집어쓰면 모든 것이 그만이니 이럴 때 나는 아무것도 모른다."

스님의 법어는 대개 이와 같았다.

치절도충(癡絶道沖, 1169~1250) 스님이 장산(蔣山)[1]에 있으면서 스님의 어록에 머리글을 썼다.

"대수원정(大隨元靜, 1065~1135) 스님께서는 70여 명의 선지식을 만나 보았으나 큰 안목을 지닌 분은 한두 분에 불과하였고 그 밖에는 바른 지견(知見)을 갖춘 정도였다는 말씀을 하셨다. 내가 30여 년 전 총림에서 회암(晦嵒) 스님과 함께 행각할 때는 큰 안목을 지닌 분이 송원(松源) 노스님 한 분뿐이었다.

경인년(庚寅年, 1230) 8월, 스님의 문도인 보일(寶日) 스님이 동림사(東林寺)에서 주지하며 스승의 법문을 가지고 나를 찾아와 편집해 줄 것을 청하였다. 이를 계기로 스님의 어록을 펼쳐 보며 한 글자 한 구절을 모두 훑어보게 되었는데, 경황 중에 했던 법문이라도 모두 예로부터 내려오는 큰 안목을 지니고 있었고, 그 바탕은 한갓 지말적인 언어에 힘쓴 것이 아니었다. 이로써 송원스님의 도가 모두 이 책 속에 담겨 있음을 알게 되었다.

아! 옛날과 멀어질수록 스님의 법도 점점 무너져 바른 지견을 지닌 사람도 찾아보기 어려우니 큰 안목을 지닌 자는 더욱 짐작할 만하다. 회암스님의 말씀은 이 촉 땅에서 행하였지만, 이 어록이 강호에 널리 전해지면 우리 불도에서 믿을 수 있는 어록이 될 것이다. 이 어록을 잘 읽는 사람만이 나의 말이 망언이 아님을 알게 될 것이다."

치절스님도 읽고 감격한 바 있어 이런 말을 하였을 것이다.

주
:
1   장산(蔣山) : 강소성(江蘇省) 남경시(南京市) 현무구(玄武區).

44
○
치절도충(癡絶道冲) 선사의
말년 법문

●

치절도충(癡絶道冲, 1169~1250) 선사가 말하였다.

"내가 소희(紹熙) 임자년(1192) 삼협(三峽)¹에서 나와 공안(公安)² 이성사(二聖寺)에서 여름 결제를 보내고 있을 때, 송원숭악(松源崇嶽, 1132~1202) 스님이 요주(饒州)³ 천복사(薦福寺)에서 밀암함걸(密庵咸傑, 1118~1186) 스님의 도를 펼치고 있었는데 혹심한 가뭄으로 대중 스님을 보살피기가 어려운 형편이었다. 때마침 서호(西湖)⁴ 묘과사(妙果寺)에 빈 자리가 있자 송원스님은 운거사(雲居士)의 수좌 조원도생(曹源道生, ?~1198) 스님을 추천하니 조원스님 또한 밀암스님의 법제자이다. 스님이 산문을 들어서면서 송원스님이 제창하는 법어를 듣고 깨달은 바 있었다. 이에 정성을 다하여 머물다가 얼마 후 다시 되돌아와 시사승(侍司僧)이 되었다. 갑인년(1194) 여름 조원스님은 귀봉사(龜峰寺)로 올라오라는 송원스님의 서찰을 받고 다시 스님을 따라 3년간 머물다가 절(浙)⁵ 땅으로 나왔으며 송원스님은 호구사를 거쳐 영은사로 옮겨왔다. 그 당시 둔암종연(遯庵宗演) 스님은 화장사(華藏寺)의 주지를 하고 있었고, 긍당언충(肯堂彦充, 1133?~1225?) 스님은 정자사(淨慈寺)의 주지를 하였으나 모두 송원스님을 따랐다. 송원스님이 영은사에 계실 때 그 문하의 법도가 준엄하여 여덟 달이 지나서야 승당에 들어갈 수 있었다. 방부 들이기를 바라는 사람이 있으면 언제나 꾸짖어 쫓아 버려 가까이할 수가 없었는데 어느 날 갑자기 '내가 문을 활짝 열고 방부 들이려는 이들을 다 받아 준다면 내 스스로 허물을 짓는 일이다'라고 하였다.

그리하여 나는 예전 귀봉사에 3년 동안 있을 때 조원스님이 성내고 꾸짖고 희롱하고 비웃고 했던 모든 일들이 모두 위하는 방편이었다는 사실을 비로소 알게 되었다. 그 후로 천하의 높은 스님들이 오든 안 오든 나를 속이지 못하였고, 인연을 따라 자유로운 생활을 하였다. 조원스님이 입적한 지 20년 후 사람들의 추천으로 세상에 나왔으나 스님의 영전에 한 묶음의 향을 올리며 그를 잊지 못하였다. 내가 여섯 사찰의 주지를 지내는 동안 모여든 대중이 없다고 할 수 없지만, 자신을 나타내지 않고 겸손히 은거하는 자가 적으니 괴로운 일이다.

우리 종파는 망하였도다. 올해 내 나이 여든둘이다. 이젠 죽을 날이 멀지 않은데 병든 몸을 안고 기록하여 법통을 얻을 수 있는 실마리를 서술하여 부도 뒷면에 새겨 지극한 마음을 밝히고자 한다.

이 해는 순우(淳祐) 10년(1250) 경술년이다."

아! 치절스님은 세상에서 말하는, 소반 위에 구슬이 구르듯 대기대용(大機大用)이 자유자재한 분이었다. 그러나 더욱 빛나는 점은 스승이 죽은 후 20년 만에야 비로소 주지에 임하니 이는 이른바 "기미를 보고 떴다가 한 바퀴 돌고서 내려앉는 것[色斯舉矣翔而後集]"⁶이며 구만리 하늘을 나는 붕조(鵬鳥)와 같은 큰 활보였다.

스님은 자신의 이름이 타인에 의하여 오르내리는 일을 용납하지 않았고 또한 견식은 남보다 뛰어났다. 이것이 스님의 명성이 일세를 진동할 수 있었던 이유이며 중봉(中峰, 밀암함걸) 스님의 도를 일으켜 세운 징험 또한 여기에 있는 것이다. 만년에 우리 종파는 망했다고 근심하였으니, 이 말을 듣고 가슴 아프지 않을 자 있겠는가.

주:

1 삼협(三峽) : 북경시(北京市) 시할구(市轄區) 서성구(西城區).
2 공안(公安) : 호북성(湖北省) 형주시(荊州市) 공안현(公安縣).
3 요주(饒州) : 강서성(江西省) 상요시(上饒市) 파양현(鄱陽縣).
4 서호(西湖) : 절강성(浙江省) 항주시(杭州市) 서호구(西湖區).
5 절(浙) : 절강성(浙江省).
6 『논어(論語)』「향당(鄕黨)」.

45

청열(清烈) 암주의 입멸

청열(清烈) 암주는 천태(天台)[1] 사람으로 임안(臨安)[2] 여항현(餘杭縣)에 있는 호서산(湖西山) 멸씨암(滅氏庵)에 살았다. 나이가 90세가 넘어 눈이 어두운데도 밤낮으로 마른나무처럼 꼿꼿이 앉아 좌선하였다. 임종 때는 나물밥을 차려놓고 백여 명을 불러 모아 결별을 하고는 함께 산봉우리에 올라가 손을 뻗어 길게 예의를 표한 후 탑 속으로 들어가 가부좌를 하고 게송으로 설법하였다.

　　이 놈은 무지한 터라
　　옳다 그르다 하나
　　주먹을 바로 세우면
　　부처님도 엿보기 어렵지.

스님의 몸에서 스스로 불이 일어나 다비를 하자, 이마와 두 팔꿈치와 두 무릎의 다섯 곳에서 불꽃이 치솟아 삼매의 불빛이 오색 찬란하게 빛났으며 단단한 사리는 헤아릴 수 없을 만큼 많이 나왔다. 이 이야기는 그 절 주지가 자세히 말해준 것이다.

아! 청정한 마음은 항상 불꽃처럼 찬란히 타올라 부서지지도 뒤섞이지도 않고 두루 법계에 충만한 까닭에 스님은 삶과 죽음의 갈림길에서 이러한 남다른 유희를 보였으니 이는 평소 수행의 뚜렷한 증험이 아니겠는가. 뿐만 아니라 아마도 제다가(提多迦, Dhṛtaka)[3]와 바수밀(婆須蜜, Vasumitra)[4]의 현신이 나타난 게 아닐까.

주 :

1 천태(天台) : 절강성(浙江省) 태주시(台州市) 천태현(天台縣).
2 임안(臨安) : 절강성(浙江省) 항주시(杭州市) 하성구(下城區).
3 제다가(提多迦, Dhṛtaka) : 유괴(有媿)라고 번역한다. 선종 서천(西天) 제5조이다. 우바국다(優婆鞠多) 존자를 만나서 법을 이어받고 중인도에 머물면서 대중을 교화하다가 미차가(彌遮迦)에게 법을 부촉하였다. 화광삼매(火光三昧)에 들어 스스로 다비하였다고 한다. 『경덕전등록(景德傳燈錄)』권1(T51-208a).
4 바수밀(婆須蜜, Vasumitra) : 세우(世友) 또는 천우(天友)라고 번역한다. 선종 서천(西天) 제7조이다. 항상 술에 취해서 노래를 부르고 다니는 광인(狂人)이었으나, 우연히 서천 제6조 미차가(彌遮迦)를 만나 출가하여 법을 이었다. 불타난제(佛陀難提)에게 법을 물려 주고 삼매에 든 그대로 열반에 들었다. 불타난제가 그 자리에서 칠보탑을 세우고 전신을 봉안하였다고 한다. 『경덕전등록(景德傳燈錄)』권1(T51-208c).

46

세 구절의 게송으로 제자를 가르치다

고월조조(古月祖照)

한양군(漢陽軍)[1] 봉서사(鳳棲寺)의 고월조조(古月祖照) 스님은 동천(東川) 광안(廣安) 조씨(趙氏) 집안에서 태어났으며, 상보산주(祥甫山主) 스님에게 제자의 예를 갖추어 삭발 은사로 섬겼다. 민첩하고 빠른 견해로 강원을 돌아다닐 때 가는 곳마다 우뚝 드러났다. 그러던 어느 날 갑자기 공부해 왔던 것을 버리고 민(閩) 땅과 절강(浙江)을 거쳐 긍당언충(肯堂彥充, 1133?~1225?) 스님에게 귀의하여 '개에겐 불성이 없다[狗子無佛性]'는 화두를 명확하게 깨달았다. 그 후 파암조선(破庵祖先, 1136~1211) 스님의 문하에 들어갔는데, 파암스님이 눈을 치뜨고 있는 모습을 보고서 "요사스런 여우 혼령아!"라고 하니 파암스님이 스님의 귀뺨을 한 차례 후려치고 말하였다.

"절대로 이런 도리는 아니다."

이에 또다시 "요사스런 여우 혼령아!"라고 응수하니 파암스님이 또 한 차례 뺨을 후려치고 게송으로 설법하였다.

한 차례 뺨따귀에 몇 번이나 아팠는가
머리를 돌려 보고 입을 재잘거렸지
설령 네 혓바닥이 바람처럼 빠르다 해도
선기(禪機)와는 달리 제2 제3에 떨어진다.

조조스님은 가정(嘉定, 1208~1224) 연간에 세상에 나와 당홍(唐興) 성과사(聖果寺)에 주지하다가 후일 봉서사(鳳栖寺)에 머물면서 선실에서 세 구절의 글을 가지고 제자들을 시험하였다.

첫 구절은 '연기 서린 달빛 아래 낚시하며[和煙釣月]'라는 것이다.

아득히 연기 서린 강물 위에 낚싯배 비껴 대고
날이 밝든 달이 지든 아랑곳 않은 채로
사씨는 원래 낚시꾼이 아니나
세상 사람들의 그릇된 오해를 어찌 면하랴.

두 번째 구절은 '물이 끊기자 물레방아 멈추고[截水停輪]'라는 것이다.

바른 눈 활짝 열리면 천지도 비좁고
물레방아 멈춘 곳에 바다파도 메마르니
자연스레 검은 구슬 뛰쳐나오고

끝없는 마귀에 간담이 서늘하네.

세 번째 구절은 '나귀 귀에 들어가지 못하니[不入驢耳]'라는 구절이다.

우리 집 한 구절이 세 구절로 나누어져
말을 보나 소를 보나 그들에게 말해 준다
여기에서 더 이상 가까운 곳은 없으니
눈으로 들어야만 비로소 알게 되리라.

스님이 입적할 당시 사후의 일을 시랑(侍郎) 양회(楊恢)에게 부탁하면서 "그대가 아니라면 누가 나의 마음을 알겠는가." 하였다. 이에 양회는 안타까워하며 식음을 폐하였다. 특별히 스님의 어록에 서문을 쓰면서, 스님의 곧은 기개는 파암스님 못지않다고 하였다.

주
:
1   한양군(漢陽軍) : 호북성(湖北省) 무한시(武漢市) 한양구(漢陽區).

47

옹순(翁淳) 절(呲) 선사의 법문

옹순(翁淳) 절(呲) 선사는 복주(福州) 석절현(石呲縣) 사람이다. 타고난 성품이 남의 착한 일에 칭찬하기를 좋아하였고, 후진에게 힘을 다하여 자리를 잡도록 추천하였으며, 개법(開法)하기 전부터 법어가 총림에 두루 퍼졌다. 경성사(慶成寺) 주지로 있을 때 방장실에 앉아 말하였다.

"이곳을 열면 저쪽 길이 막힌다. 어째서 그런가. 난치병을 다스리고 죽을 사람을 일어서게 하기 때문이다. 사(謝) 도구(道舊)가 말하기를 '칼 연못[劍池] 곁이요 소나무 봉우리[松峰] 아래이니, 깎아지른 절벽 위를 몇 번이나 함께 갔던가? 당나귀를 끌고 와 말이라고 우겨 대는구나' 하였다. 악! 이것이 무슨 이야깃거리냐?"

또다시 말하였다.

"2월 초하루 좋은 소식 하나는, 복사꽃은 붉게 타고 오얏꽃은 하얗게 핀 것이라. 칼 연못 곁에서 양대백(楊大伯)이 웃음 웃다 허리띠를 잊어버리고 지금까지 찾지 못했네. 악! 무슨 상관이냐?"

또다시 말하였다.

"마른나무 둥지를 싸늘히 지키고 앉았다가 몸 돌릴 곳이 없게 됨은 대부분 때를 놓쳤기 때문이다. 한 차례 뼛속까지 스며드는 추위가 지난 뒤에 몸과 마음이 풀리고 상쾌해지면 따뜻한 봄바람이 흠뻑 불어오는 법이다. 참선하는 납자가 방울 같은 두 눈으로 하늘땅을 꾸짖고 신기(神機)를 놀리면 세상의 풍운도 스스로 달라진다. 이에 술잔을 올리고 종이돈을 불사르고 머리를 조아려 풍년을 축하하려 해도 차가운 바람 우수수 불어 나뭇잎 휘날리면 담장 위의 뽕나무 가지가 흔들릴 때마다 버들가지가 가장 괴롭다. 북선(北禪) 스님이 농악을 울려 큰길의 소[露地牛]를 삶는 일이니, 지옥에서 들려오는 덜덜 떠는 소리를 어찌할꼬? 사람들을 부추겨 가죽과 뼈를 챙겨 놓고 여유 있는 웃음 속에 칼을 감춰 넣는구나. 쯧쯧! 태평세계에는 창칼을 쓰지 않는 법이니라."

이 글을 읽어보니 마치 엿을 먹은 뒤에는 자연히 나물국 생각이 없어지는 것과 같은 기분이 된다.

아! (옹순 선사의 스승인) 고선자경(枯禪自鏡) 스님은 법 전할 곳을 얻었다고 할 만하다. 법유(法乳)는 한 근원이어서 다른 맛이 없음을 분명히 알겠다.

48

동곡묘광(東谷妙光) 선사 영전에 바친 제문

탕동간(湯東澗)

동곡묘광(東谷妙光, ?~1254, 조동종) 선사는 맑은 풍모와 정밀한 식견을 지닌 분이다. 명극혜조(明極慧祚) 스님을 찾아뵈었으며 장실재(蔣實齋)와 불법의 희열을 함께하였다. 장공이 서암(西庵) 게송 3구를 보내자 게송으로 답하였다.

    서암이 작다고 하지 말아라
    전혀 테두리도 없고 밖도 없으니
    그대가 직접 와 본다면
    그때는 낱낱이 알게 되리라.

    서암이 적막하다 하지 말아라
    무쇠소의 울부짖는 소리 진동을 하고
    노주와 등롱이

마주보며 고개를 끄덕거린다.

서암이 곤궁하다 하지 말아라
허공을 삼키고 다시 허공을 토해낸다
금속여래(金粟如來)[1]를 만나니
섣달에도 훈훈한 봄바람 부네.

영은사의 주지를 지내던 중 뜻하지 않게 입적하였다. 이에 탕동간(湯東澗)이 제문을 지어 스님의 영전에 올렸다.

"동곡스님의 자태는 학 같은데 냉천(冷泉)에서 주지한 지 얼마 되지 않아 병세를 보이더니 급작스런 죽음이 웬 말입니까. 제가 비록 스님을 안 지 얼마 안 되지만, 스님은 입을 열면 진실을 토로하고 정성스레 안부를 물었습니다. 발길은 뜸했어도 마음만은 가까웠는데 뜻하지 않게 보내오신 그 서찰은 옛 명필의 필적이었습니다. 이제 떠난다는 이별의 말씀을 넋 잃고 보는데, 한 점 한 점을 자세히 살펴보니 힘차고 빼어난 필치였습니다. 도량을 헤아릴 수 없는 분이라서 삶과 죽음이 한결같겠지만 우리 범부의 마음으로야 어찌 눈물 흘리지 않을 수 있겠습니까. 강호에 찬 눈이 가득한데 여윈 말을 달릴 길 없어, 한 묶음 향을 들고 선실에 찾아가 조의를 표합니다."

스님께서 도를 강론하고 서로 왕래하던 인물은 모두 벼슬 높은 사람들이었으니 이를 두고 "널리 사람과 함께한다[同人于門]."[2]는 것이다.

주:

1 금속여래(金粟如來) : 유마 거사의 전신. 유마는 과거세에 이미 성불하여 금속여래라는 부처님이었다고 한다. 『벽암록(碧巖錄)』 제84칙.
2 『주역(周易)』 13.

49

단오절 대중법문

쌍삼중원(雙杉中元)

쌍삼중원(雙杉中元) 선사는 평소 방장실에서 이렇게 말하였다.

"보은사 방장실에는 백 가지가 없어도 한 가지는 있으니, 사람을 위해 문 안의 구렁텅이로 밀어 넣는 이득이 있다."

이어 대중에게 설법하였다.

"참선하는 집안에서는 달이 큰지 작은지 윤년인지 아닌지를 전혀 모르다가 세모진 송편을 먹고 나서야 비로소 '오늘이 단오로구나' 한다. 그러나 보은사로 올라오게 되어서는 하루 만에 그들과 등지고 오로지 반신반의하다가, 오늘 아침도 변함없이 찻잔에 차를 부어 그들과 함께 차를 마시고 창포를 씹으니 몸속에서 진땀이 나며 '아! 복건성(福建省)에 사는 그 사람이 사람을 골탕 먹이는구나' 하는 말을 뱉게 된다. 대중들이여! 이 어찌 신통 묘약이 아니겠는가. 30년 후에도 절대 들먹여서는 안 된다."

한번은 절 문을 들어서며 말하였다.

"시끄러운 저잣거리에도 입구가 있는 것은 다만 사람들을 위해 굳이 드러낸 것이다. 새 장로들이여, 걸음을 걸을 적에 팔을 흔드는 것은 나쁠 게 없다."

이어 대중 스님을 돌아보면서 "나를 따라 오너라." 하였다.

쌍삼스님은 목전에 있는 사물을 근거로 하여 자유롭게 설법하였는데, 그것은 모두가 신비스러운 약이며 환골탈태하고 죽은 자를 살리는 처방이었다. 무엇 때문에 하필 다른 데서 찾으려 하는가.

50

항우의 초상화에 붙인 글

치절도충(癡絕道冲)

치절도충(癡絕道冲, 1169~1250) 선사는 일찍이 복주(福州)[1] 설봉사에 주지해 달라는 청을 받고 갔다. 상서(尚書) 진위(陳韡, 1180~1261)와는 평소 교분이 있었는데 진 상서가 스님을 집으로 모셔 공양을 한 후 항우(項羽, 기원전 232~기원전 202)의 초상화에 글을 써 주기를 청하니, 스님이 그 자리에서 곧장 붓을 들어 써 내려갔다.

> 산을 뽑는 것은 힘이 아니고
> 세상을 뒤덮는 것은 기운이 아니다
> 팔천 명의 젊은이들과
> 함께 모의하여 강물을 건넜는데
> 사람들은 모두 '천하라는 큰 그릇은
> 힘으로 다투어 얻어지는 게 아니고
> 반드시 인의를 앞세워야 한다'고 했지만

그들은 모르고 있었으니
하늘이 그의 손을 빌려
포악스런 진나라를 베고
그 후 너그러운 자[劉邦]로 하여금
제왕이 되도록 하였다는 사실을
아! 그렇지만 그는 이 세상에 도움을 준 인물이었다.

진위는 스님을 매우 특별하게 여겼다.
 치절스님은 지혜로운 말솜씨와 트인 눈을 갖추었는데 이는 그 중 한 토막에 불과하다.

주
:
1 복주(福州) : 복건성(福建省) 복주시(福州市).

51

개석지붕(介石智朋) 선사의
하안거 해제 야참법문

개석지붕(介石智朋) 선사는 진계(秦溪)[1] 사람으로 성품이 고매하고 간결하였다.

한 스님이 물었다.

"보검이 칼집에서 나오기 전엔 어떻습니까?"

"소쩍새 우는 곳에 꽃망울 널려 있다."

"칼집에서 나온 뒤엔 어떻습니까?"

"사람으로 하여금 길이 이광(李廣, ?~기원전 119)[2] 장군을 생각하게 한다."

"칼집에서 나왔을 때와 나오지 않았을 때는 어떻습니까?"

"보검은 손에서 떠난 지 오래되었는데 너는 이제서야 뱃전에다 잃은 곳을 새기는구나."

여름 결제가 끝나는 날 야참(夜參)법문을 하였다.

"90일 동안 꼼짝하지 않으니 그물 속 둥지에 잠든 새요, 석 달

동안의 안거는 무덤을 지키는 여우로다. 삶과 죽음이 이르지 않는 곳에서 머리 셋에 팔뚝 여섯 개인 귀신이 원각의 가람을 뒤엎은 일을 본다 해도 그것은 말뚝을 안고 헤엄치는 격이다.

운황산 앞, 두 그루 나무 아래 90일 동안에 알맞게 바람 불고 알맞게 비 내려, 하루 스물네 시간 적어도 더할 수 없고 많아도 뺄 수 없는 일 년 365일을 날마다 안거하고 때때로 자자(自恣)하여, 둥근 건 둥글고 네모난 건 네모나며 긴 것은 길고 짧은 것은 짧다. 그렇다 해도 깨끗한 땅에 먼지를 일으킴을 면치 못하리니 결국 어찌해야 하겠는가?

붕조가 나래를 펴니 하늘이 아득하고 큰 자리가 몸을 돌리니 바다가 비좁도다."

대중법문은 대개 이와 같았다. 노년엔 항주 냉천사(冷泉寺)에 머무르면서 암자에 '청산외인(靑山外人)'이라는 편액을 걸었다. 경정(景定, 1260~1264) 연간엔 승상 가추학(賈秋壑, 1213~1275)이 더욱 불법을 숭상하여 스님을 정자사(淨慈寺)의 주지에 임명하도록 주선하였다. 그 후 회해원조(淮海原肇, 1189~?) 스님이 법석을 이었다. 두 스님 모두 간동(澗東, 절옹)[3]의 후예들이다.

주
:

1　진계(秦溪) : 절강성(浙江省) 가흥시(嘉興市) 해염현(海鹽縣).
2　이광(李廣, ?~기원전 119) : 전한(前漢) 때의 군인. 무용이 뛰어나 평생을 흉노와 싸워왔지만 번번이 전공을 인정받지 못하고 죽었다.
3　간동(澗東, 절옹) : 절옹여염(浙翁如琰, 1151~1225)을 가리킨다. 절옹여염 입적 후 간동(澗東)에 부도탑을 세웠다.『고애만록(枯崖漫錄)』권상(X87-25a).

52

돈으로 주지 자리 사는
풍조의 부당함을 조정에 알리는 상소

쌍삼중원(雙杉中元)

쌍삼중원(雙杉中元) 선사가 가희(嘉熙, 1237~1240) 연간에 석전법훈(石田法薰, 1171~1245) 스님 문하에서 제일수좌로 있을 때였다. 조정에서 새로 내린 조치 때문에 사호(師號)와 금환(金環)과 상간(象簡)을 금전으로 사는 일의 부당함을 재상에게 서신으로 올렸다.

"정월 13일, 경덕 영은(靈隱, 석전법훈) 선사의 전당수좌(前堂首座)이며, 전 가흥부 천령사 주지 중원(中元)은 삼가 향 연기에 몸을 씻고 추사대승상국공(樞使大丞相國公)께 글을 올립니다.

생각해 보건대 부처님과 노자의 가르침은 세상을 구제하는 방법이기 때문에 유교와 함께 세상에 존재합니다. 인간의 참된 본성을 깨닫게 하고 사견에 빠져들지 않도록 하니 그 공은 쉽사리 헤아릴 수 없습니다. 그러므로 태종 황제께서도 '석가모니의 도는 교화에 도움이 된다'고 한 적이 있고 효종 황제께서도 '불교로 마음을 닦고 도교로 몸을 다스리고 유교로 나라를 다스림이 옳다'고 하였으며, 장(張) 문정공(文定公)께서도 '유도는 얕으므로 당대의 성현이 모두 불교에 귀의하였으며 관락(關洛)¹의 여러 학자 또한 반드시 불교의 서적을 음미한 뒤에야 전할 수 없었던 공맹(孔孟)의 비전을 계승할 수 있었다'고 하였습니다.

그러나 가르침에는 반드시 주인이 있어야 하고 스승이 있어야 하는 법인데, 국가에서 도첩의 매매를 허락함으로써 모든 승려가 각기 스승을 찾아가 귀의하게 되었습니다. 스승된 자에게 조금이라도 도행이 있다면야 미혹한 자를 깨닫게 하고 막힌 사람을 통하게 할 것이니 세상을 교화하는 데 결코 적지 않은 도움이 되겠지만, 요즘에 들어 공공연하게 뇌물 거래가 자행되어 금전으로 주지가 되기를 바라는 자가 있으니 그런 이는 우리 불교의 죄인입니다.

만일 이러한 관례가 성행한다면 천하의 어진 이는 반드시 몸을 숨기고 멀리 은둔할 것이니 그들이 세상에 나와 스승이 되려 하겠습니까. 스승의 도가 없어지면 바른 법이 약해지고 바른 법이 약해지면 사악한 법이 성해져서 청정한 불문이 이익과 욕심의 아수라장이 될 것이니, 이는 국가의 복이랄 수 없습니다. 비유하자면 집안의 글방이나 고을의 학교엔 반드시 스승이 있어야 하는 일과 같습니다.

도를 전하고 의혹을 풀어 줄 수 있는 자를 스승 삼지 않고 오로지 뇌물로 스승을 구한다면 제자들은 어떻게 공자의 가르침을 우러러볼 수 있겠습니까. 아마 공자의 도는 거의 없어지고 말 것입니다. 불교와 도교 또한 이와 무엇이 다르겠습니까. 만일 불교 도교의 무리들이 큰집에 살면서 날마다 기름진 음식을 먹으며 누에를 기르지 않고 옷을 입으며 밭갈이를 하지 않고 밥을 먹기 때문에 세상 사람들의 미움을 산다고 말한다면, 천하 사람 가운데 세상에 아무 쓸모가 없는데도 편히 앉아 기름진 음식을 먹고 있는 자들은 우리보다도 더욱 많은데 어째서 유독 사찰이나 도관(道觀)을 세우고 거기 사는 사람만을 미워합니까? 공양은 관청에서 내려준 것이 아니고 여러 사람이 즐거운 마음으로 보시해준 것이며, 또한 사찰이나 도관에서 소유한 농토는 세금이 배나 되며 이밖에 때 아닌 수요에 충당되는 경비는 큰 부자처럼 많이 드는 실정입니다. 뿐만 아니라 지금도 도첩을 사서 병역을 면제받는 터인데 또다시 금전을 요구하는 일은 관청에서 실오라기만한 혜택을 주기는커녕 막중한 부담만을 한없이 매기는 것으로 불교의 승려나 도교의 도인에게는 불행이라 하겠습니다.

국가에서 훌륭한 인재가 넘치는 것을 애석하게 생각한다면 어떻게 천하의 백성을 권하고 장려할 수 있겠습니까. 만일 승려와 도인이 뇌물로써 금환과 상간을 마련하여 여러 곳의 주지가 된다면 이에 따라서 말 많고 어리석은 무리들도 모두 뇌물을 바쳐 높은 자리로 나아갈 것이니 어떻게 풍속을 바로잡을 수 있겠습니까. 사찰과 도관이 많기는 하지만 상주하는 인원은 매우 모자라는 형편입니다. 만일 이 법이 시행된다면 어쨌든 큰 사찰과 도관에서 금전을 거두어들일 것이니 규모가 적은 곳에서 그 요구에 어떻게 응할 수 있겠습니까. 그렇다면 결국 얻는 바란 무엇이겠습니까? 더구나 승려나 도인은 스스로 금전을 낼 만한 재산을 소유한 자도 아니니 주지가 되려면 반드시 사찰이나 도관의 재물을 탈취하게 될 것입니다. 그리하여 스승과 제자가 서로 싸워 상주심(常住心)이 허물어지면 이른바 기름진 곳은 머지않아 황폐되고 큰집은 터만 남게 되며 따뜻하고 배부른 자들은 추위와 굶주림을 겪게 될 것입니다. 결국 관청에 도첩이 있다 해도 어느 누가 청할 것이며 나이가 장년이 되었어도 어느 누가 돈을 바치겠습니까.

오늘날의 군수물자와 양식물건, 갖가지 문서 등은 모두가 벼슬을 팔기 위한 것들이지만 벼슬을 금전으로 산 관리들 중에는 국가에 누를 끼치는 자들이 있습니다. 그러나 도첩이 많은 것은 관청에 병폐가 될 것 없다고 안일하게 생각하여 한때의 무사태평을 따라 천만 년의 이익을 끊는 것은 국가 경제를 다루는 장구한 계책이랄 수 없습니다.

생각하옵건대, 요사이 내린 조처는 금전을 더욱 높이 올려 벼슬을 파는 처사이기에 식견 있는 인사들은 이를 안타깝게 생각하였고 과연 그 일은 시행되지 못하였습니다. 이제껏 들어왔던 진정서도 이러한 내용이었습니다. 원하오니 재상께서는 이 일의 이해득실을 자세히 헤아려서 황제께 특별히 이 사실을 아뢰어 그러한 조처를 중지시켜 주신다면 승려와 도인으로서 이보다도 더 큰 행운은 없을 것입니다. 바라건대 재상은 굽어 살펴주십시오."

당시 강서의 무문도찬(無文道璨, 1213~1271) 스님도 이와 같은 상소를 올렸다.

이보다 앞서 조정에서는 총령(總領) 악가(岳珂, 1183~1243)의 주청으로 자색가사와 법호[師號] 등을 주면서 금환(金環)과 상간(象簡) 및 넉 자로 된 선사의 법호를 하사하여 큰 사찰과 도관의 주지가 되게 한 일이 있었다. 그리하여 승복과 법호를 내릴 때마다 삼백 꾸러미의 돈으로 도첩을 팔되 관원임명의 조례[品官條制]에 준하여 임명하며 관직이 없으면 임명하지 않고 하사한 승복이 없으면 주지가 될 수 없었다. 그러다가 이 상소를 계기로 그 일이 중지되었으니 이 어찌 불법을 비밀스럽게 가호하는 자의 마음 씀씀이가 아니겠는가.

쌍삼스님은 주지로 있을 당시 몹시 고고하고 담박한 생활로 수도에 전일함은 간당행기(簡堂行機, 1113~1180) 스님과 같았으며, 어두운 암실에 혼자 있을 때에도 큰 손님을 마주하듯 함은 증(證) 노납(老衲) 스님과 같았다. 이와 같이 철인(哲人)의 몸가짐은 작은 일에서도 볼 수 있으니 훌륭한 일이다.

주
:
1 관락(關洛) : 관중(關中)과 낙양(洛陽)이라는 말이다. 관중(關中)의 횡거(橫渠) 장재(張載, 1020~1077) 또는 복건(福建)의 주희(朱熹, 1130~1200)와 낙양(洛陽)의 정호(程顥, 1032~1085)·정이(程頤, 1033~1107) 형제를 가리키는 말로, 정주학(程朱學) 즉 성리학(性理學)을 뜻한다.

53

남옹여명(南翁汝明) 선사의
발심과 수행

남옹여명(南翁汝明, 1189~1259) 선사는 처음 대중 스님으로 있을 때부터 참선을 하겠다고 결심하였다. 한번은 천태산 석교사(石橋寺)에 묵을 때 남다른 승려를 만났는데 그 스님이 절옹불심(浙翁佛心, 1151~1225) 노스님을 찾아보도록 일러주었다. 태백산에 가서 성심으로 스님의 법석에 참례했으나 선실에서 입을 열었다 하면 꾸지람만 들었다. 곰곰이 혼자 생각하다가 '금생에 깨닫지 못하면 내생이 또 있겠지'라고 여겨지자 자신도 모르게 눈물이 턱을 적셨다. 그 후 치둔지영(癡鈍智潁) 스님의 문하에 시자로 있었는데 어느 날 만참(晚參) 때 스님을 모시고 있던 중 범종소리가 은은히 들렸다. 이에 치둔스님이 물었다.

"이게 무슨 소리인가?"

"종소리입니다."

"소리가 귀 쪽으로 오는가, 귀가 소리 쪽으로 가는가?"

남옹 선사는 갑작스런 물음에 당황하여 대답을 못 했다. 치둔스님의 꾸지람을 받고 식은땀이 온몸을 적시자 그때서야 비로소 중얼거렸다.

"원래 절옹(浙翁) 스님이 평소에 나를 꾸짖고 욕한 것은 모두 골수에 사무치도록 하기 위해서였다."

치둔스님은 평상시 스님에게 백장(百丈, 720~814) 스님의 여우 화두¹를 들도록 하였는데, 어느 날 치둔스님이 말하였다.

"(인과에) 떨어지지도 않고 어둡지도 않을 때는 어떤가?"

"떨어지지도 어둡지도 않을 때는 원앙새 한 쌍이 물위에 떴다 잠겼다 하면서 자유롭게 놉니다."

이에 치둔스님이 스님의 등을 어루만지며 인가하였다.

남옹스님은 천주(泉州) 황씨(黃氏) 자손이며 남산(南山) 융(隆스)님과 함께 영남으로 나왔다. 고향으로 돌아가 계상(溪上) 교충사(敎忠寺)의 주지로 있다가 포주(莆州) 낭산사(囊山寺)의 주지가 되어 그곳에서 입적하였다.

주 :

1 　백장야호(百丈野狐) : 백장회해(百丈懷海, 720~814)가 매일 설법을 하면 한 노인이 법문을 듣다가 대중을 따라 흩어졌다. 어느 날은 가지 않고 있기에 백장이 "서 있는 이는 누구인가?" 하니, 노인이 "저는 과거 가섭불(迦葉佛) 때 이 산에 살았었는데, 어떤 학인이 '크게 수행하는 이도 인과에 떨어집니까?' 하고 묻기에 제가 '인과에 떨어지지 않는다' 하고서, 여우의 몸을 받았습니다. 지금 바라옵나니 화상께서는 한마디 대답해 주십시오." 하였다. 백장이 "물으라." 하니, 노인이 다시 "잘 수행하는 사람도 인과에 떨어집니까?" 하고 묻자, 백장이 "인과에 어둡지 않을 뿐이니라." 하였다. 노인이 이 말 끝에 크게 깨닫고는 하직하면서 "저는 이미 여우의 탈을 면했습니다. 이 산 뒤에 시체가 있사오니, 죽은 승려를 천도하는 법식대로 하여 주옵소서." 하였다. 『무문관(無門關)』 제2칙 ;『종용록(從容錄)』 제8칙 ;『선문염송(禪門拈頌)』 제184칙.

54
○
서산(西山) 양(亮) 선사의 종이 이불

●

　서산(西山) 양(亮) 선사는 복주(福州)¹ 사람으로 천성이 고고하고 검소하였다. 종이 이불 한 장을 가지고 있었는데 수없이 꿰매어 성한 곳이라곤 거의 찾아볼 수 없었으나 추우나 더우나 다른 이불로 바꾼 적이 없었다. 고산사 수좌실에서 운문사 주지로 갔다가 다시 황벽사로 자리를 옮길 때까지 다른 이불로 바꾼 적이 없었는데 어느 날 밤 시자가 몰래 명주이불로 바꾸어 놓자 서산스님이 깜짝 놀라 시자를 꾸짖었다.

　"나는 복이 없는 사람이라 평생 동안 단 한 번도 비단 옷을 입어 본 적이 없다. 더구나 나와 30년을 함께 지내 온 이 이불을 버릴 수 있겠는가."

　이 말을 들은 사람들은 "스님이 주지로 있으면서도 옛사람의 기풍이 있다."고 말하였다. 그 후 주지에서 물러나 영양(永陽) 안호산(鴈湖山)으로 들어가 어느 도인과 함께 화전을 일구며 살았는데 스

님이 어떻게 입적했는지는 아는 사람이 없다.[2]

주
:

1 복주(福州): 복건성(福建省) 복주시(福州市).
2 『고애만록(枯崖漫錄)』 권중에도 서산(西山) 양(亮, 1153~1242)이 거론되는데, "사명(四明) 소영은사(小靈隱寺)에 주지로 있다가 열반하였다. 촉 땅 사람이며 성품이 반듯해서 속인들과 교류하기를 싫어하였다."고 하고 있어서 지금 이야기하는 서산 양과는 다른 인물임을 알 수 있다. 『서산양선사어록(西山亮禪師語錄)』에도 어떻게 입적했는지 알 수 없다는 『고애만록』의 내용을 인용하면서 어록의 주인공이 아니라고 주석을 붙였다.(X69-652a).

55

별봉조진(別峰祖珍) 화상의
사람됨과 수행

개석지붕(介石智朋)

●

　개석지붕(介石智朋) 선사가 말하였다.
　"별봉조진(別峰祖珍) 화상이 고산사를 떠나 육왕사에 이르러 대혜(大慧, 1089~1163) 스님을 뵙겠노라고 불전 뒤편에 돗자리를 깔아놓고 79일 동안 좌선하였다. 마침 진국부인(秦國夫人)[1]의 청으로 대혜스님께서 법좌에 오르자 기뻐하며 '오늘에야 스님을 뵈올 수 있으리라' 하였는데 과연 그의 뜻대로 스님을 뵙고 주고받은 말들이 서로 일치되었으며, 다시 세 마디 전어(轉語)를 던지고 떠나가니 대혜스님은 매우 기특하게 여겼다. 마침내 스님을 굉지정각(宏智正覺, 1091~1157) 스님과 함께 악림사(岳林寺)의 주지로 추천하였는데 지금도 그 절에는 스님의 부도탑이 남아 있다. 별봉 화상은 온몸에 긴 털이 덮여 있었기 때문에 당시 사람들은 그를 진사자(珍獅子)라 불렀다."
　개석스님이 스님의 글에 대해서 글을 썼다.

"별봉스님은 불심휘재(佛心諱才, 1092?~1284?) 스님의 법을 전수받은 후 높은 자리에 앉아 도가 유명해졌는데도 다시 묘희대혜(妙喜大慧, 1089~1163) 스님을 찾아뵈려는 용기를 지녔으니 그의 뜻을 무어라 해야겠는가? (같은 대혜스님의 제자이면서도) 도행이 지지부진했던 도박(道璞) 스님이나 담의(曇懿) 스님 등과 함께 논할 수 없는 분이니, 이것이 스님이 한 시대 종사의 표준이 되는 까닭이다. 아! 이제는 큰스님을 뵈려고 79일을 기다리는 후학을 하나라도 보려 하나 역시 힘든 일이다."

주
:

1   진국부인(秦國夫人) : 남송의 재상 장덕원(張德遠, 1097~1164)의 어머니. 『서장(書狀)』에 편지가 실린 유일한 여성이다.

56

불해심월(佛海心月) 선사의
법문과 자취

불해(佛海) 석계심월(石溪心月, ?~1254) 선사가 말하였다.

"내 나이 30에 바야흐로 두 번째 남쪽 행각 길에 올랐는데 그 당시 공수종인(空叟宗印) 스님이 20세[1]의 행각으로 이 일을 쉬었다는 말을 듣고서는 처음에는 마음이 매우 불편하였다. 이성사(二聖寺)를 지나는 길에 좌원(座元, 장주) 스님의 책상에서 궁곡종연(窮谷宗璉, 1097~1160) 스님의 어록을 보고 운문화타(雲門話墮)[2] 공안을 들다가 광명이 적조(寂照)한 가운데 쉼을 얻게 되었다. 구봉사(甌峰寺)에 올라가 열흘 동안 대중의 뒤를 따라 들어가니 스승께서 '달마는 웅이산(熊耳山)에 장사를 지냈는데 무슨 까닭에 한쪽 신발을 매고서 천축으로 돌아갔는가?'라는 화두를 들어 말씀하시기에, '한 방울의 먹물로 두 마리의 용을 그렸습니다'라고 대답하였다. 또 어느 날 소맷자락을 털고 떠나니 본래면목이 활짝 열려 드디어 4년을 발길을 끊은 뒤에야 양자강의 남북과 절강성의 동서를 다니면서 벗과 스승을 가까이하였고, 단맛 쓴맛을 다 보아 모든 행동이 법에 어긋나는 일이 없게 되었다. 이제 또 30년이 되었으나 아직 비슷하게도 못 되었으니 이 일은 정말 쉽지 않음을 알겠다. '쉽다'는 한마디가 진짜 나의 유일한 선지식이다."

이것은 수(秀) 상인(上人)에게 설법하신 말씀[3]이다. 요즘 학인들은 흔히 이 어록을 보면서 그 뜻을 생각하지 않으니 서글픈 일이다. 불지(佛智, 1189~1263, 언계광문) 노스님께서 어록에 발문을 쓰셨다.

"석계스님이 운정사(雲頂寺)를 떠나지 않았을 때는 가보지 않은 곳이 있으면 항상 찾아갔으며, 운거(雲居) 스님을 뵙고서는 물어보지 못한 말이 있으면 반드시 물어보았다. 반년 동안 운거스님을 시봉할 때는 마치 활시위의 화살이 과녁을 알면서도 시위를 떠나지 못한 것과 같았으며, 마침내 '소맷자락을 털고 일어섰을 때'에 가서는 마치 과녁에 적중한 화살이 이미 활시위를 떠났는데도 그 스스로 모르고 있는 것과 같았다. 그러나 스님이 초년에 북산 아래에서 송원숭악(松源崇嶽, 1132~1202) 스님을 만났을 때 이 어록은 이미 세상에 유행하였다. 만일 스님이 입을 벌린 후에야 이 어록이 나왔다고 생각하는 이가 있다면 뒤통수에 석계스님의 따끔한 침을 맞아야 할 것이다."

아! 불해스님이 불법 깨달은 경지를 이 글에서 볼 수 있다. 비록 몇 마디 되지 않지만 깨달음으로 이끌어 주는 말이니만큼 기록하지 않을 수 없다.

주
:

1   이 내용을 전하는 『석계심월선사어록(石溪心月禪師語錄)』 권중 「시수상인(示秀上人)」(X71-61c)에는 "30세"로 되어 있다.

2   운문문언(雲門文偃, 864~949)이 어떤 스님에게 "광명이 고요하게 비추어 항하사에 두루한다[光明寂照遍河沙]'는 말이 장졸(張拙) 수재의 말이 아닌가?" 하고 물으니 스님이 "그렇습니다." 하자 운문이 "말에 떨어졌다." 고 하였다. 『선문염송(禪門拈頌)』 '1068칙 광명(光明)'. 『선종송고연주통집(禪宗頌古聯珠通集)』 권33(X65-685a).

3   『석계심월선사어록(石溪心月禪師語錄)』 권중 「시수상인(示秀上人)」(X71-61c~62a).

57

서암요혜(西巖了惠) 선사의 대중법문

서암요혜(西巖了惠, 1198~1262) 선사가 대중에게 설법하였다.

"미륵(彌勒)은 참 미륵이요 수은은 가짜가 없어서 천백억 가지로 몸을 나누지만, 아위(阿魏)[1]는 진짜가 없다. 장정자(長汀子, 817?~916, 포대화상)[2]가 찾아오니 눈은 세모꼴로 생겼고 머리는 오악처럼 뾰족하구나. 좋은 일이 반드시 좋은 것만은 아니고 나쁜 것이 반드시 나쁜 일은 아니다. 포대 자루를 벌리니 구석구석에 흩어진 쓸모없는 골동품이로다. 가볍기는 터럭 같고 무겁기는 태산 같은데 들어 올렸다가는 팽개치고 붙잡아서는 곧 사용하는구나."

이어서 불자를 세우고 설법을 계속하였다.

"이는 도솔천의 밑바닥처럼 깊으니 미륵이 태어나기 전 소식을 어떻게 들춰낼 수 있을까?"

이어 법상을 치면서 말하였다.

들리는 빗소리 옛 나무에 떨어져
오동잎에 가을빛 서리게 하는구나.

오조홍인(五祖弘忍, 602~675) 스님과 육조혜능(六祖慧能, 638~713) 스님의 영정에 글을 썼다.

한스럽다 두타여!
산을 갈아도 갈리지 않다니
내 지금 처마 끝이 무거운데도
너를 위하여 많은 소나무를 심노라.

서암스님은 불감(佛鑑, 1178~1249, 원조사법) 스님 문하에서 들은 법문을 30여 년 동안 물샐틈없이 사람들에게 설법하였으니 이는 30년 동안 안목을 밝혀 주는 묘약이었다.

주
:

1 아위(阿魏) : 미나리과의 여러해살이풀이다. 고대에는 북아프리카산 아위가 이집트나 로마에서 요리나 약용으로 쓰이기도 했고, 남인도와 인도 서부에서는 생선 요리, 야채 요리, 콩 요리와 야채 카레 등에 향신료로 이용한다. 오신채의 하나인 '홍거(興渠)'가 바로 이것이라고 하기도 한다.

2   장정자(長汀子, 817?~916) : 포대화상으로 널리 알려진 인물이다. 법명은 계차(契此)이다. 신체는 비대하고 얼굴에는 주름이 가득한데다 배는 불룩 튀어나온 형상을 하고 있다. 항상 말이 없고 잠자리를 따로 가리지 않았으며, 언제나 지팡이에 자루를 메고 저잣거리로 돌아다녔기 때문에 포대화상으로 불렸다. 세상 사람들이 미륵의 화신으로 여겼다. 『경덕전등록(景德傳燈錄)』권27.

58

승상 정청지(鄭淸之)와 묘봉지선(妙峰之善) 선사의 만남

⬤

　승상 정청지(鄭淸之, 1176~1251)가 지난날 묘봉지선(妙峰之善, 1152~1235) 선사를 찾아뵈었을 때였다.

　자리하고 앉자 스님이 물었다.

　"승상은 불도에 마음을 둔 후 환희를 느낀 적이 있습니까?"

　"우선 앉아서 차나 한 잔 하시지요."

　"마음도 부처도 물건도 아닌 그 경지를 승상은 어떻게 보십니까?"

　"조용히 말씀하십시오. 조용히!"

　"조금 자세히 말해 주시오."

　"묘사하려 해도 묘사할 수 없고 그리려 해도 그릴 수 없습니다."

　이에 스님은 아무 말 않고 묵묵히 있었다.

　노스님(언계광문)께서는 항상 이 일로 스님을 알게 되었다고 말씀하신다.

59

원(遠) 상좌 다비식에서

월산사(越山寺) 법심(法深)

　복주(福州) 월산사(越山寺)의 법심(法深) 선사는 복주 사람으로 삭발하기 전에 이미 터득한 경지가 있었다. 매암사(梅巖寺)의 월굴(月窟) 스님에게 귀의하여 도첩을 얻고 절강 유역을 돌아다녔다. 쌍경사에 이르렀는데, 무준불감(無準佛鑑, 1178~1249) 스님이 한번에 큰 그릇임을 알아보고 사중에서 문서를 담당하는 소임을 맡겼으나 의논하던 스님들이 나이가 어리다는 이유로 소임을 주지 않았다.
　범심스님이 원(遠) 상좌의 기골(起骨, 화장할 때 불을 붙이는 의식)에서 이렇게 말하였다.

　　맨 마지막에 비로소 지옥문에 당도하니
　　산은 아득하고 강줄기 끝없는데
　　불씨는 차고 구름마저 쓸쓸하다
　　아! 해골에 살아 있는 눈이 아니라면

한 발짝 내딛거나 그만두는 것이
몹시 어렵고 어렵구나.

대중스님은 비로소 스님의 말에 감복하였다.

고향으로 돌아와 매암사(梅嵓寺)에 10여 년을 살았는데 스스로를 '운산경수(雲山耕叟)'라 하고 승상 정성지(鄭性之), 상서 진위(陳韡, 1180~1261) 등과 한가한 날이면 서로 도를 논하였다. 이들이 그곳 군수에게 말하여 조대사(釣臺寺)의 주지로 스님을 맞이하였다. 보우(寶祐, 1253~1258) 연간에 월산사(越山寺)로 자리를 옮겼는데 얼마 되지 않아 세상을 떠났으므로 스님의 명성은 세상에 알려지지 않았다.

60

별옹(別翁) 견(甄) 선사의
세존 정각송(正覺頌)에 대한 염(拈)을 평하다

●

평강부(平江府)¹ 개원사(開元寺)의 별옹(別翁) 견(甄) 선사는 서촉(西蜀) 사람이다. 처음 민현에 들어가 고선자경(枯禪自鏡) 스님을 뵙고 기용(機用)을 깨달았으며 그 후 치절도충(癡絶道冲, 1169~1250) 스님을 만나 요법(要法)을 얻었다. 순우(淳祐, 1241~1252) 연간에 구주(衢州)의 남선사(南禪寺)에서 개당하였고, 납월 8일에 상당하여, 세존께서 정각산(正覺山)에서 샛별을 보고 도를 깨치고는 "이상하구나! 일체중생이 모두 여래의 지혜와 덕상을 지니고 있지만 망상과 집착 때문에 깨닫지 못하는구나." 하셨다는 화두를 거론하면서 염송을 하였다.

"석가모니불이 샛별을 보기 전엔 사람들이 의심해도 괜찮다 하지만 샛별을 본 후에도 변변찮은 말을 많이도 늘어놓아 사람들에게 그 오장육부를 간파 당했다. 이래도 석가모니불이 교주가 되어야 하는가?"

아! 별옹스님은 부질없이 이런 말을 하였다. 스님은 오직 석가모니불이 오장육부를 간파 당했다는 사실만 알았지, 자신의 오장육부를 남들이 모두 엿보았다는 사실은 까마득히 모르고 있다.

주
:
1   평강부(平江府) : 강소성(江蘇省) 소주시(蘇州市) 평강구(平江區).

무온서중 스님의
산암잡록

해제

●

『산암잡록』은 명초(明初) 홍무(洪武, 1368~1397) 10년 경에 무온서중(無慍恕中, 1309~1386) 스님이 원대(元代) 불교(佛敎)를 이야기식으로 정리한 불교사서(佛敎史書)이다

저자 무온서중 스님은 태주(台州) 임해(臨海) 사람으로 속성은 진씨(陳氏)다. 어려서 경산사(徑山寺)에 출가하여 소경율사(昭慶律寺)에서 구족계를 받고 임제종 양기파 축원묘도(竺元妙道, 1257~1345) 스님의 법을 이었다.

세상에 나가기를 싫어하여 행각과 안거로 일관한 삶을 살았다. 홍무 7년(1374)에는 일본의 초청에 응하라는 나라의 명을 사양하고 천동사로 돌아가서 이때 『산암잡록』을 집필하였다.

스님은 몽고족의 통일제국인 원(元)이 분열되고 와해되는 과정에서 한족이 곳곳에서 들고 일어나면서 명(明)이 건국되던 시기를 살았다. 이 책 자서(自序)에서, 당송대(唐宋代) 선지식의 언행은 간행

된 것이 있으나 원대부터의 이야기는 기록이 전혀 없는 실정이므로 정리해 둘 필요가 있지 않겠냐는 조카 상좌 경중보장(敬中普莊, 1347~1403)의 청을 받아들여 이 책을 쓴다고 간행의 동기를 밝히고 있다.

이 책에서 스님은 자신이 살았던 13세기~14세기와 그 이전, 즉 원(元)이 남송(南宋)을 침략하던 때부터 한족의 땅이 몽고 지배 아래 완전히 들어갔던 때를 거쳐 몽고제국이 무너지던 혼란기 불교계의 상황을 생생하게 그리고 있다.

우선 이 시대 중국의 불교계 상황을 개괄해 보고자 한다. 12세기, 치열한 부족전쟁에 휘말려 있던 몽고 초원은 하나의 강력한 질서를 희구함으로써 수대에 걸친 성공적인 정복전쟁을 통해 마침내 통일제국을 건설하였다. 이들은 중원을 정복했던 몇몇 이민족들이 한족에 동화되려는 노력을 보였던 것과는 달리, 정복지를 경영하는 데에 철저히 한족을 차별하고 탄압하는 정책을 폈다. 이런 강압정치는 불교계에도 반영되어 당시 불교는 그 어느 때보다도 국가주의적 색채를 강하게 띠었다.

『원사(元史)』「석노전(釋老傳)」의 "원흥숭상석씨(元興崇尚釋氏)"라는 기록에서 볼 수 있듯이 원 왕실은 불교를 숭배하였다. 서장(西藏) 지역에서는 불교의 일파인 라마교를 받아들인 한편, 한족의 땅에서는 송대(宋代)의 전통을 이어받아 제한된 범위 안에서나마 불교가 명맥을 이어갈 수 있었다. 원 왕실은 국가의 복을 기원한다는 명분 아래 숭불정책을 표방하여 불사를 대대적으로 벌이는 한편, 중국의 역대 왕조가 그래 왔듯이 불교세력을 관리하기 위한 통치기구를 강화하고 활동을 제한하였다. 민생을 돌보지 않은 채 불사를 일으키고 사원이 경제적 부를 누릴 수 있도록 허락하여 부패를 묵인하였으며, 승려 자격증을 상품으로 팔아먹기까지 하였다. 이때 일부 승려들의 타락상은 극에 달했다.『원사(元史)』의 기록에 의하면, 이 책에도 나오는 승려 엄길상(嚴吉祥)은 '도공물(盜公物) 축처노(畜妻孥)'라는 죄목으로 어사대의 규탄까지 받았던 대표적인 예이다.

  이 책은 이러한 상황을 전반적으로 다루고 있는데 그 내용을 크게 몇 가지로 나눠 볼 수 있다.

  첫째, 원이 남송을 침입했을 때 승려들의 처신, 석교총통(釋敎總統)인 양련진가(楊璉眞伽, 양린첸깝)가 남송 이종(理宗, 1205~1264, 재위 1224~1264) 등 왕의 묘를 파헤치고 가혹행위를 한 사실, 원 제국이 비대해지면서 행정능력이 미치지 못하는 틈을 타고 한족이 봉기한 예로서 장사성(張士誠, 1321~1367) 사건 등 정치적으로 주목할 만한 사실들을 다루고 있다.

  둘째는 정치세력과 불교계와의 관계, 불교계 안에서의 이권 다툼과 세력 싸움, 승려들의 타락상, 흐트러져가는 선방 분위기, 끊어져가는 조사의 명맥, 그런 가운데서도 화두참선이나 염불수행에 정진하는 승려들의 모습 등 불교계 안팎의 풍경을 보고 들은 대로 그리고 있다. 그밖에 저자의 주관이 섞인 인물평이나 서평, 시평 등을 통해 시대상을 보여주고 있다.

저자인 무온서중 스님은 선승(禪僧)이었으면서도 불교계 전반에 있었던 일들을 폭넓게 다루었고, 한인(漢人)이었으면서도 장사성(張士誠) 등에 대해서는 비판적 시각을 보인다. 여기서 스님이 사가(史家)로서의 객관적인 안목을 견지하려고 애썼던 흔적과 함께 한인 불교 양심세력으로서의 반성이 짙게 배어 있음을 볼 수 있다.

스님은 자서(自序)에서, 『나호야록(羅湖野錄)』이나 『운와기담(雲臥紀談)』 등 송대 어록의 전통을 이어받았지만 그 책들이 불교 제일의제(第一義諦)를 밝히는 데 목적이 있었던 데 비해, 여기서는 사실을 채집하여 기록하는 데 힘썼다고 하였다. 그리고는 끝에 사마천(司馬遷, 기원전 145?~기원전 86?)과 반고(班固, 32~92)를 들어 스님의 저술 입장이 역사를 기록하는 데 있음을 분명히 밝히고 있다. 그런 만큼 『산암잡록』은 원대(元代) 불교를 이해하는 데 도움이 될 만한, 몇 안 되는 자료 중의 하나로 자리매김할 수 있다 하겠다.

서(序) 1

종문의 유명한 선지식들은 줄지어 억지주장을 펴면서 제멋대로 좋다 나쁘다를 표방해 왔으니, 천하의 달통한 도가 되지 못할까 걱정이다.

범어 '반야바라밀'은 중국말로 '지혜로 피안에 도달한다'는 뜻이다. 좋다 나쁘다에 걸려 양쪽이 나뉘면 4구(句)가 생겨나고 백비(百非)가 일어난다. 근진(根塵)에 얽히고 문자에 묶여 멀고 먼 저 피안은 도달할 기약이 없어지는 것이다.

단구(丹丘)[1]의 서중(恕中, 1309~1386) 스님은 산암에 머물면서 이 최고의 가르침을 주관하고 펴는 스님들이 딴 길로 끄달려 가는 것을 매우 안타깝게 여겼다. 그리하여 옛 분들의 언행 중에 일깨워 줄 만한 것들이 있으면 그때그때 메모지에 적어 놓고 '잡록(雜錄)'이라고 이름 붙였다.

'록(錄)'이란 구분하다, 빠뜨림 없다, 특별하다, 크다는 뜻이다. 선한 것은 선하게, 악한 것은 악하게, 특별하고도 크게 취급해 써 주었으므로 '기록[錄]'이라 하였다.

천태(天台) 서암(瑞嵓) 후주사문(後住沙門) 오군숭보(吳郡崇報) 후학
홍저(弘儲, 1605~1672)[2] 제(題)

주
:
1 단구(丹丘) : 절강성(浙江省) 태주시(台州市) 천태현(天台縣).
2 홍저(弘儲, 1605~1672) : 명말(明末) 청초(淸初) 임제종. 자(字)는 계기(繼起), 호는 퇴옹(退翁). 25세 때 한월법장(漢月法藏, 1573~1635)에게 출가하였다. 법장이 절강성 항주(杭州) 안온사(安穩寺)에서 개당하였을 때, 문하에서 3년간 수행하고 난 후 법을 이었다. 그 후 강소성 상주(常州) 부초산(夫椒山) 상부사(祥府寺)에서 개당하였으며, 천태산(天台山) 국청사(國淸寺)에 머물다가 입적하였다. 요봉산(堯峰山)에 대광명장(大光明藏)이라는 탑이 세워져 있고, 법을 이은 제자가 70여 명 있다. 저술로는 『남악계기화상어록(南嶽繼起和尙語錄)』 10권, 『남악단전기(南嶽單傳記)』 5권, 『남악륵고(南嶽勒古)』 1권, 『영암기략(靈巖記略)』 1권이 있다.

서(序) 2

무온서중(無慍恕中, 1309~1386) 스님은 호구소륭(虎丘紹隆, 1076~1136) 스님의 8대손[1]으로서 큰 도량에 앉아 법을 설하고 중생을 제도하여, 승속 모두에게 귀의할 바를 제시해 주었다. 스님의 『이회어(二會語)』는 무상거사(無相居士) 송염(宋濂, 1310~1381)[2]이 서문을 썼지만 『산암잡록(山菴雜錄)』에는 서문이 없었는데 스님의 큰제자 쌍림사(雙林寺) 주지 현극거정(玄極居頂, ?~1404) 선사와 전 남명사 주지 온중도선(蘊中道瑄) 스님이 함께 나를 찾아와 서문을 청하였다. 나는 한두 차례 훑어본 후 현극스님과 온중스님에게 말하였다.

"지난날 『이회어(二會語)』를 읽어보고 감탄해 마지않았다. 어쩌면 그렇게 천 갈래 강물이 한 근원에서 흐르듯 세찬 문장력을 구사했는지, 어쩌면 그렇게 천지를 뒤흔드는 천둥번개처럼 번뜩이는 필치를 휘둘렀는지, 어쩌면 그렇게도 다듬은 흔적을 찾을 수 없이 막힘없고 원만하게 써 내려갔는지, 어쩌면 그렇게도 가지와 덩굴을 잘

라버려 쓸모없는 말이 없으면서도 구별[町畽, 밭두덕]을 초월하여 정식(情識)의 경계에 떨어지지 않았는지! 그것은 아마도 참다운 불법에서 흘러나온 문장이었기 때문일 것이다. 이쪽저쪽에서 주워 모아 문장을 구사하는 자들과 비교해 보면 어찌 구만 리 차이뿐이겠는가.

  스님의 말을 통해 그 깊이를 살펴보면 부처와 보살의 경지에 이른 분이시다. 그러나 후인을 격려하고자 간간이 제창하신 법문은 불법의 요체를 밝히고 스님의 큰일을 끝마치는 것으로 목적을 삼으셨기 때문에 모든 사람에게 널리 미쳐 줄 수 있는 겨를이 없었다. 그런데 이제 이 책을 살펴보니, 위로는 조정에서부터 마을과 시장거리 및 아래로는 산림 속에 이르기까지 인물, 행적, 사실, 문장 등을 선하다고 써야 할 곳과 그렇지 못한 곳, 옳다고 써야 할 곳과 그렇지 못한 곳, 마땅히 이래야 할 곳과 그래서는 안 될 곳, 우수하다고 써야 할 곳과 그렇지 못한 곳을 빠짐없이 써 놓고 있다. 이로써 선을 권장하기도 하고 악을 징계하기도 하니, 유학자·불교도·도교인·관리·은거한 선비·늙은이·어린이·부귀한 자·비천한 자·상인·예술가·백정·농사꾼, 그리고 나아가서는 부녀자와 가마꾼 노비에 이르기까지 모두에게 유익한 책이 되었다.

  자비의 구름이 뭉게뭉게 피어오르면 한 치의 땅도 덮어주지 않는 곳이 없고, 불법의 비가 줄기차게 내리면 한 포기 풀잎까지도 적셔 주지 않는 곳이 없고, 해와 달이 동쪽에서 솟아 서쪽으로 기울 때 어두운 거리를 비춰 주지 않는 곳이 없으며, 위로는 하늘이 덮어 주고 아래로는 땅이 실어 주어 모든 생명을 붙잡아 주지 않는 게 없다. 이 책을 지으신 마음도 이와 같아서 대자대비로 일체 중생을 가엾게 여기사 많은 방편으로 교묘히 인도하여 삿됨과 망령됨을 버리고 참다운 지혜에 어둡지 않도록 하니, 차이가 없는 평등이란 이런 것이다. 부처님 같은 스님의 자비가 여기에 있기에 참으로 부처와 보살의 지위에 이른 분이라 한 것이다.

　이 책을 한 번 보고서 훌쩍 돈오(頓悟)한다면, 선을 권하고 악을 징계하지 않는 데에서 비롯하여 무엇이든 권하고 징계하는 데에 이르게 되고, 권하고 징계하지 않는 것이 없는 데에서 다시 권하니 징계하니 할 것도 없어진다. 그리하여 바른 길로 말미암아 깨달음의 경지로 들어감으로써 굳어진 습기(習氣)에 부림을 당하지 않고 업식(業識)에 매이지 않게 된다. 이렇게 하는 것이 바로 스님께서 이 책을 편찬하신 깊은 마음을 체득하는 것이며, 현극스님과 운중스님이 이를 서둘러 간행하고 이를 유포하는 그 마음도 스님의 같은 마음이다.

　아! 그저 보통 붓 나가는 대로 기록하여 부질없이 견문만을 넓히고 쓸데없는 이야기를 지껄여대는 따위의 책들과 이를 견주어 볼 수 있겠는가."

　나는 이 말로써 서문을 가름하는 바이다.

홍무(洪武) 25년(1392) 겨울 10월 24일

무문거사(無聞居士) 미산(眉山) 소백형(蘇伯衡)³ 서(序)

주
:

1 호구소륭(虎丘紹隆, 1076~1136) - 응암담화(應庵曇華, 1103~1163) - 밀암함걸(密庵咸傑, 1118~1186) - 송원숭악(松源崇嶽, 1132~1202) - 천목문례(天目文禮, 1167~1250) - 횡천여공(橫川如珙, 1222~1289) - 축원묘도(竺元妙道, 1257~1345) - 무온서중(無慍恕中, 1309~1386).

2 송염(宋濂, 1310~1381) : 명나라 초기 정치가이자 유학자. 자는 경렴(景濂), 호는 잠부(潛溪)·무상거사(無相居士)·용문자(竜門子)·현진자(玄眞子)이다. 저술에 힘쓰며 은거하다가 주원장(朱元璋, 1328~1398)에게 초빙되었고, 주원장이 명 왕조를 세우자 강남유학제거(江南儒學提擧)로 임명되어 태자에게 유교 경전을 가르치며 명대의 예악(禮樂) 제도를 다수 정비하였다. 『원사(元史)』의 편찬을 명받기도 하였다. 한림학사승지(翰林學士承旨)·지제고(知制誥)에 이르다가 나이를 핑계로 관직을 사임하고 고향으로 돌아갔다. 1380년에 손자가 재상의 옥사에 말려들어 가족 전원이 무주(茂州)로 유배 가던 도중에 병사하였다. 시호는 문헌(文憲)이다. 당시의 많은 학자들은 송렴을 '태사공(太史公)' 사마천(司馬遷, 기원전 145?~기원전 86?)에 견주어 태사공이라 부르기도 하였다. 저서로 『송학사전집(宋學士全集)』, 『포양인물기(浦陽人物記)』, 『홍무성정기(洪武聖政記)』가 있다.

3 소백형(蘇伯衡) : 1360년 전후에 활동한 명나라 관리. 자(字)는 평중(平仲). 소식(蘇軾, 1036~1101)의 9세손이다. 저서에 『소평중집(蘇平仲集)』이 있다.

서(序) 3

　도는 말을 통해 밝혀지고 말은 덕에 의해 전해진다. 그러므로 덕 있는 자의 말은 한 시대 사람에게만 믿음을 줄 뿐 아니라, 후세까지도 의심 없이 전해진다.

　무온서중(無慍恕中, 1309~1386) 스님은 서암사(瑞岩寺)의 일을 그만두고 태백산 암자에 한가히 머물면서 스스로 도를 즐겼다. 쓸쓸한 방에는 물건들이 넉넉하지 못했는데도 도를 배우려는 사람들의 신발이 매일 문 밖을 메웠다. 그들은 밀어내도 가지 않고, 어쩌다가 한 말씀 얻어들으면 천금처럼 귀중히 여기는 정도가 아니라 마치 감로수(甘露水)나 제호(醍醐)를 마신 듯 마음과 눈이 한층 빛났다. 이는 스님께서 평소 여러 큰스님의 문하를 참방하여 보고 들었던 아름다운 말과 선한 행실들을 마음속 깊이 원만히 체득해서 말로 표현하였기에, 아름답게 꾸미지 않아도 자연히 훌륭한 격식을 이룬 것이리라.

총림의 큰스님과 유학의 선각자, 그리고 아래로는 마을의 어린 아이들까지 그들을 격려시킬 수 있는 선한 이야기와 그들을 경계시킬 수 있는 악한 이야기가 있으면 사람들에게 들려주어 그들의 마음을 열어 주고 이를 기록하여 『산암잡록(山菴雜錄)』이라는 책으로 만들어 냈다.

취암사 주지로 있는 스님의 제자 현극거정(玄極居頂, ?~1404)이 이를 간행하면서 멀리 서울까지 찾아와 특별히 나에게 보여주었는데, 나는 읽으면서 차마 손에서 놓을 수가 없었다. 이를 계기로 나는 "세간의 이치를 담은 말이라도 모두 바른 법을 따르니[1] 거친 말과 부드러운 말이 모두 제일의제(第一義諦)이다."[2]라는 말이 거짓이 아니었음을 알게 되었다. 비유하자면 훌륭한 의원이 다루면 모든 초목이 약이 되지만 모르는 자는 손에 약을 쥐고서도 병을 만드는 것과 같은 일이라고 하겠다. 세간과 출세간의 모든 법이 불법 아닌 것이 없으므로 이치에 밝은 자가 이를 얻으면 모두가 세상에 전해지는 가르침이 된다. 덕이 있으면 말을 남기게 된다 함은 스님을 두고 이르는 말로서 스님은 약과 병을 잘 아는 분이며, 불법을 잘 말하는 분이다.

나와 스님과는 한 문중이라는 우의가 있으므로 비록 한 차례도 얼굴을 마주한 적이 없었지만 스님의 명성과 행적은 몇 년 전부터 들어서 알고 있었으며, 스님이 대중을 감복시킬 만한 덕을 지녔고 세인을 가르칠 만한 말씀을 남겼다는 사실을 익히 알고 있는 터이다. 그러므로 말하지 않아도 사람들은 믿어 의심치 않을 텐데 더구나 이 책의 내용은 모두가 있었던 사실이다. 사실을 통해 이치를 밝히고 가까운 일을 들어 먼 것을 가리키는 법이니, 이 책으로 당세를 유익하게 하고 끝없이 전해 주어야 한다.

홍무(洪武) 기사년(1389) 여름 6월
승록사(僧錄司) 좌선세(左善世) 홍도(弘道) 서(序)

주 :

1 『묘법연화경(妙法蓮華經)』 권6 「법사공덕품(法師功德品)」(T9-50a).
2 『금광명경문구기(金光明經文句記)』 권3(T39-112c~113a).

서(序) 4

나는 평소 병 많은 몸으로 노년에 일본의 주청(奏請)에 관한 일로 조정의 부름을 받아 서울에 올라가게 되었다. 이에 혼자 생각해 보니 설령 일본을 가지 않는다 하더라도 어떻게 살아 돌아올 수 있겠나 싶었다. 평소 가까이 지내던 친구들도 모두 그렇게 생각했는데 다행히도 성상 폐하께서 나를 가엾게 여겨 특별히 일본의 주청을 받아들이지 않고 궁궐에 머물게 하셨다. 그리고 나서도 온갖 병들이 끊임없이 나의 몸을 침범하여 세 번이나 죽을 뻔했지만 또한 천행으로 폐하께서 나를 불쌍히 여기시고 천동사(天童寺) 옛 절로 돌아가도록 명하시니, 친구들은 내가 마치 다시 세상에 태어나기라도 한 듯이 반겼다.

내 나이 칠십에 가까운데 만 번 죽을 고비를 겪고 다시 한 번 삶을 얻게 되었기에, 이제 문을 닫고 모든 인연을 끊은 채 여생을 마칠까 하였는데 법질(法姪) 경중보장(敬中普莊, 1347~1403)이 자주 나의 암자에 찾아와 이렇게 청하였다.

"당송 시대 큰스님들의 말씀과 저서는 끊이지 않고 간간이 세상에 나왔었는데 원대부터는 이러한 일이 드물게 되었습니다. 그리하여 근래 큰스님들의 법문과 총림의 귀감이 될 만한 아름다운 말씀이나 행실들이 대부분 없어져 들을 수 없게 되었습니다. 노스님께서는 총림의 전성시대를 맞이하여 많은 큰스님을 두루 참방하여 넓은 견문을 지니셨습니다. 제가 항상 노스님을 모시면서 들은 한두 가지 일만 해도 모두 이제껏 듣지 못했던 이야기로서 저를 더욱 깊이 일깨워 주었습니다. 바라옵건대 노스님께서는 그저 유희삼아[遊戱三昧] 한 권의 책을 만들어 위로는 옛 스님의 숨겨진 빛을 나타내시고 아래로는 후학들의 고질병을 벗겨 주신다면 불법문중의 경사가 되리라 믿기에 감히 간청을 드립니다."

내가 말했다.

"그대의 마음이야 참으로 아름답다. 그러나 내 말은 문장이 될 수 없으니 말을 하되 문장으로 잘 표현되지 못한다면 어떻게 먼 훗날까지 전해질 수 있겠는가? 이는 내가 감당할 수 있는 일이 아니다."

그러나 경중은 또다시 말하였다.

"이제 불법은 쇠하고 선배 스님들도 거의 사라지셨습니다. 이런 때 노스님께서 먼 곳에서 돌아오실 줄은 실로 예기치 못했던 일이었는데, 노스님께서 감당할 수 없는 일이라고 거절하신다면 장차 누가 이 일을 맡겠습니까? 문장이 잘되고 못되고를 어찌 따지겠습니까? 사실대로 기록하여 그 일을 밝힐 수만 있다면 충분합니다. 바라옵건대 굳이 사양하지 마십시오."

그리하여 나는 평소 스승과 도반이 강론했던 법어들과 강호에서 보고 들은 일 가운데 기연(機緣)의 문답과 선악의 인과응보, 그리고 말 한마디, 행동 하나, 낱낱의 처신 등을 시대의 선후와 인물의 귀천을 가리지 않고 후배들을 일깨울 수 있는 일이라면 생각나는 대로 붓 가는 대로 사실에 근거하여 기록하고 이를 『산암잡록(山菴雜錄)』이라 이름하였다.

지난 송대(宋代)에 큰스님이 편수한, 이른바 『나호야록(羅湖野錄)』과 『운와기담(雲臥紀談)』 등에 기재된 바는 불법의 제일의제(第一義諦)를 고무하는 내용이 대부분이었다. 내 젊은 시절 이러한 종류에 대한 기억이 있었으나 이제는 십중팔구는 잊어버렸고, 노년에 바다 한쪽 끝에 살다 보니 사람들에게 물어 많은 자료를 채집할 수도 없었다. 이에 따라 빠진 것이 많음을 매우 유감스럽게 생각한다.

말을 하되 도로써 하는 것은 지극한 말로써 일찍이 말한 것이라 할 수 없다. 이 밖의 것은 나의 분수에 벗어난 일이다. 그러나 우리 총림에 사마천(司馬遷, 기원전 145?~기원전 86?)과 반고(班固, 32~92)의 붓을 잡는 자가 있다면 어쩌면 이를 채택해 주지 않을까 한다.

홍무(洪武) 8년(1357) 12월 15일 천태산인(天台山人)
석무온(釋無慍) 서(序)

01

덕산(德山)의 말후구(末後句)

보엽묘원(寶葉妙源)

정수사(定水寺) 보엽묘원(寶葉妙源, 1207~1281) 스님은 사명(四明)[1] 사람이다. 경산사(徑山寺) 허당지우(虛堂智愚, 1185~1269) 스님에게 공부하였는데, 선문 화두에 깨치지 못한 바 있으면 반드시 공부 많이 한 이에게 묻고, 깨닫기 전에 그만두는 일이 없었다.

어느 날 허당 스님을 찾아가 물었다.

"덕산(德山, 782~865) 스님의 말후구(末後句)가 만일 있다고 한다면 어찌하여 덕산스님께서 알지 못하였으며, 만일 없다고 한다면 암두(巖頭, 828~887) 스님은 어찌하여 '덕산스님은 알지 못했다'고 말하였습니까?[2] 스님께서는 자비로운 마음으로 가르쳐 주십시오."

"나는 모르니 법운(法雲) 수좌를 찾아가 물어보도록 하라."

이에 스님은 법운 수좌에게 물어보러 갔는데, 마침 수좌는 산에서 돌아와 발을 씻으려고 물을 찾던 중이었다. 스님은 재빨리 물을 가져다 드리고는 몸을 굽히고 손을 내밀어 수좌의 발을 씻겨 주면서 고개를 들어 물었다.

"덕산스님의 말후구에 대하여 저는 그것이 있는 것인지 없는 것인지 모르겠습니다. 수좌께서 가르쳐 주시기 바랍니다."

수좌는 느닷없이 발 씻으려던 물을 양손으로 스님에게 끼얹으며 말하였다.

"무슨 말후구가 있단 말이냐?"

스님이 그의 뜻을 알지 못하고 이튿날 허당스님을 찾아보니 허당스님이 물었다.

"그대에게 법운 수좌를 찾아가 말후구를 물어보라 하였는데 무어라 말하던가?"

"화상의 말씀대로 물어보았더니 발 씻은 물을 끼얹었습니다."

"다른 말은 하지 않던가?"

"무슨 말후구가 있느냐고 했을 뿐입니다."

"그렇지! 수좌가 깨달은 자라는 것이 너에게 해줄 말이었다."

스님은 이 말에 의심이 풀리게 되었다.

법운 수좌는 바로 한극(閑極) 화상으로 허당스님의 수제자이며 높은 수행을 닦아 호구사의 주지를 지내다가 돌아가셨다.

주
:

1 사명(四明) : 절강성(浙江省) 영파시(寧波市) 해서구(海曙區).

2 덕산(德山, 782~865)이 어느 날 공양이 늦어지자 손수 바리때를 들고 법당으로 갔다. 공양주이던 설봉(雪峰, 822~908)이 이것을 보고 "이 노장이 종도 치지 않고 북도 울리지 않았는데 바리때를 들고 어디로 가는가?" 하니 덕산이 머리를 푹 숙이고 곧장 방장실로 돌아갔다. 암두(巖頭, 828~887)가 이 말을 듣고 "보잘것없는 덕산이 말후구(末後句)를 몰랐다." 하였다. 덕산이 암두를 불러 "네가 나를 긍정치 않느냐?" 하니 암두는 은밀히 자기 생각을 말했다. 다음날 덕산이 법상에 올라 법문을 하는데 그 전과 달랐다. 암두가 손뼉을 치고 크게 웃으며 "기쁘다. 늙은이가 말후구를 아는구나. 앞으로 천하 사람들이 어떻게 할 수 없으리라. 그러나 3년뿐이로다." 하였다. 과연 3년 후 덕산이 입적하였다. 『무문관(無門關)』 권1(T48-294b) 등에서 '덕산탁발(德山托鉢)'로 널리 알려진 공안이다. 특히 성철스님 『본지풍광』의 제1칙으로 등장한다.

02

죽을 날을 받아놓고

대방(大方) 인(因)

평강(平江)¹ 정혜사(定慧寺)의 주지 대방(大方) 인(因, ?~1358) 스님은 천태(天台)² 사람으로 고림청무(古林淸茂, 1262~1329) 스님의 법제자이다. 자질구레한 일에 얽매이지 않고 활달자재하였으며 군수 주의경(周義卿)과 친분이 있었다.

대방스님이 절 일을 그만두고 영암사(靈巖寺) 화(華) 노스님 방에 머물던 지정(至正) 무술년(1358) 9월 8일, 주의경이 공무가 있어 사찰을 찾아가 스님을 방문하자 스님이 말하였다.

"나는 이 달 14일에 이 산에서 죽을 것이니 그대는 나를 위하여 이 사실을 증명해 주오."

주 군수는 장난이겠거니 생각하고 그러하겠노라고 답한 후 떠나갔는데 13일이 되자 게송을 주 군수에게 지어 보냈다.

어제는 바위 앞에 땔감 주워 모아 놓고

오늘 아침 이 허깨비 몸 한 줌 티끌 되리라
어진 그대에게 정성껏 말하노니
하늘에 구름 걷히면 한 조각달만 남겠지.

주의경은 이 게송을 받고서도 믿기지 않았다.

이날 밤 스님이 화(華) 스님에게, "마른나무를 쌓아 놓고 앉을 자리 하나를 마련해 주십시오." 하고 청하자, 화스님은 "마른나무야 말씀대로 드리겠지만 좌대는 없습니다." 하였다. 스님이 화스님이 앉아 있는 나무 의자를 가리키면서, "그것만으로도 넉넉합니다." 하자 스님의 말에 따라 의자를 주었다. 14일 이른 새벽에 일어나 법당 위로 올라가 대중 스님과 영결을 고하고 또다시 게송을 읊었다.

나의 전신은 본디 석교의 승려라
이 때문에 인간에게 사랑과 미움을 나누었지
사랑과 미움이 다한 때 온전한 바탕 드러나
무쇠 뱀이 불 속에서 얼음덩이를 씹는구나.

드디어 마른 나뭇가지를 소매 속에 넣고 나뭇더미 위로 올라가 앉은 후 스스로 불을 지펴 빨간 불길이 치솟아 올랐으나 그 불길 속에서도 태연히 향을 사르며 축원하였다.

신령한 싹은 음양의 종자에 속하지 않으니
그 뿌리는 원래 겁 밖에서 왔다오
편안히 쉰 자리에서 몸소 설파한 것이 아니라면
어떻게 불속에다 옮겨 심을 수 있겠는가.

스님은 화스님에게 염주를 건네주면서 마지막 부탁을 들어주어 감사하다고 하였다. 이에 화염이 휩싸이는 곳마다 많은 사리가 나왔는데 주의경은 이 소식을 전해 듣고 경탄해 마지않아 영암사에 사리탑을 세우고 시를 지어 스님을 애도하였다.

주:

1   평강(平江) : 호남성(湖南省) 악양시(岳陽市) 평강현(平江縣).
2   천태(天台) : 절강성(浙江省) 태주시(台州市) 천태현(天台縣).

03

불법문중에
잘못되어 가는 일을 바로잡다

봉산자의(鳳山子儀)

　근대 우리 선문에는 상황에 맞게 방편을 쓰되 옛사람의 묵은 발자취를 답습하지 않고 자신의 기지로 사람들의 마음을 열어 주고 불법을 구정(九鼎)¹보다도 무겁게 하신 탁월한 분들이 많았었는데, 지금 그러한 스님을 거의 찾아볼 수 없는 것은 무슨 까닭일까?

　항주 하천축사(下天竺寺) 봉산자의(鳳山子儀, 1269~1326) 법사는 원대(元代) 연우(延祐, 1314~1320) 초에 '삼장홍려경(三藏鴻臚卿)'이라는 호를 하사받았으나 그 작록을 받아들이지 않고 불법문중에 조금이라도 어긋난 일이 있으면 반드시 바로잡았다.

　고려 부마(駙馬) 심왕(瀋王)²이 황제의 칙명으로 보타관음(寶陀觀音)을 예배하러 가는 길에 항주를 지나가게 되었다. 그는 주머니 돈으로 명경사(明慶寺)를 찾아가 재를 올리고 많은 사찰의 주지를 위해 공양하였다. 성관(省官) 이하 여러 관아의 관리들이 직접 그 일을 감독하였으며, 서열을 정하는 데에는 심왕을 강당의 중앙 법좌 위에 자리하고 모든 관리는 서열에 따라 법좌 위에 줄지어 앉고 사찰의 주지들은 양쪽 옆으로 앉게 하였다. 자리를 모두 안배한 후 법사는 맨 나중에 왔는데 오자마자 법좌 위로 달려가 왕에게 물었다.

"오늘의 재는 누구를 위한 재입니까?"

"많은 사찰의 주지를 공양하기 위함입니다."

"대왕께서 많은 사찰의 주지를 공양하기 위함이라 말하고서도, 이제 주인의 자리는 없고 왕 스스로 높은 자리에 앉아 모든 주지들을 양 옆으로 줄지어 앉히고 심지어는 땅바닥에 자리를 깔고 앉아 있는 자도 있으니, 이는 순라 도는 병졸들을 공양하는 것과 무엇이 다르겠습니까. 예법에는 이렇지 않으리라고 생각됩니다."

왕은 이 말을 듣고 황공하고 부끄러운 마음에 사과하고 곧장 법좌에서 내려와 많은 사찰의 주지에게 예의를 표한 후 손님과 주인의 자리를 나누어 모든 관리들은 양 옆의 주지가 앉았던 곳으로 물러나 앉았다. 공양이 끝난 후 왕은 법사의 손을 잡고 말했다.

"우리 법사님이 아니었더라면 예의를 차리지 못할 뻔하였습니다."

아! 이른바 상황에 맞게 방편을 써서 사람의 마음을 열어 줄 수 있는 사람이란 봉산 법사를 두고 하는 말이다.

주
:

1 구정(九鼎) : 하(夏)나라 우(禹) 임금이 주조했다는 큰 솥. 고대로부터 내려오는 보배.
2 심왕(瀋王) : 고려 후기 심주(瀋州)와 요양(遼陽)의 고려인들을 통치하기 위해 원(元)에서 고려의 왕족에게 수여한 봉호(封號).

04

봉산일원(鳳山一源) 스님의 염고(拈古)

●

나는 천력(天曆, 1329~1330) 연간에 호주(湖州)[1] 봉산사(鳳山寺)에서 일원(一源) 영(靈) 스님을 찾아뵙고, 조주(趙州, 778~897) 스님이 오대산 노파를 시험했다는 화두[2]를 참구했으나 깨치지 못했다.

하루는 시봉하는 차에 이 화두를 들어 물으니, 스님께서 말하였다.

"내가 젊은 날 태주(台州) 서암사(瑞岩寺) 방산문보(方山文寶, ?~1308) 화상의 문하에 있을 때 유나(維那)를 맡아보면서 나 역시 이 화두를 여쭈었더니 방산 화상이 '영(靈) 유나야, 네가 한마디 해 보아라' 하셨다. 나는 그 당시 입에서 나오는 대로 '온 누리 사람들이 노파를 어찌할 수 없다'고 하였더니, 방산 화상은 '나는 그렇게 하지 않겠다. 온 누리 사람들이 조주스님을 어찌할 수 없다고 하겠다' 하셨다. 나는 그 당시 마치 굶주린 사람이 밥을 얻은 것마냥, 병든 이가 땀을 흘린 것처럼 스스로 기쁨을 알았다."

이어서 말하였다.

"시자야! 너는 달리 한마디 해보아라."

나는 그 당시 인사하고 곧장 그곳을 떠나 버렸다. 내 기억으로는 지난날 스님이 처음 이곳에 부임하여 상당법문을 할 때 '세존이 법좌에 오르시자 문수가 백추를 치고'라는 공안[3]을 들어 설법한 후 염송하였다.

> 세존께서는 이것을 잘못 말씀하시고
> 문수도 이것을 잘못 전했으며
> 오늘 나도 이것을 잘못 거론했도다
> 알겠는가
> 한 글자를 세 차례 베껴 쓰면
> 오(烏) 자와 언(焉) 자는 마(馬)가 되느니라.

그 당시 나의 은사이신 축원(竺元, 1257~1345) 스님은 육화탑(六和塔)에 은거하면서 이 이야기를 전해 듣고는, "선정원(宣政院)[4]에서 수많은 노스님을 천거하였으나 봉산일원 스님이 조금 나은 편"이라며 감탄해 마지않으셨다.

일원스님은 영해(寧海)[5] 사람이며 경산사 운봉묘고(雲峰妙高, 1219~1293) 스님이 직접 머리 깎아 준 제자인데 주지로 세상에 나와서는 방산스님의 법을 이었다. 인품이 자애롭고 참을성이 있어

남을 용납하는 아량이 있었으며 제자들 가르치는 일을 게을리하지 않았으므로 스님께서 입적하자 스님을 아는 사람이나 모르는 사람 모두가 애도해 마지않았다.

주:

1 호주(湖州) : 절강성(浙江省) 호주시(湖州市) 오흥구(吳興區).
2 조주감파(趙州勘婆) : 조주(趙州, 778~897)가 사는 오대산(五臺山)으로 들어오는 길가에 한 노파가 있다가 스님들이 오대산으로 가는 길을 물으면 가르쳐주고는 "멀쩡한 스님이 또 저렇게 가는구나." 하였다. 이 이야기를 전해들은 조주가 이튿날 그 노파에게 가서 길을 물으니, 노파는 역시 그렇게 대답하였다. 조주가 돌아와서 대중들에게 "내가 그대들을 위해 그 노파를 감정하였다."고 하였다. 『선문염송』 제412칙 "대산(臺山)"(H5-339c).
3 세존승좌(世尊陞座) : 세존께서 어느 날 자리에 오르시자 대중이 모였다. 아직 설법이 시작하지도 않았는데 문수가 끝났다는 신호로 백추(白槌)를 치고서는 "법왕의 법을 자세히 살펴보니 법왕의 법이 이러하나이다." 하니 세존께서 곧 자리에서 내려오셨다. 『벽암록(碧巖錄)』 제92칙 ; 『종용록(從容錄)』 제1칙 ; 『선문염송(禪門拈頌)』 제6칙.
4 선정원(宣政院) : 원(元)나라 때 불교의 승속과 티베트, 트루판을 관리하던 관청.
5 영해(寧海) : 절강성(浙江省) 영파시(寧波市) 영해현(寧海縣).

05

요즘 총림의 도반 관계와 사자 관계

　호구사 동주수영(東州壽永, ?~1313) 스님과 영은사 독고순붕(獨孤淳朋, 1259~1336) 스님은 같은 고향에 동문수학한 사이로서 우의가 매우 두터웠다.

　동주스님이 호구사 주지로 있던 어느 날 때마침 성안에 있었는데 만수사(萬壽寺) 주지 자리가 비었다고 제방의 주지가 독고스님을 그곳에 추천하자 하였다. 당시 독고스님은 호주(湖州)[1] 천녕사(天寧寺)의 주지로 있었으므로 (만수사의 주지가 되는 일은) 단계를 밟아 승진하는 것이지 결코 단계를 뛰어넘는 일이 아닌데도 동주스님은 힘을 다해 저지하였다. 그러나 독고스님은 이 말을 듣고서도 전혀 개의치 않았다.

　그해가 지나 동주스님은 화주(化主)할 일이 있어 호주에 갔다. 독고스님을 만나보고 싶었지만 스스로 부끄러운 마음에 만나지 않았고, 또한 독고스님이 자기를 헐뜯어 행여 모연하는 일이 실패로 돌아갈까 두려워하여 일부러 독고스님이 자리를 비운 틈을 타서 천녕사를 찾아갔다. 그러나 독고스님은 동주스님이 왔다는 소식을 듣고 속히 돌아와 예를 다하여 숙소와 음식을 제공하였다. 뿐만 아니라 자신의 돈을 털어 모연을 돕고 동주스님을 위하여 앞장서서 주선하며 조금도 전과 다를 바 없이 편히 대하면서 옛 우정을 나누었다. 동주스님이 호구사로 돌아온 후 깊은 밤에 방장실 치상각(致爽閣)에서 서성대며 스스로를 돌이켜, '독고는 군자이고 수영(壽永)은 소인'이라고 하였다.

내가 요즘 총림에서 도반이라고 하는 자들을 살펴보니 말 한마디나 작은 이익으로 서로 다투며 나아가서는 서로 헐뜯고 모함하여 상대방의 명줄을 끊어 놓지 않고서는 직성이 풀리지 않는 자들이 있다. 독고스님의 너그러운 우정과 동주스님의 반성은 거의 찾아볼 수 없게 되었다.

제자가 스승의 잘못을 덮어 주고 스승의 훌륭함을 드러내며 옳은 일을 따르고 잘못을 저버리는 것을 효도라 하고, 스승의 선을 가리고 잘못만을 들춰내며 옳은 일에 등을 돌리고 잘못된 일은 따르는 것을 불효라 한다. 만일 스승에게 드러낼 만한 선이 없다면 말을 하지 않는 것이 옳다. 억지로 선이 있는 것처럼 꾸며 다른 사람들이 쑥덕거리게 만들어 도리어 스승의 불선을 들춰내게 한다거나, 순종할 수 없을 경우에는 스승에게 간언해야 옳은데도 억지로 옳은 일이라 여기고 순종하여 다른 사람들이 쑥덕거리게 만

들어 도리어 스승의 비리를 들춰내게 하는 일 또한 불효라 하겠다.

내가 요사이 여러 곳의 큰스님들이 열반하는 일을 살펴보니 그 제자들이 행장을 잘 갖추어 유명한 자에게 비명을 부탁하되, 거기에는 반드시 그가 태어날 때 부모의 남다른 현몽을 기록한다거나 죽어서 화장하였을 때 치아와 염주 등이 부서지지 않았고, 사리가 수없이 나왔노라 기록하고, 이러한 몇 줄의 문장이 없으면 큰스님이 되지 못하는 것으로 생각하고 있다. 이러한 일들은 모두 변변치 못한 제자들이 바른 이치를 알지 못하고 부질없이 거짓말을 꾸며 자기 스승에게 욕을 끼치는 일이니 효도라 할 수 있겠는가? 『전등록(傳燈錄)』에 실려 있는 1,700명의 선지식 가운데 사리가 나왔던 분은 겨우 14명이었으며, 적음(寂音, 1071~1128, 각범혜홍) 존자가 저술한 『승보전(僧寶傳)』에 실려 있는 81명의 선사 가운데 사리가 있었던 분은 몇 사람에 불과하였다.

무엇보다도 우리 선문에서 귀중하게 여기는 것은 오로지 종지를 통달하고 설법을 잘하는 일이다. 향상(向上)의 수단으로 사람들의 속박을 풀어 없애 주는 일을, 법을 전하고 중생을 제도한다고 한다. 나머지는 모두 지엽과 말단이다. 화장하여 간혹 육신[諸根]이 부서지지 않고 구슬 같은 사리가 나오는 것은 평소 그의 수행이 청정했다는 증험이니 이 어찌 쉬운 일이겠는가? 그러나 내가 두려워하는 것은 후세의 승려들이 서로서로 이러한 일을 모방하여 거짓말을 조작하고 부질없이 자기 스승을 미화하느라 그 사실을 비석에 새겨, 다른 종교 사람들이 읽어보고 도리어 남다른 기적이 있는 스님들까지 거짓으로 의심하는 일이 생길까 하는 바로 그 점이다. 이러한 일들이 불문에 끼친 폐해는 참으로 적지 않으니 가슴 아픈 일이다.

주
:
1 호주(湖州) : 절강성(浙江省) 호주시(湖州市) 오흥구(吳興區).

06

환생한 어린아이

지정(至正) 신축년(1361)에 섬서(陝西) 지방의 민가에 한 어린아이가 있었는데 겨우 세 살이었다. 어느 날 마을 거리에서 "현관(縣官) 행차에 길 비켜라." 하는 소리를 듣고서 앞길을 막아선 채 현관의 이름을 부르면서 예의를 표하며 말하였다.

"서로 헤어진 지 오래인데 지금까지 별일 없었소?"

현관은 깜짝 놀라 의아하게 생각하였다.

"이 어린아이가 어떻게 나의 이름을 알고 있단 말인가?"

이에 어린아이 앞으로 나아가 물어보자 어린아이는 전생(前生)의 성명을 말하고 이어서 예전에 함께 주고받으며 읊조렸던 시 몇 수를 열거하자 현관은 그제서야 옛 친구임을 믿게 되었다. 아이는 다시 현관에게 말을 이었다.

"그대와 헤어진 뒤 이제 사람의 몸으로 환생하였으나 앞서 세 차례나 태어난 바 있다. 처음 죽어서는 개로 태어나 스스로 싫증을 느낀 나머지 일부러 주인집 아이를 물었는데 주인이 화가 나서 나를 죽였고, 다시 메추리로 환생하였으나 그것도 싫증이 나 강물에 빠져 죽었는데 이제 사람으로 태어나 그대와 다시 만난 것이 참으로 다행이로다."

듣자 하니, 이 아이는 전생에 주역의 이치를 즐겨 보며 '태극이 움직이기 전[太極未動]'의 경지를 체험한 까닭에 삶과 죽음을 넘나들면서도 생사에 매이지 않았다고 한다. 마의(麻衣, 370?~431?) 스님이 주역을 '심역(心易)'이라 하였고, 자호(慈湖) 양경중(楊敬仲, 1141~1226)은 이를 '기역(己易)'이라 이름했는데, 거기에는 깊은 의미가 있다.

07

스스로 자초한 응보

장구육(張九六)과 방국진(方國珍)

　원(元) 지정(至正) 병신년(1356)에 장사성(張士誠, 1321~1367)[1]이 소주(蘇州)성을 공략했을 때 그의 아우 구육(九六)이라는 자가 맨 먼저 입성하여 살 집을 물색하다가 승천사(承天寺)가 그윽하면서도 밝은 것을 보고서 내심 좋아하였다. 그곳을 궁실로 개조하고자 병사에게 법당의 불상을 부수도록 하였으나 병사들은 벌을 받을까 두려워하여 그 누구도 감히 명을 따르지 않았다.

　이에 구육이 화가 나서 불상의 얼굴에 활을 쏘아 다 부숴 버리고 장사성을 맞이하여 그곳에 살았다. 이듬해 정유년(1357)이 되자 명나라의 많은 병사가 여구(呂口)의 황태(黃埭)[2]를 공격하니 구육이 병사를 거느리고 출전하였으나 패배하여 포로가 된 후 오른팔을 잘리고 죽었다.

　무술년(1358) 방국진(方國珍, 1319~1374)[3]이 강절성(江浙省)[4]의 분성참정(分省參政)이 되어 명주(明州)[5]를 수비할 때였다. 그의 좌우사관

(左右司官) 유인본(劉仁本, ?~1368)이 문학을 몹시 좋아하여 평소에 지은 문장과 시를 편집하여 간행할 때 성중에 있는 사찰의 장경(藏經)을 가져다 이를 풀칠하여 표지를 만들고 경문을 지워 없앤 후 자기의 시와 문장을 베껴 쓰니, 우리가 보기에도 뼈에 사무치게 마음 아팠으나 어찌할 수 없었다. (주원장의) 오(吳)의 원년(1364)[6]에 군대가 명주를 점령하여 방국진이 조정에 항복하자 유인본이 충성하지 않는 죄를 논하여 그의 등을 채찍질하니 등이 터지고 창자가 드러난 채 결국 죽고 말았다.

  구육은 하나의 용사에 지나지 않으므로 죄복(罪福)의 응보를 알지 못한 자이니 그래도 용서할 수 있다 하지만, 유인본은 공자의 학문을 배우고서 차마 이러한 일을 자행할 수 있었을까? 공자의 말에 의하면, "신을 공경하되 신명이 앞에 있는 것처럼 하라."[7]고 하였다. 더구나 우리 부처님은 삼계의 큰 성인이시다. 그런 까닭에 한 사람은 불상을 부수고 한 사람은 불경을 파손하였는데 발걸음을 돌리기도 전에 극형의 응보를 받았다. 이는 받아야 할 것을 받은 것으로서, 실제로 스스로가 자초한 응보이지 우리 성인이 보복한 것은 결코 아니다.

주
:

1 장사성(張士誠, 1321~1367) : 원(元) 말기의 군벌이다. 본명은 장구사(張九四). 소금을 운반하던 공인 출신이다. 소금 맡은 관리들의 압박을 견디지 못하고 지정(至正) 13년(1353년)에 동생 사의(士義), 사덕(士德), 사신(士信), 소금 장사꾼 이백승(李伯升) 등 18인과 함께 원나라에 맞서 거병하였으며, 얼마 뒤 태주(泰州), 흥화(興化), 고우(高郵) 등 양자강 북쪽의 주요 진들을 차지하였다. 1355년 강소성 남부와 절강성 북부까지 세력을 떨쳤으나 1363년 주원장(朱元璋, 1328~1398)과의 전투에서 대패하고 다시 원에 투항하였다. 이후 절강성 서부와 회동 등지에서 활거하며 오왕(吳王)이라 칭했으나 1367년 남경에서 주원장에게 사로잡혀 자살했다.
2 황태(黃埭) : 강소성(江蘇省) 소주시(蘇州市) 상성구(相城區).
3 방국진(方國珍, 1319~1374) : 실존했던 해적들 중의 한 명이자 원나라 말기의 군웅. 키가 크고 몸은 하얗지만 얼굴은 검었다고 하고, 힘도 장사여서 말을 쫓아서 달릴 수 있을 정도였다고 한다. 대대로 소금장사로 해운업을 운영하였지만 1318년에 해적들의 난에 편승하여 해상에서 운조선 등을 약탈하였으며 원에게 저항과 귀순을 반복하며 높은 벼슬을 받았다. 식량의 해상수송 경험 덕분이었다. 원이 명에 의해 쫓겨난 이후에도 명의 주원장에게 저항과 귀순을 되풀이하였으며 명나라에서도 벼슬을 얻었다.
4 강절성(江浙省) : 절강성(浙江省) 항주시(杭州市) 하성구(下城區).
5 명주(明州) : 절강성(浙江省) 영파시(寧波市) 해서구(海曙區).
6 원나라 말기, 망해가는 원나라 관군과 강남에서 경쟁하던 몇몇 군벌들 틈에서 주원장(朱元璋, 1328~1398)은 1364년 오왕(吳王)으로 자립하였다. 4년 후인 1368년 대명(大明)을 국호로 선포하고 황제의 자리에 오른다.
7 『논어(論語)』「팔일(八佾)」 "祭如在 祭神如神在 子曰吾不與祭 如不祭".

08

황암호두(黃巖濠頭)의 행각

황암호두(黃巖濠頭) 정안인(丁安人)의 휘(諱)는 각진(覺眞), 법호는 축심(竺心)이다. 처음 위우산(委羽山) 전절경(田絶耕) 스님을 찾아뵙고 느낀 바 있어 가족을 버리고 토굴을 마련하여 혼자서 살아왔다.

용천사(湧泉寺) 고우(古愚) 스님을 만나자 고우스님이 말하였다.

"양가집 여자가 이쪽저쪽으로 달아날 때는 어떻게 하려는가?"

"특별히 스님을 찾아뵙겠습니다."

"나는 이곳에 그대를 받아들일 수 없다."

이에 정안인은 한 차례 손뼉을 치며 말하였다.

"30년 동안의 공부가 오늘 아침 무너졌다."

고우스님은 그만두었다.

이에 그곳을 떠나 안산(雁山)[1] 춘우암(春雨菴)의 무제(無際) 스님을 찾아가 문에 들어서며 말을 내뱉었다.

"봄비가 주룩주룩 내리니 행인들은 질퍽거리는 것을 싫어한다."

이에 무제스님이 "아니지, 아니지."라고 하자 다시 무슨 말을 하려다가 할(喝)을 듣고 쫓겨 나오고야 말았다.

만년에는 고을에 가서 명인사(明因寺) 앞에서 승려들을 맞이하기 시작했다. 한 스님이 보따리를 들고서 곧바로 침실로 들어오자 물었다.

"너는 무엇하는 중이냐?"

"행각승입니다."

"네 발밑에 짚신짝이 떨어졌는데 어찌하여 그것도 모르느냐?"

그 스님이 대답하지 못하자 보따리를 내동댕이치고는 쫓아냈다.

"이곳엔 네가 발붙일 곳이 없다."

또 한 스님이 문으로 들어오는 것을 보고 말하였다.

"달마대사가 오시는구나."

"나는 달마스님이 아닙니다."

"분명 달마스님인데 콧구멍만 다르다."

어느 날 명인사의 비구니 규(奎) 장로(長老)를 만나 물었다.

"듣자 하니, 노스님께서 간밤에 아이를 낳았다고 하던데 정말입니까?"

"말해 보아라, 아이가 남자겠느냐 여자겠느냐?"

"닭은 등잔을 물은 채 달아나고 자라는 낚싯대를 씹는구나."

주
:
1 안산(雁山) : 절강성(浙江省) 온주시(溫州市) 낙청시(樂淸市).

09

이발사 장씨와
바늘장이 정씨의 게송

이발사 장(張) 씨는 이름이 덕(德)이며 은현(鄞縣)[1] 하수(下水) 사람이다. 대대로 사찰의 물자를 공급하는 장사로서 참선하기를 좋아하고 항상 대중을 따라 법문을 들었으며 스스로는 깨친 바가 있다고 생각했으나 아무도 그 사실을 몰랐었다. 어느 날 눈이 내려 어린아이들이 눈을 뭉쳐 불상 만드는 것을 보고서 선승들은 제각기 게송을 지었는데, 장씨도 뒤따라 한 수를 읊었다.

    꽃 한 송이 여래 한 분 받들고 나왔는데
    흰 눈 꽃송이 둥글둥글 보조개에 미소 짓네
    해골이 원래 물이었음을 알았더라면
    마야부인의 태 속에 들어가지 않았을 걸.

바늘 만드는 정(丁) 씨는 천태(天台) 사람으로 서암사 방산문보(方

山文寶, ?~1308) 스님에게 공부하여 인가를 받았다. 그가 유리에 대하여 게송을 읊었다.

놓아버리든지
집어들던지
한 점 신령한 빛
천지를 비추네.

이 두 수의 게송은 사물을 빌려 이치를 밝힌 것으로서 모두 경지에 이른 글이다. 내가 이를 함께 기록하는 까닭은 그들의 지위 때문에 말까지 버릴 수는 없기 때문이다.

주
:
1 은현(鄞縣) : 절강성(浙江省) 영파시(寧波市) 해서구(海曙區).

10

자기를 알아준 은혜에 보답하다
서암요혜(西岩了惠)

　천동사(天童寺) 서암요혜(西岩了惠, 1198~1262) 스님은 촉 땅 사람이다. 남쪽 여러 곳을 돌아다니다가 경산사에 이르러 무준불감(無準佛鑑, 1178~1249) 스님을 만났는데, 서로 선기가 투합하여 무준스님이 입실을 허락하였다.

　무준스님이 요혜스님에게 장주를 맡기려 하였으나 애써 막으려는 사람이 있었다. 그 이튿날 고인이 된 눌(訥) 시자의 기감(起龕)¹ 의식이 있었는데 대중이 모두 겁을 먹고 말 한마디도 못하자, 무준스님이 유나(維那)를 시켜 혜 시자를 기감을 주관할 사람으로 맞이해 오도록 하였다. 이에 혜 시자는 감(龕) 앞에 이르러 연거푸 세 차례 "눌 시자!" 하고 불렀지만, 이때도 사람들이 겁을 내자 마침내 "세 번을 불러도 대답이 없더니 과연 눌 시자의 정수리에서 요천골(遼天鶻)이 나왔구나!" 하였다.

　무준스님은 혜 시자를 밀쳐내려는 자를 당장에 쫓아내고 혜 시자가 그 일을 대신하도록 하였는데 혜 시자가 바로 서암스님이다.

스님은 이에 앞서 영은사의 묘봉지선(妙峰之善, 1152~1235) 스님에게 귀의하였는데 그 당시 영은사는 동서 양 행랑 벽 위에 그려진, 선재동자가 53선지식에게 도를 묻는 벽화를 다시 단청하는 불사가 있었다. 선승들이 제각기 게송을 지어 축하했고, 스님도 게송을 지었으나 스님을 시기하는 자가 두루말이에 써넣어 주지 않았는데, 묘봉스님이 두루말이를 펼쳐 보다가 물었다.

"혜 시자의 게송은 어찌하여 없는가?"

"있기는 하나 두루말이에 수록할 만한 글이 못 됩니다."

"한번 일러 보아라."

게송을 본 후 묘봉스님은 그것을 첫머리에 넣어 주었고 그 후로 명성이 자자해졌다.

뒷날 천동사의 주지가 되어서는 환지암(幻知菴)을 새로 지어 노년에 은거할 계책을 세웠고 사당 한 채를 따로 짓고 묘봉 선사를 봉안하여 자기를 알아준 은덕에 보답하였다. 벽화를 찬양한 게송은 다음과 같다.

> 다행히도 사방에 막힌 벽이 없으나
> 누가 오색으로 허공에 단청할까
> 선재동자는 눈 속에 뿌연 눈병 생겨
> 한 꺼풀 도려내니 또 한 꺼풀 생겨나네.

주
:
1   기감(起龕) : 다비식 때 관을 다비장으로 옮겨가기 위해 일으키는 의식.

11

인과 변화의 이치, 수행과 기도의 영험

고정조명(古鼎祖銘)

경산사 고정조명(古鼎祖銘, 1280~1358) 스님은 태어날 때부터 몸이 작고 입술은 위로 뒤집혀 이와 잇몸이 드러나 보이고 목소리는 맑지 못하며 피부는 거칠고 메말랐었다. 어느 관상가가 스님의 얼굴을 보고 "네 가지 천한 모습이 작은 몸에 모여 있으니 이 사람 일생은 말하지 않아도 알 만하다."고 점을 쳤다.

스님은 이 말을 계기로 마음에 맹세한 후 관음대사(觀音大士)에게 기도를 드렸는데 낮에는 관음보살의 이름을 헤아릴 수 없이 외우고 밤에는 보살 앞에 몇천 배를 올리면서 20년 동안을 이렇게 수행하였다. 어느 날 갑자기 천한 모습이 복스러운 모습으로 바뀌어, 입술은 펴지고 이는 보이지 않았으며 목소리는 부드럽고 피부는 윤택하게 되었다. 그 후 지난날의 관상가를 또다시 만났더니 축하하였다.

"스님의 이제 모습은 옛 모습이 아닙니다. 더구나 벼슬할 수 있는 주름살이 생겨났으니, 머지않아 높은 자리에 올라 선풍을 크게 떨칠 것입니다."

그해에 융교사(隆敎寺)의 주지가 되어 세상에 나갔으며 다시 융교사에서 보타사(寶陀寺)로 옮겨갔고 보타사에서 또다시 중축(中竺) 경산사의 주지로 승진되어 5년이 채 안 되는 사이에 세 차례나 자리를 옮겼고, 경산사에서 12년간 주석하다가 79세에 입적하였다.

스님의 수행과 기도의 효험은 복과 수명을 더하였을 뿐만 아니라 그의 모습마저도 변화시킬 수 있었다. 마치 남의 집 창고에 물건을 맡겨 두었다가 찾아오듯 쉽사리 이러한 일을 해내 우리처럼 게으른 자를 격려했다고 할 만하다.

12

문 닫고 사는 설법

노소(老素)

　노소(老素) 수좌는 일생동안 문을 닫고 은거하였으므로 세상에서 스님을 아는 사람이 없었다. 원(元) 천력(天曆, 1329~1330) 연간에 어느 한 선객이 노소 수좌가 친필로 산에 은거하면서 나오는 대로 회포를 적은 게송 세 수를 얻어 스승 귀원(歸源) 스님에게 착어(着語)를 부탁하자 귀원스님이 말하였다.

　"총림에서는 그가 세상에 나와 설법하지 않았던 점을 유감으로 여기지만 이제 이 세 수의 게송을 읽어보니 마치 큰 범종을 한 번 치면 모든 소리들이 사라져 버리는 듯한 느낌이다. 어찌 그가 설법을 하지 않았다고 말할 수 있겠는가. 이 게송이 오랜 세월이 지나다 보면 세상에 알려지지 않을까 걱정이다."

　때문에 눈에 보이는 대로 몇 수를 기록해 본다.

　전등록 읽다 보니 구레나룻 먼저 희고

애써 공부 다퉈 온 지 몇 낙차(洛叉, 십만 년)인고
낮잠 자다 깨어 보니 책상 위엔 먼지만이 가득한데
처마 끝에 반쯤 드는 한가한 햇살 아래 뜨락의 꽃이 지네.

뾰족한 지붕 낮게 고치지도 않고
위에는 긴 숲이 있고 아래엔 연못 있으니
깊은 밤 놀란 바람 노란 잎새 휘날려
오히려 쑥대밭에 내리는 빗소리 같아라.

덧없는 세상, 세월 얼마 남지 않아
애오라지 시를 쓰며 또 세월을 달래 본다
오늘 아침 소나무 아래에서
서풍을 등에 맞고 까마귀 수를 헤아려 본다.

13

귀원(歸源) 스님의 문하

귀원(歸源) 스님이 천복사(薦福寺)의 주지로 있을 때, 어느 날 저녁 문하의 스님들과 차를 마시면서 소동파(蘇東坡, 1036~1101)가 장산사(蔣山寺)의 불혜법천(佛慧法泉) 스님을 방문하였던 이야기를 들려주었다.

법천스님이 소동파에게 물었다.
"선비는 성씨가 무엇입니까?"
"저울[秤]입니다."
"무슨 저울 말씀이십니까?"
"천하 노스님의 혓바닥을 재는 저울입니다."
이에 법천스님께서 악! 하고 할을 한 뒤, "이 할은 무게가 얼마나 되는지 말해 보십시오."라고 하니 동파가 말이 없었다.

귀원스님은 스님들에게 각기 소동파를 대신하여 한마디 해보라고 하였다. 당시엔 대답하는 사람이 하나도 없었는데, 오로지 원(源) 장주가 자리에서 일어서며 촛불을 껐고 일(一) 시자가 한 차례 기침소리를 내니 스님은 미소를 지으면서 말하였다.

"원 장주는 촛불을 끄고 일 시자는 한 차례 기침소리를 냈겠다!"

이 말에 뒤이어 정(定) 장주는 스님께서 한마디 해달라고 청하니 스님이 말하였다.

"아마 네가 한다 해도 이 범주를 넘지 못할 것이다."

원 장주는 뒷날 온주(溫州) 수창사(壽昌寺)의 별원법원(別源法源) 스님이었으며 일 시자는 명주(明州) 천동사(天童寺)의 요당유일(了堂惟一) 스님으로서 두 사람 모두 귀원스님의 법통을 이었다. 정 장주는 바로 대자사(大慈寺)의 천우(天宇) 스님으로 축서묘탄(竺西妙坦, 1245~1315) 스님의 문하에 있었다.

원(元) 지정(至正, 1341~1370) 연간에 강제(江渚, 절강성) 행성(行省)의 승상 달세철목이(達世鐵穆爾)가 선정원(宣政院) 일을 겸직하였는데 행성(行省)의 일을 발표하면서 스님에게 두 번이나 격문을 보내 천동사와 경산사의 주지로 삼으려 하였지만 스님은 모두 늙고 병들었다는 핑계로 사양하였다.

14

천목중봉(天目中峰) 스님의
수행과 깨침

　천목중봉(天目中峰, 1263~1323) 스님은 항주 사람이다. 스승에게 귀의하여 머리를 깎고 구족계(具足戒)를 받은 후, 참구해서 고인이 이룩한 깊은 경지에 이르지 않고서는 그만두지 않으리라고 결심하였다. 당시 고봉원묘(高峰原妙, 1238~1296) 화상이 (스승인) 앙산사 설암조흠(雪巖祖欽, 1216~1287) 스님의 허가를 얻어 천목산(天目山) 사자암(師子巖)에 주석하면서 사관(死關)을 세워 결코 선승들을 받아들이지 않았다.

　그러나 중봉스님을 한 차례 본 후 크게 기뻐하여 화두를 내려주었고 중봉스님도 힘써 정진하며 의문 나는 점을 물었다. 『금강경』의 "여래의 무상정각을 짊어지고[荷擔如來阿耨多羅三藐三菩提]"[1]라는 구절에서 환히 깨치고 이때부터 막힘없는 지혜변재를 지녀, 위로는 군왕과 재상, 아래로는 삼교(三敎)의 준수한 인물에 이르기까지 모두 정성을 다해 도를 물었다.

스님이 저술한 책과 어록 몇 권은 제자 천여유칙(天如惟則, 1286~1354) 스님이 두루 수집하여 조정에 올려 대장경에 수록하였고 보응국사(普應國師)라는 법호를 추증(追贈)받았다.

스님의 풍채는 거룩하였고 조금이라도 머리를 숙이면 호흡이 고르지 못하여 항상 바로 보고 편안히 앉아 있었다. 법어를 청하면 스님 둘에게 종이를 마주 들게 한 후 붓 가는 대로 글을 써 주었다.

주:

1 『금강반야바라밀경(金剛般若波羅蜜經)』(T8-750c).

15

절벽에서 떨어져 정(定)에 들다

단애요의(斷崖了義)

단애요의(斷崖了義, 1263~1334) 수좌는 고봉원묘(高峰原妙, 1238~1296) 스님 회하에서 참구하였는데 법어를 깨닫지 못한다고 고봉스님이 깎아지른 절벽 아래로 떠밀어 버렸다. 그날 밤 많은 눈이 내렸으므로 대중들은 스님이 이미 죽었으리라 여겼다. 이튿날 눈이 멈추어 도반들이 장작더미를 들고 그곳을 찾아가 주검을 화장할 생각이었다. 그러나 스님은 고목 아래 반석 위에서 정좌를 하고 있었다. 스님을 흔드니 눈을 번쩍 뜨고 사방을 돌아보며 자신이 절벽 아래 눈 속에 있었다는 사실을 모르고 있었던 것이다. 돌아와 다시 고봉스님을 뵈니 고봉스님은 말없이 스님을 기특하게 생각하였다. 그 후로 스님의 명성은 나날이 떨쳐 승속이 모두 귀의하였다.

스님은 도를 묻는 사람이 있으면 으레 주장자로 때릴 뿐, 말이나 얼굴색으로 나타내지 않았고 그들 스스로 깨닫도록 하였다. 요즘의 큰스님들은 말로 가르치는 이가 많은데 스님만은 그렇게 하지 않으니 높이 살 만한 일이다.

16

경산사 본원(本源) 스님의
수행과 주지살이

경산사 본원(本源) 스님은 법명이 선달(善達)이며, 선거(仙居)¹ 자씨(紫氏) 자손이다. 젊은 시절 급암종신(及菴宗信) 스님과 함께 행각하면서 소임을 맡지 않기로 다짐하였다. 강서 지방에 머물 때 설암조흠(雪巖祖欽, 1216~1287) 스님을 찾아뵙고 대중 속에 섞여 회하에 들어갔는데, 어느 날 설암스님이 본원스님의 출중한 인물과 법도 있는 행동을 보고서 당사(堂司)²라는 소임을 맡기려고 하자 본원스님이 급암스님과 상의하니 급암스님이 말하였다.

"그대는 지난날 나와 맹세를 해놓고 이제 와서 어기려고 하는가?"

스님은 결국 당사 소임을 사양하였다. 그 후 고향인 선거(仙居)로 돌아가니 마을 사람들이 다복사(多福寺)의 주지로 맞이하였으나 그곳을 버리고 호남 지방을 돌아다니다가 복엄사(福嚴寺)의 주지가 되었다. 복엄사는 당나라 때 도관(道觀)이었던 것을 사대(思大)

스님 때에 와서 선원으로 개조한 것이다. 그 당시 불평하는 도사들이 많자 사대스님은 그들의 후세를 모두 주지로 삼겠노라는 서약을 하였는데, 그 가운데 성은 목(木), 이름은 달선(達善)이라는 자가 있었다. 스님의 이름과 글자만 바뀌어 있을 뿐 똑같았기 때문에 사람들은 스님을 목도사(木道士)의 재생(再生)이라고 믿었다. 그 후 절서(浙西, 절강성) 지방으로 돌아와 경산사 운봉묘고(雲峰妙高, 1219~1293) 스님을 뵙고 문하에 들어가 깨침을 얻었다. 때마침 혜운사(慧雲寺) 주지 자리가 비자 스님이 그곳 주지로 전보되어 처음 올리는 향불을 운봉스님에게 바쳤다.

그 후 보령사(保寧寺)·정자사(淨慈寺)·경산사의 주지를 지내면서 가는 곳마다 모두 기록할 만한 업적을 남겼다. 스님은 주지하는 곳마다 침상을 마련하지 않고 밤마다 촛불을 밝히고 향을 사르며 정좌하였다가 아침이 되면 대중 처소로 나가는 것으로 일상을 삼았다. 또한 타고난 체질이 보통 사람과는 달라 몹시 추운 날씨에도 성긴 갈포 옷을 입고 무더운 여름에도 두터운 솜옷을 입었으며, 사원에 남은 재산으로 경산 동쪽 산기슭에 대원원(大圓院)을 지어 행각승들을 맞이하였다. 어느 날 스스로 때가 온 줄을 알고 대중을 모은 후 평생 행각하던 이야기를 끝마치고 곧 입적하였다.

총림에서는 승직을 지내지 않았다 하여 스님을 낮추어 보는 자가 있지만, 지난날 백장(百丈, 720~814) 스님께서 사원의 소임 체제를 세우기 전엔 사람들이 오로지 도에만 힘썼다. 그리하여 마음을 깨쳐 불법을 짊어지게 되면 마치 하늘에 뜬 태양처럼, 온 누리를 흔드는 우레처럼 식(識)을 가진 모든 중생이 그의 빛과 일깨워 줌을 받았던 것이다. 그런데 그 당시에 무슨 소임이 있었길래 그를 낮추어 볼 수 있는지 도대체 알 수 없는 일이다.

주
:

1 선거(仙居) : 절강성(浙江省) 태주시(台州市) 선거현(仙居縣).
2 당사(堂司) : 절의 당우를 관리하는 소임.

17

역(易) 수좌의 선정

　역(易, 1256~1354) 수좌는 자가 무상(無象)이며 송(宋) 장군(將軍)의 집안인 하씨(夏氏)의 아들이다. 팔 힘이 남보다 뛰어나고 무술에 정통하여 일찍이 부친의 벼슬을 이어받았다. 그러나 달갑게 생각하지 않다가 관직을 버리고 출가하여 상우(上虞)[1] 봉국사(奉國寺)에서 잡일을 하다가 출가 삭발하였다. 스님의 스승이 『심경(心經)』을 외우도록 하였는데 사흘이 지나도록 한 글자도 기억하지 못하자 스님을 몹시 미워하였다. 어느 날 선 묘봉지선(妙峰之善, 1152~1235) 스님이 그 절을 지나는 길에 스님의 스승에게 말하였다.

　"이 스님은 글자를 모르고 오로지 꼿꼿하게 앉아 있는 것만 좋아하니 아마 선정(禪定)을 닦던 사람이 다시 태어난 성싶습니다. 이 스님을 저에게 주실 수 없겠습니까?"

　스승은 묘봉스님을 따라가도록 흔쾌히 허락하였다.

　처음 설두사(雪竇寺)에 이르러 방부를 들이고 부지런히 참구하며 누워 자는 일이 없었는데, 어느 날 갑자기 마른나무처럼 꼿꼿하게 선정에 들어 있었다. 스님의 옆에 정(正) 수좌가 계속해서 스님의 동정을 살폈는데 7일이 지나서야 서서히 선정에서 풀려나 마음에 기쁨이 넘치는 양 깊은 밤에 회랑(回廊) 처마 밑을 천천히 오가는 것이었다. 이에 정 수좌가 "큰일을 마쳤으니 기쁘겠소!" 하였으나 역 수좌는 아랑곳하지 않고 앞에 보이는 종루를 가리키며 입에 나오는 대로 게송을 읊었다.

또다시 정 수좌의 말에 따라 첫 새벽에 지팡이를 흔들면서 길을 재촉하여 이틀 후에 화정산(華頂山)에 닿았는데, 계서(溪西) 화상을 뵈려 하였으나 날이 저물어 벌써 산문이 닫힌 뒤였다. 산문 밖에서 잠을 자고 이른 새벽 산문이 열리자마자 들어가 계서 화상을 뵈었는데 서로 문답하며 시험하는 동안 종지를 깨치고 향로대를 걷어차고는 곧장 그곳을 떠났다. 계서 화상이 불렀으나 아무 대답도 하지 않고 마침내 산을 내려오고야 말았다. 이윽고 항주 천목사(天目寺) 고봉원묘(高峰原妙, 1238~1296) 스님을 찾아뵈었는데 두 분의 말이 딱딱 들어맞자 고봉스님이 수좌로 삼았다.

지정(至正) 원년(1351) 명주(明州)² 해회사(海會寺)에 와서 한 방에서 단정히 기거하며 모든 인연을 끊은 채 그림자가 문 밖을 나가지 않았으며 스님의 곁에 도구(道具)가 떠나지 않으니 사람들은 모두 존경하였다.

지정(至正) 갑오년(1354) 정월 느닷없이 시자승에게 다음 달 24일에 강동 지방에 잠시 놀다 오겠다고 하였는데, 그날이 되자 목욕하고 옷을 갈아입고 행전을 찾아 발에 묶고 시자승의 부축을 받으며 부처님 앞에 가서 삼배를 올린 후 물러 나와 가부좌를 하고서 대중 스님들에게 결별을 고하였다.

"지난번에 내가 너희들에게 오늘 길을 떠나겠다고 말하지 않았던가?"

말을 마치고 잠자듯 고이 열반하시니, 향년 99세이다. 7일 동안 관 속에 모셔 두었으나 얼굴빛이 선명하고 수족이 부드럽고 따뜻하여 마치 살아 있는 사람 같았다. 다비를 하자 불길이 높이 솟구쳐 흩어지는 모습이 마치 수많은 기왓장이 하늘로 튀어 오르는 것 같았고 연기를 찾아볼 수 없었으며 다비가 끝난 후 사리가 많이 나왔다.

주
:
1   상우(上虞) : 절강성(浙江省) 소흥시(紹興市) 상우시(上虞市).
2   명주(明州) : 절강성(浙江省) 영파시(寧波市) 해서구(海曙區).

18

『능엄경』「관음원통품」을 읽고 깨쳐

묘각사 정(淨)

　호주(湖州) 묘각사(妙覺寺) 기당(期堂, 明堂)의 정(淨) 스님은 오강(吳江)¹ 지방의 농부 아들이다. 어려서 학문할 기회를 잃고 도첩을 받은 후 묘봉(妙峰) 현(玄) 스님을 찾아갔다. 현스님은 천목중봉(天目中峰, 1263~1323) 스님의 법제자이다.

　'부모가 낳기 이전엔 어느 것이 나의 본래 모습인가'를 참구하도록 하였는데 정스님은 이를 30년 동안 계속하였으나 깨달은 바 없었다. 그 후 명주 화엄사의 조(照) 스님이 호주에 와서 함께 거처하게 되었는데 조스님이 『능엄경』의 「관음원통(觀音圓通)」 한 품을 읽어보라고 권하였다.

　어느 날 갑자기 "생멸(生滅)이 사라짐에 적멸(寂滅)이 실현[現前]되도다"²라는 구절에서 활짝 깨쳐 온몸에 기쁨이 넘쳐 말을 할 수 없고 그저 춤을 추었다. 이에 누군가가 중풍이 들었느냐고 하자 스님은 "적멸(寂滅)이 실현되었다."고 대꾸하였다.

홍무(洪武) 원년(1368) 10월 25일 조스님에게 "11월 1일이 내 생일인데 그날 이 세상을 떠나겠다."고 하였다.

　　그날이 되자 목욕을 한 후 옷을 갈아입고 향 세 개를 올렸는데 하나는 석가모니불에게, 또 하나는 무량수보살에게, 마지막 하나는 산주(山主) 요(了) 스님을 위한 것으로 하였다. 요스님은 은사 스님이기 때문이다. 그리고는 주위 사람들에게 부탁하였다.

　　"내가 죽은 뒤 3일 만에 다비를 하고, 7일 뒤에 뼈를 부수어라. 뼈가 부서지지 않을지도 모르겠구나."

　　사람들은 모두 그 말을 이상하다 여겼는데 막상 뼈를 부수려고 하자 뼈가 녹아 물같이 되면서 더운 기운이 없어지고 한 송이 영지(靈芝)가 되어 오색찬란한 광채가 영롱하였으며, 두들겨 보니 소리가 울렸는데 조각을 한다거나 그림으로 그린다 해도 그처럼 만들지는 못할 것이다. 영지는 지금까지도 묘각사의 기당(期堂)에 봉안되어 있다.

주:

1　오강(吳江): 강소성(江蘇省) 소주시(蘇州市) 오강구(吳江區).
2　『대불정여래밀인수증요의제보살만행수능엄경(大佛頂如來密因修證了義諸菩薩萬行首楞嚴經)』권6(T19-128b).

19

해운인간(海雲印簡) 대사(大士)의 행장

연경(燕京, 북경) 경수사(慶壽寺) 해운(海雲, 1203~1258) 대사(大士)는 법명이 인간(印簡)이고 산서(山西) 땅 사람이며 성은 송(宋) 씨이다. 7세에 아버지가 『효경(孝經)』「개종명의장(開宗明義章)」을 가르치자 스님이 물었다.

"연다[開] 하는데 무슨 종(宗)을 연다는 것이며, 밝힌다[明]는데 무슨 의(義)를 밝힌다는 것입니까?"

아버지가 남달리 생각하여 스님을 데리고 전계사(傳戒寺) 안(顔) 스님을 찾아뵈니 안스님은 근기(根器)를 살피고자 석두희천(石頭希遷, 701~791) 화상의 '초암가(草菴歌)'를 읽어보도록 하였다. 스님이 초암가를 읽다가 "허물어지거나 허물어지지 않거나 주인은 원래대로 존재한다."[1]라는 구절에서 안스님에게 물었다.

"주인은 어디에 있습니까?"

"무슨 주인 말이냐?"

"허물어지거나 허물어지지 않음을 떠난 것 말입니다."

"그것은 바로 객이지 주인이 아니다."

"주인!" 하다가 갑자기 소리를 지르자 안스님은 차가운 미소를 지을 뿐이었다. 그 길로 중관사(中觀寺)의 소(沼) 스님을 찾아가 삭발은사로 삼고 구족계를 받았다.

그 후 어느 날 저녁, 허공에서 스님의 이름을 부르는 소리가 들려왔다.

"인간(印簡)아! 대사를 이루거든 이곳에서 지체 말고 떠나라."

그리하여 지팡이를 끼고 연경으로 가는 도중에 송포(松鋪)를 지나다가 비를 만나 바위 밑에서 묵게 되었다. 동행하던 사람이 부싯돌을 치자 불똥이 튀는 모습을 보고서 크게 깨치고 얼굴을 문지르며 말하였다.

"오늘에야 비로소 눈썹은 가로 붙어 있고 코는 세워 있음을 알았노라."

이에 경수사(慶壽寺)의 중화(中和) 장(璋) 스님을 찾아갔다. 스님이 이르기 전날 밤에, 장스님은 한 승려가 지팡이를 짚고 곧장 방장실로 달려와 사자좌(獅子座)에 걸터앉는 꿈을 꾸고서 이튿날 그 이야기를 좌우 사람에게 들려주면서 말하였다.

"오늘 조금만 기다리면 그 사람이 도착할 터이니, 곧장 나에게 인도하도록 하라."

해가 저물어갈 무렵 스님이 도착하자 장스님은 웃으면서 이 스님이 바로 어젯밤 꿈에 본 그 사람이라고 하였다.

　서로 문답하며 여러 가지로 시험해 보았으나 스님의 기어(機語)가 민첩하고 막힘없이 투철하자 장스님은 기쁜 마음으로 서기실(書記室)의 일을 맡아보도록 하였다. 스님의 지혜와 깨달음은 더욱 깊어졌으며 마침내 장스님은 법의와 게송을 내려주었다. 게송은 이러하다.

　　천지는 같은 뿌리로 다름이 없는데
　　어느 집 어느 산에선들 그를 만나지 못하리오
　　내 이제 부처님의 도장을 그대에게 전하노니
　　만법의 빛은 모두 하나이어라.

　주지가 되어 세상에 나와 장스님의 법제자가 되었으며 여러 유명한 절에 주지를 지내면서 두 차례나 경수사(慶壽寺)의 주지가 되었다. (원나라) 태조(太祖, 1162~1227, 재위 1206~1227)에서 세조(世祖, 1215~1294, 재위 1260~1294)까지 여러 황제의 국사로 추앙되어 지위가 승통(僧統)에 이르렀으며 황제의 예우 또한 극진하였다.

　나이 56세에 생각지 않게 풍증에 걸렸는데 하루는 게송으로 대중과 결별하고 시자승을 돌아보며 말하였다.

　"너희들은 시끄럽게 떠들지들 마라! 내 편히 누워 쉬리라."

　시자승이 주사(主事)에게 이 소식을 급히 전하고 그곳에 도착하니 스님은 이미 오른쪽으로 누워서 열반한 뒤였다. 다비를 하니 헤아릴 수 없이 많은 사리가 나왔으며 칙명으로 경수사 곁에 스님을 안장하고 그 위에 부도를 세웠으며 불일원명대사(佛日圓明大師)라는 시호를 받았다.

주
:
1 『경덕전등록(景德傳燈錄)』 권30(T51-461c).

20

궁궐에 나아가 불법을 논하다

운봉묘고(雲峰妙高)

  지원(至元) 25년(1288) 봄, 승통(僧統) 양련진가(楊璉眞迦, 양린첸깝)는 (원 세조) 황제의 칙명으로 강남 지방 교종과 선종의 여러 스님을 인솔하여 궁궐에 나아가 불법을 논하였다. 황제가 선종에서는 무엇을 종지로 삼느냐고 묻자, 경산사 주지 운봉묘고(雲峰妙高, 1219~1293) 스님이 앞으로 나서며 대답하였다.

  "선이란 청정하고 지혜롭고 오묘하고 원만하여 그 바탕이 본래 공적(空寂)하니 견문각지로 알 수 있는 것이 아니며, 사량과 분별(分別)로 이해할 수 있는 것이 아닙니다."

  황제가 다시 물었다.

  "선종의 조종(祖宗)과 후예를 모두 말하여 줄 수 있겠는가?"

  "선종의 조종과 후예는 석가세존께서 영산회상에서 황금빛 나는 한 송이 바라화(波羅花)를 들어 두루 대중에게 보이시자 그 당시 가섭존자만이 미소 지으시니 세존께서 '나에게 정법안장(正法眼

藏)과 열반묘심(涅槃妙心)이 있는데 이를 가섭에게 부촉하노라' 하셨습니다. 그 후 대대로 전해 내려오면서 보리달마에 이르렀는데 달마존자께서는 동쪽나라 이 중국에 대승의 근기가 있음을 바라보시고 바다를 건너오셨습니다. 그리하여 문자를 세우지 않고, 곧장 사람 마음을 가리켜, 성품을 보아 부처를 이루는 길을 열어 주셨으니 이것이 선종입니다."

황제가 이를 가상히 여기자 묘고스님은 다시 자연스럽게 말하였다.

"선과 교는 본래 하나였습니다. 비유하자면 수백 수천의 다른 강줄기가 모두 바다로 돌아가 한 맛이 되는 것과 같습니다. 또 폐하께서 온 누리를 다스려 천하가 통일되니 사방 오랑캐가 온갖 조공을 바치고자 여러 갈래의 길을 따라 찾아오지만 반드시 순성문(順成門)을 통과하여 황금대궐에 이르러 몸소 용안을 본 후에야 집안에 도달했다고 말할 수 있는 것과 같습니다. 만일 교학가들이 언어문자에 집착하여 현묘한 뜻을 깨닫지 못한다면 이들은 아직도 순성문 밖에 있는 사람들이며, 선종에서도 예닐곱 개의 좌복이 낡아떨어지도록 참선을 했다 해도 깨달음을 얻지 못하면 이들 또한 순성문 밖에 있는 사람들이니, 모두 다 일을 마쳤다고 할 수 없을 것입니다.

이는 곧 교학을 익히는 자는 반드시 현묘한 이치를 통달해야 하고, 참선하는 자 또한 반드시 스스로의 마음을 깨달아야 함을 말한 것입니다. 마치 우리 신하들이 오늘에야 몸소 황금대궐 위에 올라와 한 차례 용안을 보고서야 비로소 집안에 도달했다고 할 수 있는 것과 같은 것입니다."

이에 황제는 기뻐하며 음식을 하사한 후 물러나도록 하였다.

21

『고승전』을 편집하는 태도

몽당담악(夢堂曇噩)

몽당담악(夢堂曇噩, 1285~1373) 스님이 진(晋)·당(唐)·송(宋) 삼대의 『고승전』을 다시 편수하면서 종전의 십과(十科)를 육학(六學)으로 바꾸었다.[1] 그중 '선학(禪學)'에 나오는 이조혜가(二祖慧可, 487~593) 조사가 팔을 끊고 법을 구했다는 고사가 기재되어 있는 선종의 서적은 한둘이 아니다. 그러나 유독 (『속고승전』을 편찬한) 도선(道宣, 596~667) 율사만은 이렇게 말했다.

"혜가스님이 도적을 만나 팔을 잘린 것인데 함께 살았던 법림(法琳, 571~639) 법사마저도 그 사실을 모르고 있었다. 법림 법사 또한 도적에게 팔을 잘리자 혜가 대사는 법사를 감싸 안고 치료했는데 대사의 몸 움직임이 불편한 것을 보고서 법림 법사가 이상하게 여기자 이 일로 혜가 조사는 '그대가 어떻게 나에게도 팔이 없다는 사실을 알았는가?'라고 하였다."[2]

몽당스님이 이 말을 『고승전』에 인용하려고 하기에 내가 스님에게 말하였다.

"혜가 대사는 불법을 깨닫지 못했기 때문에 깊은 눈 속에서 시체처럼 꼿꼿이 서 있었습니다. 대사는 목숨도 아끼지 않았는데 더구나 한쪽 팔이겠습니까. 참으로 팔을 자르는 일이란 사람으로 하기 어려운 일이지만 요즘 세상에서도 거친 성깔을 지닌 졸장부들도 이따금씩 자기의 팔을 자르는 경우가 있습니다. 그러나 대사께서는 법을 위하여 일신을 잊고 마음가짐이 간절했는데 이것쯤이야 하지 못할 턱이 있었겠습니까. 설령 모든 사실이 율사의 말대로라고 한다면 어떻게 도적이 사람을 살상하는 데 팔뚝 하나만을 자르는 데 그쳤겠습니까. 그리고 이미 팔이 잘렸다면 함께 사는 사람마저 이 사실을 모를 턱이 있었겠으며, 또한 어떻게 잘린 팔을 가지고서 다른 사람을 감싸주고 치료할 수 있었겠습니까. 결코 믿을 수 없는 이야기입니다."

"도선 율사는 살아 있는 보살이랄 수 있는데 어찌 거짓말을 했겠습니까?"

"도선 율사가 전하는 『인물전』이란 도선 율사 자신이 낱낱이 행적을 목격한 것이 아니라 필시 다른 사람이 채록한 사적에 근거한 것입니다. 이로 미루어볼 때 남이 채록하는 과정에서 와전될 수 있다는 것이지, 도선 율사가 선종과 율종이 다르다 하여 거짓을 조작한 것은 아닐 것입니다. 제 말이 틀림없을 것입니다. 또한 확신할 수 있는 일은 확신 있게 전하고 의심스러운 일은 의심스러운 대로 전하자는 뜻도 됩니다. 그렇지 않다면 후세에 의견을 달리하는 자들이 함부로 뜯어고치고서 율사의 말을 빌려 세인의 믿음을 얻으려고 들 것입니다."

　몽당스님이 이 말을 수긍하고 이 이야기를 『전등록』에 근거하여 『고승전』에 수록하였다.

주
:

1　몽당담악(夢堂曇噩, 1285~1373)이 새로 편찬한 『고승전』의 제목은 『신수과분육학승전(新修科分六學僧傳)』 30권(X77, no.1522)이다. 중국에 불교가 전해진 후한(後漢) 영평(永平) 10년(67)부터 송나라 때까지 모두 1,273명의 고승 전기를 실었다. 원나라 순제(順帝) 지정(至正) 26년(1366)에 완성되었다. 이 책은 제목에서 알 수 있듯이 6바라밀에 맞춘 '6학'에 의거하여 각각에 '2과'씩을 두어 전체 '6학 12과'로 분류하여 고승들의 전기를 실었다. 첫째, '혜학(慧學)'에 역경과(譯經科, 권1~2)와 전종과(傳宗科, 권

3~8), 둘째, '시학(施學)'에 유신과(遺身科, 권9)와 이물과(利物科, 권10), 셋째, '계학(戒學)'에 홍법과(弘法科, 권11~14)와 호교과(護敎科, 권15~16), 넷째, '인욕학(忍辱學)'에 섭념과(攝念科, 권17~18)와 지지과(持志科, 권19~20), 다섯째, '정진학(精進學)'에 의해과(義解科, 권21~23)와 감통과(感通科, 권24~26), 여섯째, '정학(定學)'에 증오과(證悟科, 권27~28)와 신화과((神化科, 권29~30)를 두었다. 이전 『고승전』은 10과로 분류하는 것이 일반적이었다. 혜교(慧皎, 497~554)의 『고승전(高僧傳)』은 역경(譯經), 의해(義解), 신이(神異), 습선(習禪), 명률(明律), 망신(亡身), 송경(誦經), 홍복(興福), 경사(經師), 창도(唱導)의 10과로 나누었고, 도선(道宣, 596~667)의 『속고승전(續高僧傳)』은 역경(譯經), 의해(解義), 습선(習禪), 명률(明律), 호법(護法), 감통(感通), 유신(遺身), 송경(讀誦), 홍복(興福), 잡과(雜科)의 10과로 나누었으며, 찬녕(贊寧, 919~1002)의 『송고승전(宋高僧傳)』은 역경(譯經), 의해(義解), 습선(習禪), 명률(明律), 호법(護法), 감통(感通), 유신(遺身), 독송(讀誦), 홍복(興福), 잡과(雜科)의 10과로 분류하였다.

2 『속고승전(續高僧傳)』 권16(T50-552b).

22

불광도오(佛光道悟) 선사의 행장

불광도오(佛光道悟, 1151~1205) 선사는 협우(陝右) 난주(蘭州)[1] 사람이며 성은 구씨(寇氏)로 태어나면서부터 치아가 나 있었다. 16세에 삭발한 뒤 2년 동안 사방을 돌아다니다가 임조(臨洮)[2]에서 돌아오는 길에 길모퉁이 가게에서 하룻밤을 자게 되었다. 꿈에서 인도 승려가 부르는 소리에 잠을 깼는데 때마침 말 울음소리를 듣고 환하게 깨친 후 스스로 노래를 읊조렸다.

좋구나 좋아
허공에 가득한데
다만 하나뿐일세.

그리고는 어머니에게 "간밤에 물건 하나를 주웠다."고 하니 어머니가 "무슨 물건을 주웠느냐?"고 물었다. 그러자 "시작도 없는 때부터 잃어버렸던 물건"이라고 대답하였다.

하루는 선지식을 찾아가는 길에 마을 사람들이 게송을 청하자 지어 주었는데, 그중에는 "물은 흘러흘러 바다에 이르고 학은 흰 구름 위로 솟아 날도다[水流須到海 鶴出白雲頭]"라는 구절이 있다.

웅이산(熊耳山)에 이르러 백운(白雲) 해(海, 1085?~1184) 스님을 찾아보니 서로 뜻이 맞았다. 이에 앞서 어느 사람이 해스님에게 어찌하여 법제자를 두지 않느냐고 묻자, 해스님은 대답하지 않고 있다가 천천히 "빼어나게 피는 난초는 서진 땅에서만 나온다."고 대답하였다.

스님이 그곳에 도착할 무렵 해스님은 공중에서 울리는 사람소리를 들었는데 "내일 곽상공(郭相公)을 맞이하라!"는 것이었다. 해스님이 살던 절은 곽자의(郭子儀, 697~781)[3]가 세운 것인데 불광스님은 곽자의의 후신이었다.

해스님이 입적하자 불광스님은 세상에 나와 정주 보조사(普照寺)의 주지가 되어 해스님의 법을 이었다. 그 후 죽각암(竹閣菴)에 은거하면서 낙천(洛川)[4] 지방에 보이다 안 보이다 하니 사람들은 스님의 행적을 헤아릴 수 없었다.

스님은 사람들에게 이런 말을 한 적이 있다.

"나를 범인이라고 한다면 나는 성인의 자리로 갈 것이며, 나를 성인이라고 한다면 나는 범인의 자리로 가리라. 나를 성인도 범인도 아니라고 한다면 나는 너희들의 눈동자와 콧구멍 속으로 수없이 거꾸러지며 들어가리라."

태화(泰和) 5년(1205) 5월 13일 아무 병 없이 입적하였는데 스님이 살던 집 위에 오색구름이 일산처럼 뒤덮인 가운데에 해같이 둥글고 붉은 빛이 세 개나 나타났었다. 당시 스님의 나이 55세였다.

주
:

1 난주(蘭州) : 감숙성(甘肅省) 난주시(蘭州市) 성관구(城關區).
2 임조(臨洮) : 감숙성(甘肅省) 정서시(定西市) 임조현(臨洮縣).
3 곽자의(郭子儀, 697~781) : 당(唐) 왕조를 섬긴 군인이자 정치가. 현종(玄宗)부터 숙종(肅宗), 대종(代宗), 덕종(德宗)에 이르는 4대를 섬겼으며, 안사의 난에서 큰 공을 세우고 이후로도 잇따른 이민족의 침입을 막아냈다. 성당(盛唐)~중당(中唐) 시기를 대표하는 명장으로 손녀는 훗날 헌종(憲宗)의 황후가 되기도 했다.
4 낙천(洛川) : 섬서성(陝西省) 연안시(延安市) 낙천현(洛川縣).

23

말세의 신심
주(周)씨 노파와 전자중(田子中)

●

　은현(鄞縣)[1] 보당시(寶幢市)의 주씨(周氏) 노파는 일생동안 정토수행을 닦았다. 매년 정초가 되면 묵언을 하며 정월이 다 가도록 꼬박 눕지 않았고 5월이 되면 사람이 모여드는 정자에 나가 차를 끓여 주면서 한여름을 보냈다. 그의 나이 70여 세가 되던 어느 날 저녁, 큰 연꽃잎이 보당 마을 전체를 덮었는데 자신이 손에 염주를 들고 연잎 위를 걸어가는 꿈을 꾸었다. 그 후 가벼운 병이 들었는데 이웃 사람들이 그날 밤 많은 깃발과 큰 가마가 노파의 집으로 들어가는 것을 보았다. 새벽녘이 되어 노파를 살펴보니 합장 염불하는 모습으로 세상을 떠난 뒤였다.

　나는 부처님의 말씀 가운데, 말법에는 빗발처럼 많은 남염부제(南閻浮提) 여인들이 정토에 왕생할 것이라는 이야기를 들은 적이 있는데, 이 주씨 노파를 보니 참으로 거짓이 아니다.

　홍무(洪武) 경술년(1370) 겨울 봉화(奉化)[2]에 사는 전자중(田子中)

이 태백사(太白寺)에 나를 찾아와서 오랫동안 함께 기거하였다. 내가 우연한 기회에, "『금강반야경』은 염라대왕의 명부전에서는 공덕경이라 일컫기에 세간 사람들은 죽은 이를 천도하는 데 『금강경』을 많이 읽는다."고 하였더니, 전자중은 죽을 때까지 이 경을 수지하겠다고 맹세하였다.

어느 날 그의 모친 기일(忌日)에 신심을 내어 『금강경』을 백 번 넘게 외워 천도한 뒤 새벽에 일어나 소나무 의자 위에 앉아 아홉 번째 읽어 가는 중이었다. 그때 도깨비들이 형틀에 묶인 한 노파를 끌고 와 그의 의자 앞에 꿇어앉혔는데 헝클어진 머리카락이 얼굴을 덮고 있었다. 자세히 보니 그 노파는 바로 돌아가신 어머니였다. 전자중이 깜짝 놀라 어찌할 바를 몰랐으나 잠깐 후 다시 끌고 가는데 마치 형틀을 벗겨내려는 듯한 모습이었다. 전자중이 큰 소리로 울면서 어머니가 끌려왔을 때 『금강경』을 그만두고 어머니를 위로하지 못한 것을 한스러워하였다.

나의 생각으로는 『금강경』의 공덕은 이루 말로 다할 수 없으리만큼 큰 것이다. 전자중이 신심을 내어 『금강경』을 외우던 일은 보이지 않는 사이에 저승의 명부(冥府)를 감동시켜 모자간에 서로 만나 볼 수 있도록 한 것이며, 그 고통을 풀어 줄 것이다. 아! 이는 위대한 일이다.

주
:

1   은현(鄞縣) : 절강성(浙江省) 영파시(寧波市) 해서구(海曙區).
2   봉화(奉化) : 절강성(浙江省) 영파시(寧波市) 봉화시(奉化市).

24

일계자여(一溪自如) 스님의 행장

　중천축사(中天竺寺) 일계(一溪) 스님의 법명은 자여(自如)이며 복건(福建) 사람이다. 원나라 병사가 강남을 침략했을 때 스님은 어린 나이로 사로잡혔으나 임안(臨安)[1]에 이르러 병사들이 스님을 내버리고 떠나가니, 임안의 부호 호씨(胡氏)가 스님을 거두어 길렀다. 그의 자제들과 함께 서당에서 독서하도록 하였는데, 스님은 서당의 모퉁이에 서서 정신을 집중하고 조용히 귀 기울여 말없이 이해하고 하나도 잊지 않으니 호씨가 매우 좋아하였다. 자제가 장성하자 호씨는 스님을 마을 무상사(無相寺)에 보내 승려가 되도록 주선하였다.

　그 후 경산사의 설봉묘고(雪峰妙高, 1219~1293) 스님을 찾아뵙고 종지를 깨쳤으며 계행이 엄정하였고 법복과 발우가 몸에서 떠나지 않았으며, 『능엄경』・『법화경』・『유마경』・『원각경』 등을 암송하였다.

　맨 처음 절강(浙江) 만수사(萬壽寺)의 주지가 되었을 때 절 뒤편에 대부호 황씨(黃氏)가 살고 있었는데 스님의 계행을 존경하여 항상 나물밥을 공양하였다. 그러던 어느 날, 집으로 스님을 초청하여 정성껏 공양을 올리고는 금고를 열어 소장하고 있는 금옥 보화를 내보이며 스님의 마음을 동요시키려 하였다. 스님은 절로 돌아와 좌우의 스님들에게 말하였다.

"저 황씨가 금고 속의 보물을 내보인 것은 나의 마음을 현혹하여 죽은 후 그의 아들이 되도록 하려는 마음에서이다. 그러나 금옥 보화를 돌멩이처럼 보는 나의 마음을 조금도 모르고 있다. 이와 같은 전철을 밟은 옛사람들이 매우 많은데 그 가운데는 그의 아들이 되었을 뿐만 아니라 그의 소나 말이 된 자까지도 있다. 나는 이제부터 황씨를 멀리할 것이다."

천력(天曆) 원년(1328) 중천축사의 주지 소은대흔(笑隱大訢, 1284~1344) 스님이 황제의 칙명으로 대용상사(大龍翔寺)를 창건하게 되었다. 그 일로 스님을 대신할 중천축사의 주지 세 사람을 천거했는데 황제는 어필을 들어 스님을 인준하고 선정원(宣政院)에서 임명장을 가지고 예의를 갖추어 스님을 초청하였다. 그 후 얼마 되지 않아 입적하였는데 신통한 일이 많았다고 한다.

주:

1 임안(臨安) : 절강성(浙江省) 항주시(杭州市) 하성구(下城區).

25

지식에 막혀 깨닫지 못하다가

종성(宗聖) 각(覺)

●

　전당(錢塘)[1] 광화사(廣化寺)의 주지 종성(宗聖) 각(覺) 스님은 경산사 본원선달(本源善達) 스님이 손수 도첩을 내려준 제자이다. 여러 제자 가운데 가장 어린 까닭에 항상 다른 제자들로부터 업신여김을 받았으므로 더욱 마음을 가다듬고 열심히 공부하였으며, 마침내 사명사(四明寺) 몽당담악(夢堂曇噩, 1285~1373) 스님에게 배웠다. 당시 괴석(怪石) 스님은 대자사(大慈寺)의 주지로 있으면서 굳이 스님을 시자로 불러들였다. 얼마 후 다시 석실조영(石室祖瑛, 1291~1343) 스님에게 시를 배웠는데 시의 경지가 나날이 심오해져 조자앙(趙子昻, 1254~1322)[2], 우백생(虞伯生, 1272~1348)[3], 장중거(張仲擧, 1287~1368)[4]와 같은 이도 모두 스님의 시를 칭찬하였다. 더욱이 청렴하고 신의가 두터워 한 끼라도 남에게 얻어먹는 일이 없었으며 사람과 약속을 하면 아무리 비바람이 부는 날에도 어기지 않았다. 중년이 되어 배움이 끊긴 종지를 탐구하기 위하여 처음으로 중

모(仲謀) 스님을 찾아갔으나 깨닫지 못하고 마침내 본각사(本覺寺) 남당청욕(南堂淸欲, 1292~1367) 스님을 찾아가 법을 물으니 남당스님이 말하였다.

"너는 원래 대사(大事)를 깨친 사람이지만 듣고 본 것이 너무 많아 가슴이 막혀 본지풍광이 나타나지 못하는 것이다."

"무엇이 부처입니까?"

"새벽에는 죽 먹고 점심때는 밥 먹는다."

"스님께서는 큰 풀무를 열어 놓으시고 성인이나 범인이나 모두 녹여 단련하십니다. 저 같은 사람이야 쓸모없는 한 덩이 구리나 무쇠 같다지만 이 속에 들어왔으니 단련하여 아름다운 그릇으로 만들어 주기를 바랍니다. 만일 할 수 없다면 이는 스님 풀무에 열기가 부족하기 때문일 것입니다."

남당스님은 종성스님의 정성스럽고 간곡한 마음에 감동되어 자세히 가르쳐 주었다.

"나의 이 법문(法門)은 그대로 깨닫는 것을 귀중히 여기지, 세속적인 지혜와 총명에 있는 것이 아니다. 매서운 의지를 내서 일도양단한다면 무슨 구리를 단련하고 무슨 그릇을 만들고 할 것이 있겠는가. 이 두 가지 길을 버리고 '부모가 낳아 주기 전[父母未生以前]'의 소식에 대하여 한마디 해보아라!"

이에 종성스님은 아무런 말이 없었다.

그 후 옛사람을 본받아 미륵불상을 머리에 이고 아침저녁으로 도를 행하며 불호(佛號)를 외우고 도솔천 내원궁에 왕생하게 하여 달라 기원하고 시를 지어 그 뜻을 피력하였다. 62세에 병이 들자 주변에 명하여 평소 지은 시와 문장을 가져오라 하여 모두 불태워 버린 후 열반하였다.

스님은 황암(黃岩)[5] 사람인데 속성은 채씨(蔡氏)이며 괴석스님의 법을 이었다고 한다.

주
:

1 전당(錢塘) : 절강성(浙江省) 항주시(杭州市) 하성구(下城區).
2 조자앙(趙子昂, 1254~1322) : 원나라 화가이자 서예가 조맹부(趙孟頫)이다. 자앙(子昂)은 자이고, 호(號)는 송설(松雪)이며, 별호(別號)는 구파(鷗波), 수정궁도인(水精宮道人) 등이다. 송나라 종실의 후손으로, 원나라 때 벼슬에 나가 관직이 한림학사(翰林學士)와 영록대부(榮祿大夫)에 이르렀으며, 시호는 위국공(魏國公)이다. 청나라 건륭제가 그의 글씨를 좋아하여 모방하였다고 한다.
3 우백생(虞伯生, 1272~1348) : 원나라 학자이자 시인 우집(虞集)이다. 호는 도원(道園), 소암선생(邵庵先生), 청성산초(青城山樵)라고도 한다. 시호는 문정(文靖)이다. 원나라 4대 시가(詩家)의 한 명이다.
4 장중거(張仲擧, 1287~1368) : 원나라 시인 장저(張翥)이다. 흔히 태암선생(蛻庵先生)으로 불렸으며 시호는 노국공(潞國公)이다. 국자감조교(國子監助教), 집현학사(集賢學士), 한림학사(翰林學士) 등을 지냈다.
5 황암(黃岩) : 절강성(浙江省) 태주시(台州市) 황암구(黃岩區).

26

허곡희릉(虛谷希陵) 스님의 인연과 수행

　허곡희릉(虛谷希陵, 1247~1322) 스님은 무주(婺州)¹ 사람이다. 정자사 석림행공(石林行鞏, 1220~1280) 스님 회하에 있으면서 내기(內記) 소임을 맡아보다가 기실(記室)로 승진되었는데 가난한 가운데서도 어렵게 공부하며 춥거나 덥거나 한결같았다. 지난날 태백사(太白寺)에서 여름 안거를 하면서 동정료(東淨寮)의 수건을 훔쳐 속옷을 만들어 입은 적이 있었는데, 후일 세상에 나와 앙산사에 30년, 경산사에 6년 동안 주지를 지내면서도 동정료의 수건에 관하여 일절 시제(詩題)로 쓰지 않았으니 뜻은 그때의 가난한 생활을 되새기기 위함이었다.
　젊은 시절 꿈을 꾸었는데 정자사 나한당(羅漢堂)에 들어가 동남쪽 모퉁이에 이르니 갑자기 존자 한 분이 나타나 대들보 사이의 시를 가리키면서 스님에게 보여주었다.

한 방은 고요한데 절정이 열리어
여러 봉우리는 그려 놓은 듯 이끼보다도 푸르러라
한가히 패다엽경 펼쳐 본 후에
백 군데 기운 가사 장삼 마음대로 재단하네.

처음에는 그 시에 담겨 있는 의미가 무엇인지 몰랐으나 앙산사와 경산사 두 사찰의 주지가 된 후에야 알 수 있었다. 앙산사에는 패다엽경(貝多葉經)이 보존되어 있고 경산사에는 양기(楊岐, 992~1049) 스님의 법의가 보존되어 있었다.

아! 스님의 출처는 나한 존자가 그의 전생에 이미 정해 놓은 것이었다. 깨달음을 얻은 자가 아니었다면 어떻게 그처럼 될 수 있었겠는가.

주
:
1 무주(婺州) : 절강성(浙江省) 금화시(金華市) 무성구(婺城區).

27

천목사 괴일산(魁一山)의 후신

　천목사(天目寺)에 살던 괴일산(魁一山)은 소주(蘇州) 사람으로 박학다재하며 천동사(天童寺)의 평석여지(平石如砥, ?~1357) 노스님과 절친한 사이였다. 총림의 전성시대를 맞아 모두들 세상에 나아갔지만 괴일산은 깊은 산골짜기에 홀로 살며 속인과 사귀지 않으니 대매법상(大梅法常, 752~839)[1] 스님이나 남악나찬(南嶽懶瓚)[2] 스님의 옛 풍모를 지녔다. 그러나 아랫마을 시주 홍씨 집안의 자제만은 왕래를 허락하였다.

　그가 세상을 떠났을 때 홍씨는 괴일산이 작은 가마를 타고 자기 집으로 들어오는 꿈을 꾸고 이튿날 아들을 낳았는데, 이름을 응괴(應魁), 자를 사원(士元)이라 하였다. 어려서 공부를 시작할 때부터 부인을 맞아 아이를 기를 때까지는 전생의 기미가 전혀 엿보이지 않다가 30세가 되자 갑자기 반성하여 평소에 하던 일을 모두 바꾸었으며, 승려 명(明) 유나(維那)와 함께 동천목산(東天目山) 꼭대기에 암자를 짓고 선정(禪定)을 익히며 화전을 일구고 걸식을 하는 일까지 모두 몸소 하였다. 고행으로 늙은 스님일지라도 그처럼 독실할 수는 없었을 것이다.

지정(至正) 정유년(1357) 북쪽 오랑캐에게 경산사가 소각 당했을 때 내가 그의 처소를 찾아갔는데, 그의 용모는 숙연하고 예의가 있으면서도 자연스럽게 대하였다. 나는 까닭을 물어본 후에야 그가 괴일산의 후신임을 알게 되었으며 이를 계기로 그에게 말하였다.

"그대의 전신은 천동사의 평석(平石) 노스님과 둘도 없는 사이였다. 노스님의 나이 아흔이지만 아직도 이목이 밝으니 그대가 게를 지어 보낸다면, 한 꿈에 두 번 깨어났지만 꿈과 깸이 한결같음을 보여줄 수 있지 않겠는가."

이에 사원(士元)이 게를 지었다.

　　천동사의 노스님 평석(平石)에게 전하노니
　　한 생각은 이제도 옛날도 아니로다
　　단풍나무 다리 위에 깊은 밤 종소리를 듣자니
　　오강은 예전처럼 하늘에 잇닿아 푸르구려.

그러나 이 게송이 전해지기도 전에 노스님은 입적하였다.

주
:

1 대매법상(大梅法常, 752~839) : 출가하여 경론에 통한 후에는 선에 뜻을 두고 마조도일(馬祖道一, 709~788)의 법을 이었다. 796년부터 사명(四明, 절강성) 남쪽에 있는 대매산(大梅山)에서 30년을 은거하였다. 836년에 호성사(護聖寺)라는 선원을 짓고 개당하였다.
2 남악나찬(南嶽懶瓚) : 숭산보적(崇山普寂, 651~739)의 법을 이은 나찬은 남악에 은거하며 360자로 된 『남악나찬화상가(南嶽懶瓚和尙歌)』를 지었다.

28

일생동안 참선하여

회옹청해(會翁淸海)

●

　회옹청해(會翁淸海) 스님은 임해(臨海)¹ 사람으로 30세에 집을 버리고 불도에 들어와 경산사 호암정복(虎岩淨伏) 스님 문하에서 삭발하고 승복을 입었다.

　처음 전단나무 숲에 갔다가 법당으로 돌아오면서 순찰하는데 누군가 스님의 행동이 촌스러운 것을 보고서 뒷전에서 수군대자 스님은 분발하여 그 이튿날 바로 천목사(天目寺) 중봉(中峰, 1263~1323) 스님을 찾아가 가르침을 청하였다. 침식을 잊고 힘을 다해 참구하였으며, 밤이 이슥하여 잠이 몰려와 물리치기 어려우면 어두운 바닥에 염주를 뿌려 놓고 몇 번이고 발로 더듬어 찾아내곤 하였다. 그러나 그렇게 오랫동안 정진하였지만 깨친 바 없었다.

　당시 동주수영(東州壽永, ?~1313) 스님은 호구사(虎丘寺)에, 고림청무(古林淸茂, 1262~1329) 스님은 개선사(開先寺)에, 동서덕해(東嶼德海, 1256~1327) 스님은 풍교사(楓橋寺)에 주지로 있었는데, 스님은 소주

(蘇州)를 찾아가 세 노스님의 문하를 두루 출입하여 점차 깨달음의 경지에 다가갔다. 그 후 용화사(龍華寺)의 주지가 되어 고림스님의 법을 이었으며 93세에 육왕사(育王寺)에 가서 횡천여공(橫川如珙, 1222~1289) 스님의 부도를 지켰다.

그러던 어느 날 평지에서 넘어져 왼쪽 발목을 삐어 걷지 못하게 되자 항상 평상에 앉아 달 밝은 밤이면 낭랑히 옛 분들의 게송을 읊었는데 제자 환(渙) 스님이 물었다.

"일생동안 참선하다가 이제 와서는 그것을 쓰지 못하고 도리어 게송을 읊어 마음을 달래십니까?"

"듣지도 못하였느냐? 대혜(大慧, 1089~1163) 스님이 병환으로 신음할 때 곁에 있던 사람들이 '일생동안 부처를 꾸짖고 조사를 욕하더니만 이제 이처럼 되었습니다' 하자 스님께서는 '어리석은 자의 신음은 이렇지 않더냐?' 하셨다."

환스님은 절을 올렸다.

스님이 입적하여 다비를 하자 남다른 향취가 사람의 코를 찔렀다.

주:

1 임해(臨海): 절강성(浙江省) 태주시(台州市) 임해시(臨海市).

29

사재를 용납지 않은 주지

동산사 노산(魯山)

동산사(東山寺) 노산(魯山) 스님은 사명(四明)[1] 사람으로 인품이 강직하고 탐욕스럽지 않아 사람들이 남달리 공경하였다.

세간에 나와 동산사(東山寺)의 주지가 되자 공부할 때 모아 둔 자기 재물을 모조리 쓸어다가 동산사 토목공사에 써서 얼마 후 집들이 새로워졌는데 어느 날 갑자기 등창이 생겼다. 곁에 있던 승려들이 훌륭한 의원을 불러들여 치료하자고 권하였지만 말을 듣지 않고 오직 편안히 앉아 절의 많은 일들을 처리하였다. 또한 자신이 죽으면 장례에 필요한 옷과 물건을 제외하고는 모두 절 재산에 넣으라고 하니 그 절 승려들은, "스님께서 새로 받아들인 제자가 십여 명이나 되는데 만에 하나라도 스님께서 돌아가신다면 상복 하나 마련할 길이 없다."고 하였으나 스님은 듣지 않았다. 또다시 간청하자 그제서야 한 사람마다 곡식 한 섬을 나누어주도록 하였다. 스님이 열반하자 대중들은 슬픈 마음을 금하지 못하였다.

곰곰이 살펴보니, 요즘 스승의 자리에 앉은 사람들은 대개가 새로 주지를 맡게 되면 소작인을 모두 모아 놓고 소작문서를 뒤바꾸면서 돈을 받아 절 비용에 충당하고 또한 날짜를 정해 놓고 이자를 거둬들이며, 죽을 때 가서는 온갖 물건을 자기 측근에게 나누어주므로 장례를 치른 후엔 으레 절 재산에 손해를 끼친다. 아! 노산스님과는 큰 차이가 있다.

주 :

1 사명(四明) : 절강성(浙江省) 영파시(寧波市) 해서구(海曙區).

30

죽는 날까지 『능엄경』을 읽다

일암(一菴) 여(如)

●

일암(一菴) 여(如) 스님은 영가(永嘉)¹ 사람이며 속성은 원씨(袁氏)이다. 태어나기 5일 전 아버지가 꿈을 꾸었는데, 한 스님이 불경을 가지고 왔기에 어디에서 왔느냐고 묻자 오운산(五雲山)에서 왔다 하며, 성이 무엇이냐고 묻자 은씨(殷氏)라 하였다. 이름은 무엇이냐고 묻자 또다시 성이 은씨라고 대답한 후 5일 후에 반드시 다시 오겠다 약속하고 경전을 집에 놓아두고서 신표를 삼았다. 약속한 그 날이 되자 과연 스님이 태어났는데 머리가 우뚝 솟고 눈빛은 사람을 쏘았다. 15세에 방산문보(方山文寶, ?~1308) 스님에게서 공부하여 종지를 얻었으며 보복사(保福寺)의 주지로 있다가 서간암(西澗菴)에서 10년 은둔하니 명망이 날로 높아만 갔다.

스님은 어린 나이에 마음을 내어 『능엄경』을 암송하다가 제5권까지 읽고는 피를 토하는 병으로 더 할 수 없었다. 그 후 쾌차되던 어느 날 밤 꿈에 읽지 못한 나머지 부분의 경을 보았다. 꿈에서 모두가 금자(金字)로 씌어 공중에 펼쳐 있기에 목청을 돋구어 경문을 읽어 가다가 잠을 깨었는데 남아 있다가 시간이 지나면서 사라졌다. 이 때문에 스님은 다시 『능엄경』을 암송했으며 이 경 하나만으로도 넉넉하다고 하여 죽는 날까지 그치지 않고 매일 한 차례씩 외웠다.

주
:
1 영가(永嘉) : 절강성(浙江省) 온주시(溫州市) 녹성구(鹿城區).

31

단강각은(斷江覺恩) 스님의 행장

　단강(斷江) 스님은 법명이 각은(覺恩)이며 속성은 자계(慈溪)[1] 고씨(顧氏)이다. 스님은 후리후리한 키에 청정하고 준엄하게 살았다. 어린 시절 운문산 광효사(廣孝寺)에서 삭발하고 뒷날 명주 연경사(延慶寺) 북계덕문(北溪德聞) 법사에게 『사교의(四教儀)』를 배웠는데 겨우 7일 만에 통달하자 모두들 깜짝 놀랐다.

　그 당시 횡천여공(橫川如珙, 1222~1289) 스님이 육왕사의 주지로 있으면서 선종을 중흥시키자 학인들이 모여들었다. 스님도 그곳을 찾아가 향을 사른 후 입실하여 기어(機語)가 맞자 횡천 스님이 내기(內記) 소임을 맡도록 명하였다. 이를 계기로 스님의 공부가 나날이 드러나 원근에 이름이 알려지게 되었다.

　스님이 지은 게송은 우아하고 고풍스러웠는데 제형(提刑) 모헌지(牟獻之)는 책머리에 서문을 썼으며 당시 사대부 조문민(趙文敏, 1254~1322)[2]·등강장(鄧康莊, 1258~1328)[3]·원문청(袁文淸, 1266~1327)[4]

등과 모두 절친한 사이였다.

소주(蘇州) 천평사(天平寺) 주지가 되어 횡천스님의 법을 이었으며 뒤에 개원사(開元寺)와 명주 보복사(保福寺)의 주지로 옮겨갔다가 월주(越州) 천의사(天衣寺)에서 입적하였다.

어느 날 방장실에 앉아 있다가 주장자를 붙잡고 "빈 골짜기에 지팡이를 의지한 노승은 분명 한 폭의 수보리(須菩提) 그림이렷다!" 하였다. 그리고는 시자를 돌아보며 말하였다.

"알겠느냐?"

"모르겠습니다."

그러자 주장자를 내던지고 깔개에 기댄 채 열반하였다.

주:

1   자계(慈溪) : 절강성(浙江省) 영파시(寧波市) 강북구(江北區).
2   조문민(趙文敏, 1254~1322) : 원나라 화가이자 서예가 조맹부(趙孟頫)이다. 자(字)는 자앙(子昂)이고, 호(號)는 송설(松雪)이며, 별호(別號)는 구파(鷗波), 수정궁도인(水精宮道人) 등이다. 송나라 종실의 후손으로, 원나라 때 벼슬에 나가 관직이 한림학사(翰林學士)와 영록대부(榮祿大夫)에 이르렀으며, 시호는 위국공(魏國公)이다.
3   등강장(鄧康莊, 1258~1328) : 원나라 관리 등문원(鄧文原)이다. 시호는 문숙(文肅). 육왕오광(育王悟光, 1215~1280)을 스승으로 모셨다.
4   원문청(袁文清, 1266~1327) : 원나라 문학가 원각(袁桷)이다. 문청(文淸)은 시호. 절동사학파(浙東史學派)의 대표 인물이다. 횡천여공(橫川如珙, 1222~1289)을 스승으로 모셨다.

32

성암(省菴) 사(思) 스님의 법문과 게송

　성암(省菴) 사(思) 스님은 태주(台州) 영해(寧海)[1] 사람이며 속성은 알 수 없다. 형제 네 명 가운데 스님이 맏이였는데 모두 일시에 신심을 내어 출가하였다. 종친들에게 조상의 유산을 다 나누어주고 살던 집 한 채만을 남겨 두었는데 친척들이 그것마저 서로 차지하려고 계속 다투자 스님은 형제들과 함께 집을 불태운 후 그곳을 떠나 버렸다. 그 후 여러 곳을 참방하여 향상의 지견을 갖췄으며 온주(溫州)[2] 영운사(靈雲寺)의 주지를 하다가 영암사(靈岩寺)로 옮겼고 마지막에는 영운사의 앞 초막에 은거하였다.

　지정(至正) 갑신년(1344), 내가 차원(此原) 달(達)과 성원혜명(性原慧明, 1318~1386) 등과 함께 스님을 찾아가니, 당시 스님은 90이 넘어 긴 눈썹과 호호백발이 무척이나 맑아 보였다. 스님은 신발을 끌고 나와 서서히 걸으면서 나에게 물었다.

　"어디에서 왔는가?"

"강심사(江心寺)에서 왔습니다."

"강물의 깊이가 몇백 발이나 되는가?"

"노스님을 속일 수 없습니다."

이에 성암스님은 합장을 하면서 말을 이었다.

"앉으시오. 차 한 잔 합시다."

성암스님은 성품이 반듯하고 고결하여 시를 지으면 한산자(寒山子)와 유사한 기품이 있었다. 스님이 '어느 승려를 욕하며'라는 시를 벽에 써 놓았다.

오온(五蘊)을 버리지 못한 채 머리만 깎고
누런 베옷 두르니 이것이 중이라네
불법도 세속법도 전혀 모르고
잘하는 것이라곤 돼지고기 개고기 잘 먹는 일.

책상 위에 스님의 어록 한 권이 놓여 있기에 손 가는 대로 펼쳐 보니, 여름 결제 때 한 상당법문이었다.

대원각(大圓覺)은
소뿔과 말뿔에 실어 오고
우리 가람을 위해서는
외바구니 나물바구니를.

또한 상당법문에서 조주(趙州, 778~897) 스님의 '개에겐 불성이 없다[狗子無佛性]'는 화두를 들어 송을 하였다.

    개에게 불성이 없다
    개에게 불성이 있다
    원숭이는 인색하고 교활한 장사치 때문에 시름하고
    개는 청정하고 도통한 중의 입을 보고 달아나네.

나는 차원(此原) 달(達) 등과 그곳을 떠나오면서, 다시는 감히 스님의 기봉(機峰)을 범할 수 없었다. 그날 밤 우리는 영운사에 묵으면서 노스님에게 성암스님의 몇 가지 언행에 대하여 들었는데 모두 전할 만한 것들이었다.

주 :

1   영해(寧海) : 절강성(浙江省) 영파시(寧波市) 영해현(寧海縣).
2   온주(溫州) : 절강성(浙江省) 온주시(溫州市) 녹성구(鹿城區).

33

흩어져 가는 선방 요사채 분위기

　태정(泰定, 1324~1328) 초에 선정원(宣政院)에서 가흥(嘉興)¹ 본각사(本覺寺)의 영석여지(靈石如芝, 1243~1328) 스님을 정자사(淨慈寺)의 주지로 임명하였다. 스님은 당시 84세였는데 모든 이에게 고불(古佛)과 같은 추앙을 받았다. 나는 경산사에서 정자사까지 모셔다 드리고 전례에 따라 그곳에 방부를 들일 수 있었다.

　당시 그곳엔 500명에 가까운 대중이 있었다. 태주(台州)² 온주(溫州)³ 출신의 고향 선배인 경초(景初) 충(忠)이라는 스님이 본산(경산사)의 수좌로 있었는데 나이와 덕망이 높아 많은 사람이 귀의하였다. 나는 당시 학인의 신분으로 있는 터라 우연히 행랑에서 책장수를 만나 『장자(莊子)』 한 권을 샀다. 장주(藏主)의 요사채로 돌아와 위로실(圍爐室, 응접실)에 들어가 『장자』를 읽으면서 참선공부에 지장이 될까 걱정하던 참이었다. 마침 충 수좌가 외출했다가 돌아와 매우 불쾌한 뜻을 표하며 정좌한 후 나를 앞에 세워 놓고 꾸짖었다.

"그대는 처음 대중 속에 들어와 참선은 하지 않고 도리어 잡학(雜學)에 힘쓰는가? 게다가 선원의 위로실이란 손님을 맞이하고 불법을 논하는 곳인데 이곳에서 외서(外書)를 읽어서야 되겠는가?"

20여 년이 지난 뒤 다시 정자사를 찾아가 보니 요사채 위로실에 나이 어린 승려와 노승이 뒤섞여 거문고를 켜거나 바둑을 두거나 아니면 먹물을 핥으며 산수화를 그릴 뿐, 외서조차 뒤적거리며 읽으려는 사람이 없었다. 하물며 참선공부를 하는 자를 찾아볼 수 있겠는가.

아! 충 수좌의 말씀을 곰곰이 생각해 보니 지난날 묘희종고(妙喜宗杲, 1089~1163) 스님께서 양서암(洋嶼庵)의 대중방에 걸어 놓았던 방문(榜文)[4]과 무엇이 다르겠는가. 뒤에 충 수좌는 무주(婺州) 화장사(華藏寺)의 주지가 되었다.

주:

1 가흥(嘉興) : 절강성(浙江省) 가흥시(嘉興市) 남호구(南湖區).
2 태주(台州) : 절강성(浙江省) 태주시(台州市) 임해시(臨海市).
3 온주(溫州) : 절강성(浙江省) 온주시(溫州市) 녹성구(鹿城區).
4 『대혜보각선사연보(大慧普覺禪師年譜)』(嘉興藏1-803c)나 『운와기담(雲臥紀譚)』 권하(X86-682b)에 따르면, 대혜종고(大慧宗杲, 1089~1163)가 양서암(洋嶼菴) 대중 처소의 문에 "형제들이 참선을 하지 못하는 것은 대부분 잡독이 마음속에 들어 있기 때문"이라는 구절을 방으로 붙여놓았다.

34

대혜스님의 후예로 지조를 지키다

소담(少曇) 서(瑞)

　소담(少曇) 서(瑞) 스님은 민현(閩縣) 사람이다. 강직과 절개로 자신을 지키며 명리를 하찮게 여겨 절의 살림을 모두 집사에게 맡겼다. 스님이 거처하는 방은 언제나 조용했으며 혼자서 선송(禪誦)을 즐겼는데 스님의 방문에 오르는 사람은 모두 노련한 선승들이었다.

　지순(至順, 1330~1333) 연간에 의연히 절을 떠나 금릉(金陵)[1] 지방을 돌아다니다가 용상사(龍翔寺)의 소은대흔(笑隱大訢, 1284~1344) 스님을 방문하자 스님을 수좌로 맞이하였다. 때마침 이충사(移忠寺)에 주지 자리가 비어 대흔스님이 적극 추천하였으나 스님은 굳이 사양하며 말하였다.

　"스님께선 생각지 못하시는군요. 그곳은 송나라의 간신 진회(秦檜, 1090~1155)[2]의 제사가 맡겨진 절입니다. 진회는 개인 감정 때문에 권력을 빙자하여 대혜(大慧, 1089~1163) 스님을 매양(梅陽)과 형양(衡陽)으로 귀양 보냈던 자입니다. 제가 비록 변변치 않으나 대혜스님의 후예로서 어떻게 차마 진회의 제사를 이어 받들 수 있겠습니까? 스님께선 참으로 생각지 못하십니다."

당시 큰 선비나 덕망 높은 선승들은 이 말을 전해 듣고 극찬하지 않는 이가 없었다. 후일 스님은 귀종사(歸宗寺)의 주지로 갔다가 세상을 마쳤다.

주
:

1 금릉(金陵) : 강소성(江蘇省) 남경시(南京市) 건업구(建鄴區).
2 진회(秦檜, 1090~1155) : 남송 고종 때의 재상으로 충신 악비(岳飛)를 무고로 죽이고 주전파(主戰派)를 탄압하여 금(金)나라와 굴욕적인 화친을 맺었다. 당시 대혜(大慧, 1089~1163) 등의 승려들은 주전파의 입장을 동조하여 귀양 보내졌다.

35
생사는 무상한 것

경남(景南) 형(亨) 스님은 남창(南昌)¹ 만씨(萬氏) 집안 자손으로, 어려서 내복산(來福山) 단(端) 스님에게 귀의하여 백장사(百丈寺) 여암(如菴) 우(愚) 스님과 용상사(龍翔寺) 소은대흔(笑隱大訢, 1284~1344) 스님의 회하에서 공부하였으며 선정원의 추천으로 향성사(香城寺)에서 개법(開法)하였다. 그 사찰은 오랫동안 폐사로 묵어 오다가 일신되었으며, 스님은 그 후 상람사(上藍寺)로 옮겨갔는데 도풍이 더욱 널리 알려지게 되었다.

78세가 되던 어느 날 곁에 있는 승려에게 명하여 물을 끓여 목욕한 후 평상복으로 갈아입고 편히 앉아 게를 쓰고는 주장자에 기대 입적하였다. 다비를 하니 단단한 사리가 매우 많이 나왔는데, 스님의 법손 제성(濟盛)이라는 스님이 주장자와 승복과 사리를 거둬 내복산에 부도탑을 세웠다.

상법시대 이후 행각승들이 어느 곳에 가서 자리를 잡으려 할 때는 반드시, 생사의 일이란 몹시 무상하고 신속한 것이라고 한다. 그들의 말을 들어보면 구도정신이 간절한 듯하지만 승적(僧籍)을 얻은 후엔 지난날 스스로 노력하겠다던 말을 실천하지 않고 명리만을 분주히 좇을 뿐이며 많은 사람들이 그렇게 한다.

오늘날 경남스님은 임종 때에도 이와 같았으니 평소의 수행을 가히 짐작할 수 있다.

주 :

1 남창(南昌) : 강서성(江西省) 남창시(南昌市) 서호구(西湖區).

36

고난을 구해 주시는 아미타부처님

　원 지정(至正) 15년(1355) 겨울, 장사성(張士誠, 1321~1367)이 호주(湖州) 강절(江浙) 지방을 침공하자 승상이 경산사의 말사 화성사(化城寺) 혜공(慧恭) 스님에게 그 고을 백성을 집결시켜 경계의 산마루를 방어하라고 명하였다.

　어느 날 적병이 경계를 침범하자 혜공스님은 향병(鄕兵)을 거느리고 격전을 치러 적병은 패해서 도망가고 40여 명의 포로를 잡아 관가로 송치하는 도중 서호(西湖)의 조과사(鳥窠寺)에서 유숙하게 되었다.

　동이 텄을 때 마침 조과사의 전 주지였던 요주(饒州) 천령사(天寧寺) 모(謀) 대유(大猷) 스님이 느린 걸음으로 행랑간을 산책하자 포로들은 스님의 우아한 모습과 쉬지 않고 염불하는 소리를 듣고서 마침내 모두가 "노스님! 우리를 구해 주십시오."라고 소리쳤다. 스님께서는, "나는 너희들을 구해 줄 수 없지만 너희들이 지극정성으로 '나무구고구난(南無救苦救難) 아미타불(阿彌陀佛)'을 하면 아미타불이 너희를 구해 줄 것이다."라고 하니, 포로 가운데 세 사람은 스님의 말을 믿고서 쉬지 않고 큰소리로 염불을 하였다.

이윽고 관리가 포로를 데리고 출발하려고 모두 형틀의 쇠고랑을 바꾸어 묶었는데 우연히 이 세 사람은 형틀이 없어 새끼줄로만 묶어 놓았다. 관가에 도착하여 죄수를 심사할 때도 관리가 유별나게 이 세 사람만을 국문하였다. 그중 한 사람은 보리밭을 다듬다가 적병에게 붙잡혀 왔다고 진술하였고 나머지 두 사람은 원래 명주(明州) 봉화현(奉化縣)의 톱[鋸]장이었는데 이곳에 고용되어 일하다가 사로잡혔다고 하여 이 세 사람은 풀려나게 되었다. 그들은 조과사를 찾아 대유스님에게 감사의 절을 올린 후 떠나갔다.

내가 곰곰이 생각해 보니, 우리 아미타불은 서원(誓願)이 깊으셔서 염불하는 자는 임종 때 영험을 얻을 뿐 아니라 현세에서 처형되려는 죄수까지도 그의 가호로 풀려나게 하신다. 그럼에도 불구하고 믿지 않는 사람은 나도 어쩔 수 없는 일이다.

37

머리를 깎다가 사리를 얻다

서천축 판적달(板的達)

　서천축국(西天竺國)의 큰스님 판적달(板的達, ?~1381)[1]은 선정(禪定)을 굳게 닦고 아울러 계율까지 잘 지켰다. 세 벌 옷과 바리때 하나만을 몸에 지닐 뿐이었고, 시주를 얻으면 가난한 사람에게 나누어 주고 세상살이에는 그저 담담하였다.

　홍무(洪武) 7년(1374) 남경(南京)에 도착할 즈음, 황제는 관리에게 명하여 천계사(天界寺), 장산사(蔣山寺)의 주지와 함께 남경 여러 사찰의 승려를 인솔하여 교외에 나아가 맞이하고 깃발과 향과 꽃으로 스님을 인도하여 대궐로 모셔 오도록 하였다. 스님이 황제를 알현하자 황제는 기뻐하고 깊은 총애와 후한 하사품을 전하였으며 장산사에 유숙하게 하고 사신을 보내 자주 문안을 하였다. 그해 겨울 황제는 친히 고명(誥命)을 지어 도장을 새겨 주고 스님에게 선세선사(善世禪師)라는 법호를 내렸다.

　당시 나는 천계사에 머물렀는데 어느 날 금단(金壇)의 이발사 장생(蔣生)이 스님의 머리를 깎아 머리털을 쟁반에다 받아 놓았다. 처음 머리를 깎아 쟁반에 놓자 낭랑한 소리가 울리니 시자승이 재빠르게 가지고 갔다. 다음번에 깎은 머리털은 장생이 가져갔는데 그 속에 둥글고 깨끗한, 콩알 만한 사리 한 알이 있었다. 나머지 머리카락은 구경하던 사람들이 앞을 다투어 모두 가져갔는데 사리가 있기도 하고 없기도 하였다. 당시 모두 세 알의 사리가 나왔다고 한다. 나는 장생이 얻은 사리만을 보았으며 감탄을 금치 못하였다. 선세스님의 시자승 말로는, 이런 일은 항상 있는 일이지만 세상에 자랑거리가 될까 두려워 머리를 잘 깎지 않는다는 것이었다.

　홍무(洪武) 9년(1376) 가을, 선세스님은 황제의 명으로 절강좌성(浙江左省)으로 내려와 육왕사의 사리탑과 보타관세음(寶陀觀世音)의 시현(示現)을 위해 예배하였다. 두 곳에서 매우 특이한 상서로운 빛과 모습이 나타났으며, 스님은 두 곳에서 모두 게송을 읊었는데 다 범자(梵字)로 씌어 있다 한다.

주:

1　판적달(板的達, ?~1381) : 명나라 초기에 인동에서 건너온 선승이다. 카슈미르(迦濕彌羅)에서 출가하여 구자(龜玆)와 고창(高昌)을 지나 원나라 지정(至正. 1341~1367) 연간에 감숙(甘肅)에 도착하였으며, 후에 수도에 들어와 길상법운사(吉祥法雲寺)에 머물렀다. 명나라 홍무(洪武) 2년(1369) 수안선림(壽安禪林)에 머물다가, 홍무 7년(1374) 칙명으로 장산사(蔣山寺)에 머물렀다.

38

정토종의 말폐 백련칠불교(白蓮七佛敎)

정토교(淨土敎)에 대한 부처님의 말씀은 많은 경전에 자세히 실려 있다. 그러나 정토교가 중국에 유행한 것은 동림혜원(東林慧遠, 334~416) 법사부터 비롯된 것이다. 법사는 유(劉)·뢰(雷) 등 제현을 모아 연루(蓮漏, 물시계) 위에 이름을 새기고 하루 여섯 때 예불을 올리며 서방정토에 왕생하기를 기원하였는데, 정성이 간절하여 임종 때 각각 그들의 소원을 이루게 되었다.

그러나 전조(원대)에 이르러서는 사람들의 근기가 얕고 거짓 마음이 나날이 돋아 '백련사'라는 이름을 빌려 밥과 옷을 구하는 자가 종종 있었다. 연우(延祐, 1314~1320) 연간에 우담보도(優曇普度, ?~1330) 법사가 대궐에 나아가 상소를 올려 그 폐단을 바로잡았다. 그리고 물러 나와서는 『여산보감(廬山寶鑑)』 몇 권을 저술하여 정교(正敎)를 밝히고 이단을 배척하여 동림사(東林寺)의 옛 일을 일신하였다.

그러나 우담 법사가 입적한 지 백 년이 채 못 되어 용렬한 자들이 법사의 이름을 도용하여 이른바 백련칠불교(白蓮七佛敎)라는 것을 만들었는데 그 폐단은 극심하였다. 어떤 이는 자칭 도사(導師)니, 사장(師長)이니 하면서 방등무애(方等無礙)의 경지에 이르렀다 하여 신도를 규합하여 정법을 훼손하고 마군의 일을 널리 행하며, 보이지 않는 곳에서 교를 전파하고 온갖 광채를 나타냈다.

귀중한 음식을 불전에 올리지도 않고 내놓거나 시식(施食)까지 모두 끊고서 스스로 부처라 하며 또한 삼보(三寶)란 불법사(佛法師)라 하여 함부로 도사(導師)를 삼보 속에 넣고 승려는 아니라 하였다. 우매한 속인을 선동하고 그것을 풍속화하여 막을 수 없는 세태에 이르니 결국 조정에서는 백련칠불교를 엄단하는 조처를 내렸다. 그러므로 선비들이 동림사의 수행을 더럽게 여기게 된 것은 당연한 일이다.

아! 어떻게 하면 우담 법사와 같은 분이 다시 세상에 태어나 폐단을 바로잡아 줄 수 있을까.

39

무정불성(無情佛性)에 관하여 논하다

경산 여암(如菴)

경산 여암(如菴) 장주는 태주(台州) 위우현(委羽縣)¹ 사람으로, 교학을 하다가 선공부로 들어왔다. 침착하여 서두르지 않았으며, 내전(內典, 불경)과 외전(外典)에 널리 통달하고 자기 생사문제는 더욱 치밀하고 철저하게 파고들었다.

노년에는 천동산 원편 산기슭에 은거하였는데, 나는 지정(至正) 갑신년(1344)에 스님의 은거처를 찾아갔다. 이야기를 나누던 중 무정물에 불성(佛性)이 있는지 유정물에 불성이 있는지를 언급하게 되자 이리저리 따지고 묻고 하다가 여암스님이 갑자기 말하였다.

"내 기억으로는 교학하는 큰스님 한 분이 이런 질문을 한 적이 있었다. 무정 속에 본래 불성이 있는가, 아니면 불성이 어디에나 있어서 무정에도 막히지 않기 때문에 무정 속에 불성이 있다는 것인가." 하는데 말이 끝나기도 전에 내가 급히 막으면서 말했다. "불성은 텅 비어 말과 명칭을 벗어나 있으니 있다 할 수도 없고 없다 할 수도 없습니다."

그러자 여암스님은 자기도 모르게 고개를 끄덕였다.

주
:
1 위우현(委羽縣) : 절강성(浙江省) 태주시(台州市) 황암구(黃岩區).

40

계율을 경시하는
말세의 풍조를 개탄하다

●

　명주(明州) 오대산(五臺山)의 계단(戒壇)은 영지원조(靈芝元照, 1048~1116) 율사가 중창한 것이다. 축조를 마치고 법을 강론하는데 한 노인이 나타났다. 신비한 기가 뛰어나고 눈썹과 수염이 하얀 그가 앞으로 나와 말하였다.

　"저는 보통 사람이 아닙니다. 세 알의 구슬을 바쳐 오늘의 계단 조성을 축하합니다."

　말이 끝나자 그 노인은 보이지 않았다. 그리하여 계단 중심에 세 알 구슬을 안치하였는데 여러 차례 빛이 나왔다.

　황조(皇朝, 명) 홍무 11년(1378) 4월 17일, 단주(壇主) 덕옹(德顒)이 열 명의 율사를 모시고 계법회(戒法會)를 크게 열었는데 그 후 이틀이 지난밤에 자계사(慈溪寺) 자무(子懋) 스님이 단에 오르려는 찰나에 갑자기 구슬에서 광채가 밖으로 뻗어 나오는 것이 보이고 그 속에서 선재동자가 나타났다. 자무스님은 깜짝 놀라 소리쳤고 온 대중이 돌아가면서 예배하였다. 슬픔과 기쁨이 엇갈리는 순간이었다. 그 후로 밤마다 대중들은 더욱 경건하고 간절히 기도하니, 황금부처로 나타나기도 하고 팔이 여섯 달린 관음상, 또는 붉은 대 푸른 버들 위에 빈가새[頻伽鳥]가 좌우로 춤을 추며 날아다니기도 하고, 또는 월개(月蓋)를 쓰거나 손에 화로를 든 부처로 나타나기도 하고, 용신이 구슬을 바치는 등 신기한 변화가 한두 가지가 아니었다. 그것은 흔히 볼 수 없는 일들이었다.

아! 내가 들어보니 세존께서 계단의 축조를 마치시자 범천왕(梵天王)이 귀한 구슬을 올렸고 제석천왕도 여의주로 비를 내려 세존을 도왔다고 한다. 세존께서 돌아가실 때 비구들에게 "계율로 스승을 삼으라."고 부촉하셨고, 또한 "만일 나의 법이 무너진다면 그것은 계율에서 비롯된다."고 하셨다. 그러므로 우리 불교와 계율의 관계는 실로 크다.

오대산의 계단에 구슬을 올린 사실은 본디 대단한 일이었다 하지만 상법시대(말세)에 계법을 거행하자 신비한 감응이 이처럼 빛날 줄을 생각이나 했었겠는가! 천룡(天龍)이 계법을 보호하는 마음을 또렷이 볼 수 있다. 그러나 스님들이 계율을 쓸모없는 형식이라 생각하고 조금도 마음에 두지 않음을 어찌하랴. 가슴 아픈 일이다.

09 성철스님이 가려 뽑은 한글 선어록

가려뽑은 송나라 선종 3부록 ②
인천보감 · 고애만록 · 산암잡록

초판 1쇄 인쇄	2019년 11월 5일
초판 1쇄 발행	2019년 11월 15일
지은이	사명담수, 고애원오, 무온서중
감역	벽해 원택
발행인	여무의(원택)
발행처	도서출판 장경각
등록번호	합천 제1호
등록일자	1987년 11월 30일
본사	경남 합천군 가야면 해인사길 122 해인사 백련암
서울사무소	서울시 종로구 삼봉로 81(수송동, 두산위브파빌리온) 1232호
	전화 (02)2198-5372 팩스 (050)5116-5374
	홈페이지 www.sungchol.org
편집·교정 문종남	디자인 김형조
홍보마케팅 김윤성	관 리 서연정

ⓒ 2019, 장경각

ISBN 978-89-93904-87-1 04220
ISBN 978-89-93904-77-2 (세트)

값 20,000원

※ 이 책에 실린 내용은 무단으로 복제하거나 전재할 수 없습니다.
※ 잘못된 책은 교환해 드립니다.

※ 이 도서의 국립중앙도서관 출판예정도서목록(CIP)은 서지정보유통지원시스템
  홈페이지(http://seoji.nl.go.kr)와 국가자료공동목록시스템(http://www.nl.go.
  kr/kolisnet)에서 이용하실 수 있습니다.
  (CIP제어번호 : CIP2019044577)